"十三五"国家重点出版物出版规划项目

|社|会|建|设|卷|

中国养老保障制度的改革和发展

REFORM AND DEVELOPMENT
OF OLD-AGE SECURITY
SYSTEM IN CHINA

周爱民 姜耀辉 田 利 著

中国财经出版传媒集团
经济科学出版社
Economic Science Press

图书在版编目（CIP）数据

中国养老保障制度的改革和发展/周爱民，姜耀辉，田利著．—北京：经济科学出版社，2017.9（2018.5 重印）

（中国道路·社会建设卷）

ISBN 978-7-5141-8475-4

Ⅰ.①中⋯　Ⅱ.①周⋯②姜⋯③田⋯　Ⅲ.①养老-社会保障制度-研究-中国　Ⅳ.①D669.6

中国版本图书馆 CIP 数据核字（2017）第 236158 号

责任编辑：孙怡虹
责任校对：王苗苗
责任印制：李　鹏

中国养老保障制度的改革和发展

周爱民　姜耀辉　田　利　著

经济科学出版社出版、发行　新华书店经销

社址：北京市海淀区阜成路甲 28 号　邮编：100142

总编部电话：010-88191217　发行部电话：010-88191522

网址：www.esp.com.cn

电子邮件：esp@esp.com.cn

天猫网店：经济科学出版社旗舰店

网址：http://jjkxcbs.tmall.com

北京季蜂印刷有限公司印装

710×1000　16 开　21 印张　270000 字

2017 年 9 月第 1 版　2018 年 5 月第 2 次印刷

ISBN 978-7-5141-8475-4　定价：63.00 元

（图书出现印装问题，本社负责调换．电话：010-88191510）

（版权所有　侵权必究　举报电话：010-88191586

电子邮箱：dbts@esp.com.cn）

《中国道路》丛书编委会

顾　　　问： 魏礼群　马建堂　许宏才

总　主　编： 顾海良

编委会成员：（按姓氏笔画为序）
　　　　　　马建堂　王天义　吕　政　向春玲
　　　　　　陈江生　季　明　季正聚　竺彩华
　　　　　　周法兴　赵建军　姜　辉　顾海良
　　　　　　高　飞　黄泰岩　魏礼群　魏海生

社会建设卷

主　　　编： 陈江生　向春玲

《中国道路》丛书审读委员会

主　任：吕　萍

委　员：(按姓氏笔画为序)
　　　　刘明晖　李洪波　陈迈利　柳　敏

总　　序

　　中国道路就是中国特色社会主义道路。习近平总书记指出，中国特色社会主义这条道路来之不易，它是在改革开放三十多年的伟大实践中走出来的，是在中华人民共和国成立六十多年的持续探索中走出来的，是在对近代以来一百七十多年中华民族发展历程的深刻总结中走出来的，是在对中华民族五千多年悠久文明的传承中走出来的，具有深厚的历史渊源和广泛的现实基础。

　　道路决定命运。中国道路是发展中国、富强中国之路，是一条实现中华民族伟大复兴中国梦的人间正道、康庄大道。要增强中国道路自信、理论自信、制度自信、文化自信，确保中国特色社会主义道路沿着正确方向胜利前进。《中国道路》丛书，就是以此为主旨，对中国道路的实践、成就和经验，以及历史、现实与未来，分卷分册作出全景式展示。

　　丛书按主题分作十卷百册。十卷的主题分别为：经济建设、政治建设、文化建设、社会建设、生态文明建设、国防与军队建设、外交与国际战略、党的领导和建设、马克思主义中国化、世界对中国道路评价。每卷按分卷主题的具体内容分为若干册，各册对实践探索、改革历程、发展成效、经验总结、理论创新等方面问题作出阐释。在阐释中，以改革开放近四十年伟大实践为主要内容，结合新中国成立六十多年的持续探索，对中华民族近代以来发展历程以及悠久文明传承进行总结，既有强烈的时代感，又有深刻的历史感召力和面向未来的震撼力。

丛书整体策划，分卷作业。在写作风格上注重历史与现实、理论与实践、国内与国际结合，注重对中国道路的实践与经验、过程与理论作出求实、求真、求新的阐释，注重对中国道路作出富有特色的、令人信服的国际表达，注重对中国道路为发展中国家走向现代化和为解决人类问题所贡献的"中国智慧"和"中国方案"的阐释。

在新中国成立特别是改革开放以来我国发展取得重大成就的基础上，近代以来久经磨难的中华民族实现了从站起来、富起来到强起来的历史性飞跃，中国特色社会主义焕发出强大生机活力并进入了新的发展阶段，中国特色社会主义道路不断拓展并处在新的历史起点。在这新的发展阶段和新的历史起点上，中国财经出版传媒集团经济科学出版社精心策划、组织编写《中国道路》丛书有着更为显著的、重要的理论意义和现实意义。

《中国道路》丛书2015年策划启动，首批于2017年推出，其余各册将于2018年、2019年陆续推出。丛书列入"十三五"国家重点出版物出版规划项目、国家主题出版重点出版物和"90种迎接党的十九大精品出版选题"。

《中国道路》丛书编委会
2017年9月

前　言

《中国养老保障制度的改革和发展》一书从开始构思到付梓历时一年多时间，是国家"十三五"规划重点出版物《中国道路》丛书"社会建设卷"的重要组成部分，也是中共湖南省委党校、湖南行政学院妇女理论教研部社会保障学科建设的重要研究成果。

"最美桑榆景，人间重晚晴。"如何养老是每个人必须面对的重要问题，老有所养是每个人心之所向的殷切期盼。养老保障作为社会保障的核心内容，一直是党和政府高度重视的基础民生工程，也是全面建成小康社会的重要施政目标。面对人口老龄化不断加剧的严峻形势，走好养老保障的"中国道路"，需要在回首中国养老保障制度的沿革历程、总结成就经验、把脉现状问题的基础上，积极探究中国特色养老保障事业的发展路径。中国正在经历世界社会保障史上最全面而深刻的制度变革，中共中央"十三五"规划提出"建立更加公平更可持续的社会保障制度"的目标要求，是我们"讲好中国养老故事"，喜迎党的十九大胜利召开的无限动力。基于上述考虑撰写了这一部拙作。

本书采用集体撰写的方式，初稿编撰具体人员及分工如下：田利负责第一、二、三、四章；姜耀辉负责第五、六、七、十二章；周爱民负责第八、九、十、十一章。全书的框架拟定、修改、完善和统稿,由周爱民完成。本书的撰写团队认真负责,力求尽善尽美,但限于时间和研究水平,本著作难免存在疏漏、缺点、不当之处,敬请读者批评指正。

本书的撰写和出版得到了中共中央党校向春玲教授的充分信任和大力支持,在此向尊敬的向教授致以最诚挚的谢意!本书能得以顺利完成,还要特别感谢湖南省委党校妇女理论教研部主任刘艺博士以及教研室其他同仁的关心!同时要感谢经济科学出版社的编辑们所付出的辛勤劳动!另外,本书的撰写参考了诸多研究者的相关成果,并在正文脚注以及书中列出的参考文献中做出了说明,但是,也难免挂一漏万,在此对这些学人的研究表示真诚的感谢!

周爱民

2017年6月6日于岳麓山下

目 录

上篇　养老保障的实践探索与理论创新

第一章　传统家庭养老保障模式的源起与演变 ………… 3
一、家庭养老保障模式的产生渊源 ／ 4
二、家庭养老保障模式的供给内容 ／ 8
三、家庭养老保障模式的功能紧缩 ／ 13

第二章　社会养老保障模式的兴起及其特征 ………… 18
一、社会养老保障模式催生的时代背景 ／ 18
二、社会养老保障模式建立的理论基础 ／ 20
三、社会养老保障模式运行的制度安排 ／ 26

第三章　社会养老保障制度进一步改革与发展 ……… 38
一、养老保障制度改革的理论创新 ／ 39
二、养老保障制度改革的方式与争论 ／ 48
三、养老保障制度改革的发展趋势 ／ 56

第四章　典型国家社会养老保障制度的改革实践 …… 60

　　一、保险型导向的养老保障制度改革　/　60
　　二、福利型导向的养老保障制度改革　/　70
　　三、市场型导向的养老保障制度改革　/　76
　　四、养老保障制度改革浪潮对中国的启示　/　85

中篇　中国养老保障制度的改革历程与发展现状

第五章　传统企业职工养老保险制度的建立 ………… 93

　　一、单位化养老保障模式　/　96
　　二、退休费用的初步统筹　/　100
　　三、现收现付的财务制度　/　102

第六章　统账结合养老保险模式改革 …………… 108

　　一、个人账户制度的引入　/　108
　　二、统账结合模式的完善　/　113
　　三、隐形债务与空账问题　/　117
　　四、企业年金制度的建立与发展　/　127

第七章　机关事业单位工作人员养老保险制度改革 ………………………………… 139

　　一、"双轨制"的权益割裂　/　139
　　二、并轨的"破冰"之举　/　150
　　三、职业年金补充发展　/　159

第八章　统一城乡居民基本养老保险 …… 165

一、农村居民养老保险制度的变迁 / 165

二、城镇居民社会养老保险制度的建立 / 173

三、城乡居民基本养老保险制度的统一 / 174

第九章　构建养老服务体系 …… 180

一、养老服务的内涵 / 180

二、养老服务的模式 / 182

三、长期护理保险制度的探索 / 191

下篇　中国养老保障制度的发展成效与未来走向

第十章　中国养老保障制度改革取得的成效 …… 199

一、整体推进：丰富了基本养老保障制度的内容体系 / 199

二、制度整合：完善了基本养老保障制度的结构体系 / 209

三、补充保险：扩展了我国养老保障制度的层次体系 / 215

四、多元参与：初步形成了社会养老服务体系 / 219

第十一章　中国养老保障制度改革存在的问题与挑战 …… 223

一、中国养老保障制度建设中存在的问题 / 224

二、我国人口老龄化对养老保障体系的挑战 / 233

第十二章　中国养老保障制度的未来发展和改革趋势 ……………………………………… 250

一、多层次：养老保障制度发展的整体框架　/　251

二、重基本：养老保障制度完善的基石坐标　/　266

三、强服务：养老保障制度改革的触手终端　/　277

四、优管理：养老保障制度建设的配套保障　/　290

参考文献　/　301

| 上篇 |
养老保障的实践探索与理论创新

第一章

传统家庭养老保障模式的源起与演变

劳动者因年老丧失劳动能力而退出劳动市场（领域）之后，其稳定性、可预期性的劳动收入就相应终止了，面对漫长时期的老年生活状态就需要其他的收入来源予以保障。在没有雇主承诺提供养老待遇以及社会缺乏制定相关统一的养老保障制度安排的时期，老年人通常不得不依靠储蓄累积、子女赡养、亲属资助、组织互助、公共救助或者慈善援助等方式来维持生计。从人类社会演进的进程来看，公有制是最初的社会形态，公有制不仅表现为劳动生产资料、劳动作用对象的共有性，还表现为劳动生产者属性的公共性，即作为单个的劳动生产者并没有独立的人格属性，较为低下的社会生产力水平决定人类群居性劳作和消费的方式差异很小，基本是共同一致的。也就是说作为集体生产力构成的一个要素，作为个体的"人"不能自主决策其现时的生活方式以及其老年的生活状态。原始部落里那些经过岁月洗礼而慢慢变老的人们，由于生产能力逐渐降低乃至完全退化，都会由同属部落的人群共同赡养，负责其饮食起居、实物分配等，这样氏族式的"合居"养老保障模式就是顺应当时生产条件的自然选择。之后随着人类认识和改造自然的能力不断提升，再加上劳动者本身机能的逐渐增强，劳动生产力得到了现实的提高，社会分化日益形成，继而出现的"生产剩余"标志着劳动者个体之间的差异,由此以私有制为基础的社会形态取代了以公有制为基础的原始社会形态。由于"生产剩余"的存在,如果没有合适的方式去衡量每一个人的贡献大小,就不能做出合理的分配决策以解决因"不公平"而引起的争端,致使"共享型"的统分统配方式陷入困境。然而私有制社会形态的最初实践是通过最易区分、最普遍存在的家庭形式而衍生的,那么,家庭这一以"生物血缘"为联系纽带的组织作为生产和消费的基本单位能很好地作为分配"生产剩余"的单元。因此,家庭组织结构的出现使得老年人的养老保障安排由部落公共赡养向家庭内部赡养过渡,家庭养老保障模式在人类的历史长河中占据主流,源远流长。

一、家庭养老保障模式的产生渊源

慢慢变老对于每一个人来说都是不可逆的事实,对于整个社会来说,老年风险就是客观存在的必然性社会风险,如何养老成为一个基本问题。纵观人类历史进程,过去在很长一段时期里,人均寿命较短,因此,由氏族部落公共赡养以及宗族网络互助赡养的养老模式就能很好的分散老年风险,保障老年人的晚年生活。但随着社会的发展,劳动分工和生活生产日益以家庭为载体,代际间的家庭内部养老模式自然而然地形成并占据着养老保障方式的主流,这种模式也被称之为"非制度化""非保险式"的家庭养老模式。以家庭为"载体"的传统养老保障模式从萌芽兴起到发展定型有其特定的经济、文化和社会基础。

(一)农耕生产为家庭养老提供经济基础

首先,马克思主义认为人类的一切经济活动、政治活动、社会活动都是建立在一定的生产方式基础之上的。农耕时期,由于耕地、农田等物质生产客体都是相对集中分布的,在较为低下的生产力水平的社会里,生产资料为家庭成员所共有,个人很难脱离集体和家庭、脱离相对固定单一的"劳作场所",这种"集约型"农耕生产奠定了家庭养老的经济基础。在这种经济模式和生产环境下,家庭中的老人们是家庭养老模式中最直接的经济来源,因为老人们不仅拥有对土地和生产资料的支配权及财产的控制权,同时还具备极为丰富的农耕生产经验。父母往往会给在奋斗中的年轻子女们提供他们所需要的生产资料,还会教给他们生产经验与生活技能,甚至在身体和健康状况允许的情况下,老人还能帮助子女照顾孩子,为子女提供家庭照顾,维持家庭稳定运转。所以说,传统的生产方式和生活方式使子女离不开老人,老人也不会产生与子女分开的愿望。代际间的养老方式在本质上来说就是一种资产、财富的继承方式,如为了照顾父母而奉献较多的子孙将会继承更多的家业,至少比不尽照顾义务的子孙获得的多。

其次,农业社会实行的其实是以家庭为单位的就业保障。在农耕社会里,进行生产的方式就是农务劳作,或者说,农务劳作即是就业的状态,在单一的就业方式中,每个人基本上都是依附有限的土地资源"劳作到死",以此来保障自己的生活需要,不存在"退休"一说。虽然一个人从青年到壮年,再到老年的成长过程是劳动生产能力逐渐降低的过程,但这种劳动生产能力降低的程度要滞后变老的物理速度。也就是说即使老年人因体力不支不能再从事农务的体力劳作,正如前面分析的那样,老人们自身储备着丰富的农务生产经验,此时的老人还是能够"退居二线"指导子女们进行农事生产,在形式上保持"就业状态",构成家庭养老保障的经济基础。例如,19世纪早期,美国经济以农业经济和种植园经济为主,这一形式就具有明显的家庭特征,家庭中的每个成员都构成了生产过程中的一部分,这样就可以很容易地根据年龄以及由年龄确定的工作能力分配工作,使得家庭中的老年人能够从事力所能及的事务而保留工作机会,使老年人获得职业安全感和自我实现感。老年人的这种就业保障在一定程度上加速了家庭之间的内部转移，从社会心理学上分析，老年人作为家庭资产的主要控制者，只有在他们确定自身的经济安全得到保障的情况下才会及时、放心地将家庭财产的控制权移交给下一代。

最后，低下的社会生产力水平决定着人们改造自然和作用于客观劳动对象的能力较差，创造与开发的社会资源也就相对较少，物质匮乏的时代不允许有限的资源出现分散及浪费现象，这就决定了养老问题的解决和养老风险的规避只能在家庭范围内。主要体现为：一是直接用于应对劳动者个体老年需求的总体资源较少，包括饮食、住房、医疗和人工照料等方面；二是正因为相对缺乏的养老应对资源，作为家庭而言，家庭的内部成员就是一个利益共同体，因此，要以家庭为单位发挥争取有限资源的机会和优势，突出集聚效用。

（二）孝文化传统奠定家庭养老思想基础

在人类历史长河中，家庭养老的时间最为长久。家庭养老作为一种自然形成的传承模式，并没有强制性制度约束的导入，子女对老人们的赡养义务多出自于个人的道德品质及社会伦理的约束，这就需要不断进行社会教化和思想引导。几千年的人类文明历史表明，家庭养老之所以会传续并保持相对稳定，正是不断内化的源远流长的孝文化，奠定了家庭养老保障的思想基础。

首先从中国"孝"的传统文化谈起。孝是中华民族的传统美德，关于孝的起源，可以沿着历史的足迹追溯到商代，《尔雅·释训》中将"孝"解释为"善事父母"，道出了孝的实际表现形式，可见孝文化最初仅局限于"血缘家庭"中，对善事父母从物质和精神两个方面提出内容。随后，经历朝代更迭、诸子百家争鸣，儒家学派占据了主流，其提出的"忠孝仁义"更是把孝文化上升成为"仁慈"政府的执政宗旨。至此，在儒家的伦理中,"孝"不仅是现实的赡养问题,还是尊重的问题。敬养、奉养的道德思想在国家宏观层面的倡导下深深地扎根于家庭内部,成为一种默契,为整个社会推崇与普遍遵守。不忠、不孝则被视为一种大罪孽,不仅会受到舆论的谴责,甚至还有可能受到法律的惩罚制裁。"养儿防老""百善孝为先"等中华民族的古训,道出了千百年来中国人尊亲、养亲的思想,这种"事亲"的模式根深蒂固地种植在人们的意识里,成为维系家庭和谐、家庭养老的纽带。

再从西方早期的思想来看,孝文化观念对家庭养老保障的影响较小。因为西方国家强调人的平等、独立、自由,在家庭代际关系中是"单向抚养"模式,即父母只需抚育子女,子女却不用供养父母,如此,孝文化的内涵与外延在中外语境下有较大差异。在西方思想中,孝文化体现为"孝"是推之不去的"责任",是一种社会规范。如据《圣经》记载,基督徒所信奉的上帝给人类社会颁布了十条必须谨守遵行的戒命,其中的第五条就要求"当孝敬父母",也就是说只有孝敬父母才会"使你得福,在世长寿"。故而,孝文化以"遵守规则"的形式作用于家庭养老保障。

经过比较分析,虽然中西方的孝文化传统在内涵和表现形式上有着差异,中国的孝文化闪烁着人性的光辉,而西方的孝文化则打上了"规则"的烙印,但都能适应当时的生产生活需求,为家庭养老奠定了思想基础,也正是由于西方文化的"规则"思想,从另一个侧面说明社会化的养老制度即将应社会经济的发展而生,养老保障进入新阶段。

(三) 高生育率为家庭养老提供社会基础

生育不仅是一种生物自然行为同时还是一种社会经济行为,人类繁衍后代、传承人口接续的重任就是通过"自然分娩"的生育行为来实现的。家庭是最基本的社会组织结构,那么,作为家庭的构成人员的数量就是决定家庭规模和家庭发挥功能的决定性因素。在生产力较为低下的农耕时代,生产劳作靠的就是"个体"这一实实在在的"劳动力"要素投入,生产方式主要表现为劳动者简单、机械地"挑、抬、扛、搬"等形式,技术含量较低,由此,劳动力"数量"上的投入是提高劳动产出的最根本方法。换句话说,劳动力及家庭人口数量成为农耕经济中影响家庭养老保障功能实现的一大重要因素,只有较高水平的生育率才能保障人口接续,才能在上一代进入老年时期由下一代子女提供养老照护,中断人口接续或者较低的子女数量都将使家庭养老无以为继或者面临风险。

生育率的高低客观上由人口构成中的男女性别比例、女性的生育意愿和生育行为等因素决定,同时又受到卫生条件、医疗技术等方面因素的局限和影响。例如,在生产力水平低下、医疗卫生条件较差的时期往往出现较高的婴儿死亡率,这从另一个侧面说明必须要保持较高水平的生育率才能确保婴儿的存活几率,继而保障家庭成员的人力传续。除此之外,生育意愿和生育行为还受到社会经济发展水平、社会风气的影响,生育决策与社会、家庭所处的综合环境有关。因此,在多种因素的制约影响下,家庭养老保障模式的传承需要持续的"人力接力"保障,而"人口数量"要素是一个家庭最重要的构成部分,只有有充足"人口数量"作为保障基础的家庭中才能呈现出"正三角"的人力构成模型,才能很好地承担起赡养老人、巩固家庭保障的功能。在传统社会条件下,较长时期维持的较高生育率正好为家庭养老模式提供了人力资本接续的链条,即"多子化"使"养儿防老"成为可能。

二、家庭养老保障模式的供给内容

家庭养老保障模式的具体内涵指的是"家庭保障"为主体

方式的养老保障体系，即以血缘关系为纽带，由家庭成员对上一代老年人提供衣、食、住、行及养老送终等一系列生活安排，是一种以个人终身劳动积累作为基础，在家庭内部进行"反哺式"的养老模式。也就是说，家庭养老保障模式并不意味着整个社会领域只存在着"家庭养老保障"这一唯一的形式，除了家庭这一责任主体外，个人、社会、政府等其他主体在养老保障领域中也有所作为，家庭养老模式是一种统领式的框架模式，把众作用主体都纳入养老保障的系统之下，以家庭主体性供给为基础，构建多方面的养老保障体系，如图1-1所示。家庭养老保障模式下包括家庭养老保障、社会养老保障和政府养老保障三方面的内容，值得注意的是，此时的社会养老保障只是辅助性的以自发的慈善事业形式为家庭养老保障主体服务；同样，此时的政府养老保障也只是为维护其阶级统治、实现社会管理，对特定的困难群体提供救助性的养老保障，并非公共性质的政府责任兜底，也属于配合家庭养老保障的政策倾向；个人通过资产积累的储蓄形式来满足未来的养老需求也是一种合理且可行的计划（如没有子女的鳏寡孤独者），但受制于获取养老服务供给的渠道和方式（没有从市场上、社会上来购买养老服务的可及性），即使有较为丰富的养老储蓄，个人自我保障的养老方式最终还是要依靠家庭或者其他亲戚朋友之间来供给服务（有可能是劳动购买形式），通过社会化机制来获得养老保障服务的形式还没有出现。

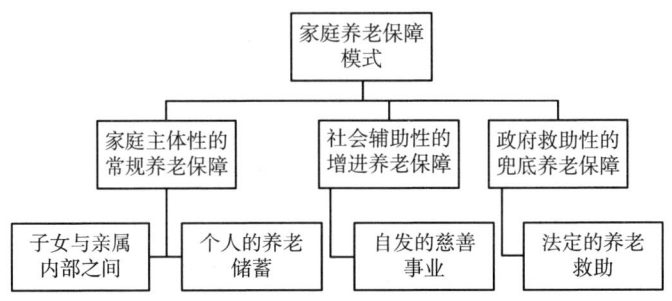

图1-1 家庭养老保障模式下的养老保障体系内容

（一）家庭承担主体性常规养老保障服务

家庭养老模式本质上就是一种家庭内部不同代之间的代际转移。这种代际转移主要包括物质性资产转移和服务性转移，其中，物质资产转移包括父母为子女提供生活必需品、子女赡养父母、子女继承老人的遗产等；服务转移包括家庭成员相互之间的家务劳动、生活照料等转移。这种代际转移机制是现代社会保障体系建立之前，人类应对"养老育幼"的必然选择。

家庭内子女对年老父母的赡养主要包括经济供养、生活照料和精神慰藉等三方面的主体内容。从经济供养来看，家庭成员直接承担赡养老人们所需的资金来源支出，即满足最基本的"衣食住行"所需要的基本性开支。虽然在这一过程中，有些老人也会在年轻的时候为自己存储"以防万一"的"养老金""保命钱"等，但这一部分的养老储备资金来源与老年人整个老年期间所需的开销比起来是"微不足道"的，且大多老人在平常时期都是依赖子女生活，并不会"轻易"将自己的养老储备金拿出来，很可能只有在非用不可的情形下动用，如突发疾病、家庭突生变故等，更常见的情形是这一笔储备养老金以"遗产"的形式在老人去世后由尽赡养义务的子女继承。因此，在整个对老年人的赡养过程中，家庭中的子女基本上承担了全部的直接经济压力，为老年人提供与家庭收入水平相关的养老保障供给；在生活照料方面，除了"衣食住行"等维持生存的必须内容以外，家庭子女还要为老年人提供生活护理、医疗护理等内容，特别是因老年机能衰退而导致的失能、失智问题，庞大的照护压力也由家庭来承担；在精神慰藉方面，家庭养老有其"得天独厚"的优势，即在与子女的相处之间，从子女对老人的尽孝过程中，老年人不需要为自己老年的"生活无依"而感到担忧，也不会因思念亲人而感到孤独，由子女晚辈照料老年人，老年人的需求、愿望以及精神和情感上的慰藉在家庭养老过程中都能得到满足。

除此之外，家庭养老模式不仅能促进单个家庭内部之间的责任分担和代际融合，还能保持家庭的团结，增强凝聚力。长期实行家庭养老模式，可以使人们树立牢固的家庭观念，强调血缘、亲缘关系，进一步升华表现为"家风""民风"，以感情为纽带，以关怀为基础，注重人文关怀。比如，富裕的人会接济贫困的人、提供免费私塾读书培养人才等形成"互帮互助""关心关怀"的良好社会风气。

（二）社会供给辅助性增进养老保障服务

社会供给辅助性的养老保障服务主要体现在慈善事业上，是此时约定俗成的形式，并没有以法律的形式固定下来，且不像原始社会中的氏族保障那样稳定。比如在中国古代，小范围内有乡里的"义仓"储备以供饥年之用，有"义田"奖掖好学青年；大范围的主要表现为国家的赈灾和救济等。在欧洲，规模较大且有组织的保障措施始见于公元6世纪末的罗马城邦社会，比如，城邦当局曾以公款和私人捐款购买粮食，一方面用粮食储备平衡市场价格，另一方面也将粮食无偿的发放给丧失劳动能力的人（年幼、疾病、伤残、年老、孤寡）和阵亡将士的家属。这种短时期的保障措施严格地说只是早期社会的一种自我保护方式，带有施舍的特点，没有给受惠者提供足够的安全感和尊严感。中世纪末期，欧洲的保障形式仍然以低下的生产力为基础，以教区领地和贵族对佃农的人身束缚为前提在小范围内展开，如贵族地主向佃农保障最低生存条件，为年迈的佃农提供免费住处，并为丧失劳动能力者提供最低生活保障，而佃农则为贵族地主服劳役和兵役，这种保障没有法律监督，因而具有很大的主观随意性和不可控制性。

（三）政府提供救助性兜底养老保障服务

基于慈善事业的内涵和外延的衍生，社会救助项目在不断变化的社会经济环境下逐渐变成一项经常性的、规范的、正式的有官方主导的制度安排，凸显了政府管理社会的责任，并通过社会治理而试图达到稳定政局、加强统治权力、维护阶级利益的目的。在家庭养老占主流的阶段，政府制定的辅助性政策侧重于解决疾病、贫困和老龄化等特别需求问题，为特定主体提供，在服务群体和服务内容标准上面都有相关限定。制度的设定带来的正外部性效用会改进老年人的退休养老生活、改善对老年人的服务观念、增进国民福利。

1601年英国的《济贫法》是在人口流动、社会动荡的背景下出台的。《济贫法》的颁布被视为人类社会保障史上的一件大事。一般认为这是第一次以立法形式确定由国家实施的社会保障，由此济贫税、贫民院和乡村郊区安置贫民等举措才开始出现并实施。《济贫法》中关于老年保险的内容如下："资助老人、盲人等丧失了劳动能力的人，为他们提供收容场所"，但其最具时代烙印的措施则是建立"贫民习艺所"，强制贫民劳动，以消灭流浪者群体，保证社会稳定。《济贫法》就形式而言，其实施形式具有"惩戒性"的特征，保障对象无人身自由和基本的尊严可言，所得到的救助也是极为有限的。而且，保障是由统治阶层自上而下实施的，出发点是维持社会稳定，一旦当社会矛盾有所缓和，保障的待遇就大幅下降。即便是当时上层人士的慈善救济，除了发自人类的基本同情心之外，也是为了捞取社会名誉和地位，或是作为布施者以一种居高临下的姿态得到心理上的满足。除此之外，当时占主流地位的古典经济学家认为，《济贫法》的相关规定作为政府福利型政策，并不能改善贫民的生活状况，而只能使得贫富双方的状况都趋于恶化，主张个人应通过自我的努力来摆脱贫困。

三、家庭养老保障模式的功能紧缩

家庭养老保障在特定的社会经济发展时期发挥了较好的保障作用，基本能解决家庭单位内的养老问题，缓解了社会的养老负担。但同时，家庭养老保障的安排也有其一定的局限性，表现为：缺乏正式的制度保障，家庭与家庭之间的养老保障执行状况、养老保障水平等千差万别；多代家庭之间会因为有限的家庭资产分配问题而产生分歧，继而影响家庭和谐与稳定；老人们囿于家庭的活动范围，缺乏社会互动，易形成"闭环"而脱离社会等。随着社会经济的发展和观念的解放，在步入工业社会和商业社会后，人际交往及就业关系中的"个体"概念逐渐凸显，大家更加尊重的是个人的权利而不是一个家庭的权利，家庭在社会经济生活的中话语权降低，家庭的养老保障功能在逐渐紧缩。

（一）社会流动加快降低家庭养老保障功能

传统的家庭养老建立在以家庭为单位的生产方式的经济基础之上，当时唯一的也最重要的生产资料是土地，家庭养老保障模式是把土地作为养老的重要资源，因此，也可以说传统的家庭养老就是"土地"养老。但随着现实情况的推进，以土地养老保障的方式难以达到养老的功能，因为土地必须投入劳动力要素，但是年老的人退出劳动领域，如果仍然依赖土地养老的话，必须借助他人的劳动或者自己继续劳动，显然，土地是作为养老的间接载体，其功能明显缩小。再加上土地资源的紧缺，家庭拥有的土地资源严重不足，直接限制了土地的养老功能。另外，随着社会分工的细化，就业形式开始出现多样化的特征，人们不只局限于依靠土地就业，还可以通过其他渠道来获得维持生活的必需开支，土地的"束缚力"在逐渐变弱。工业化和城镇化的快速发展，导致大量劳动力向城镇转移，甚至在世界范围内扩大了择业半径，虽然这些流出的家庭成员在某种程度上能在经济上接济父母，但老人的生活照料和精神慰藉会受到较大影响，且生活上的长期分离使父母与子女之间的感情纽带变得松弛。更有甚者还会出现子女孝道意识下降的情形，表现为子女对土地这一资产的继承渴望程度降低，家庭子女中有可能会出现不想要继承父母的土地所有权，而选择不赡养父母或居住在离父母较远的地方，无法"兑现"对老年父母亲的赡养。

（二）家庭结构变迁弱化家庭养老保障功能

家庭作为社会的基本细胞与生活的基本单元，决定了家庭功能的实现必然受到社会变革与家庭结构变迁的双重制约，正是社会的快速转型所带来的家庭结构的变迁，使得家庭在传统社会中所发挥的养老功能受到了极大限制。[①] 家庭结构是家庭成员的构成及其相互作用、相互影响的状态，以及由这种状态而形成的相对稳定的联系模式。[②] 随着社会经济的发展，家庭养老赖以生存的家庭结构基础发生了重大变化。

一是家庭规模缩小。主要表现为家庭结构呈核心化、小型化的趋势。由于家庭养老保障模式是一种"反哺式"的养老方式，由全体家庭成员共同来承担责任及分摊老年风险，因此，家庭规模的大小、家庭成员的多寡与家庭保障能力的强弱呈正相关（一般情况下）。例如，在面临同等养老压力时，家庭子女越多、家庭规模越大则分摊到每位家庭成员的压力就越小，反之，则越大。然而，随着家庭规模逐渐缩小，失去了"高生育水平"支撑的人口资源接续链条，家庭养老保障将失去社会根基，并逐渐

[①] 吴翠萍、罗丹：《家庭结构变迁中的养老方式转型升级》，载于《中共杭州市委党校学报》2013年第2期。

[②] 邓伟志、徐榕：《家庭社会学导论》，上海大学出版社有限公司2006年版。

向社会性养老保障服务转换。

二是家庭成员间的代际凝聚力降低。表现为家庭成员之间、代际间的相处方式、亲密关系等方面有"独立"或"生疏"的倾向。家庭内部的"代际转移支持"是老年生活保障和照料的主要来源，然而，随着空巢家庭、隔代家庭的增多，在承续养老重任的"代际转移支持"方面的功能和意愿被严重削弱，致使老年人生活处于"贫困"状态，这种"贫困"既包括经济物质上的贫困，更包括精神慰藉上的贫困。因为经济的发展、教育的扩张、职业和地域的流动消解了传统的家庭结构，子女的家庭观念发生了一定程度的改变，更促成了年轻人的独立及对自由生活的向往，这些必然导致家庭代际间的情感抚慰、生活照顾等支持功能逐步弱化，使家庭养老保障体系变得孱弱，继而引发堪忧的困境。

（三）独立养老意识淡化家庭养老保障功能

独立的养老意识在西方社会中体现的较为明显。个人主义是西方的核心文化价值，由此，西方人的人格构成以内在的自我为核心。在社会生活领域集中体现为每个人的"成败荣辱"都被视为是个人的事，应由个人负责，年老也一样，每个人都应该为自己"必然"的衰老做出合理的安排应对。如此，以反哺的"孝文化"为基础的家庭养老异变为"不给子女添麻烦"的自我独立的老年生活。在西方社会现象中，社会学家把老年人与子女分开居住的内在原因总结为要保持"有效的亲密距离"，也就是说越来越多的老人因为一些长寿摩擦、自我解放等原因而选择不与子女住在一起，而是在离子女不远的地方居住，这样既可以经常性见到子女，但是又可以实现自己对老年生活进行自主决策安排。

随着社会经济的不断发展，文明程度日益深化，越来越多的民众倾向认为："凡是能用公平来解决的问题，就不用怜悯来解决"。那么，养老金作为自己老年生活的一种保障"备用"资金，就应该是一种自己挣得的、像"现时"财产一样受到保护，因此是可以计算的权益，这也是养老保险制度之所以能以"缴费"的形式筹资起来的一大原因。参保人自己能缴费、愿意缴费，并且宁愿倾向缴费而非不愿缴费，因为人们会感受到，而且是发自内心的感受到，与财产和收入无关的缴费是社会保险不实行经济状况调查最坚实的基础。

总的来说，以家庭为基础的养老保障模式是人类应对老年风险作出的自发回应，是一种非正式的养老保障制度安排。这种制度模式没有统一的执行标准、完善的服务内容以及具体的责任分担机制，基本上取决于家庭结构内部对家庭所拥有的整体资源所做的决策安排，其老年人年老后的生活保障水平因人而异、千差万别。因为，每个家庭单位的具体情况是不相同的，表现为所拥有的家庭原始资产不一（如豪门望族、世袭家族、书香门第等家族本身就有巨额的原始资源累积，其家族成员的养老与普通百姓相比不在同一水平，养老的经济压力较小）、养育子女数量多寡不同（如大家庭制，儿孙满堂的情况下众多年轻人所需负担养老责任分担就会小很多；再如生育儿子数量不同也会产生不同的养老责任分担结果，我们一直秉承的"养儿防老"就说明在很长一段时期儿子才是承担家庭养老责任的最终主体，那么如果没有儿子的家庭，养老保障未必能落到实处）、家庭成员之间能力差异（如家庭成员中有一位或多位很有能力的人，当其实现自我，取得成功时自然而然地会主动承担多些家庭事务，与其他"普通"家庭而言将大大改善养老状况）、身体健康与否（如家庭成员之中本来就有长期病号或其他健康隐患，因病丧失劳动力、因病致贫的问题客观存在，其家庭养老保障功能就无从发挥）等都是难以预测和控制的，再加上家庭组织本身也受到诸如社会经济形态、人文观念、行为决策等众多因素的影响而发生深刻的变革，因此，家庭养老保障模式并非一种稳定、持续、有效的抵御

"老年风险"的分散机制,它本身就具有一定的风险性。

为了探寻更为合理有效的养老方式,避免家庭养老保障模式有可能出现的"不均衡"风险,早期西方学者及我国古圣先贤开启类似太阳城、乌托邦以及大公社会的设想憧憬,期望有一种公共的养老保障制度安排来解决人生在世所必须面对的"老"这一现实问题,实现老有所依、老有所养、老有所乐。当然,之后各个国家的统治阶层从社会治理和民众需求的角度出发也都励精图治地做出了对养老问题的制度回应,尝试去解决这一影响广泛深刻的社会问题,但真正对养老问题做出制度性回应的安排始于工业革命以后。工业革命时期,一方面大机器生产取代了手工制作,大工厂厂房取代了手工作坊,以家庭为单位的手工生产模式被瓦解;另一方面随着圈地运动的进一步扩张,大量失去土地依附的农村劳动力涌入城镇,唯有"出卖"劳动力获得稳定的工资性收入来维持劳动力本身的"新陈代谢",如在年老时因工资性收入中断,立马就会陷入老年贫困的"陷阱",越来越多的"工薪阶层"何以养老的问题就被上升到国家政策层面提出来了,人类社会开始真正使用社会化的养老形式对养老问题做了制度安排。但需要强调的是,无论国家社会的养老保障制度设计发展的有多么完美,家庭养老保障的模式将依然存在,仍然是老年生活的依托,与社会养老保障制度相辅相成、相得益彰,而不是被任何制度所取代。

第二章

社会养老保障模式的兴起及其特征

产业革命之后,生产力进一步发展,人类逐渐从农业社会进化到工业社会。这样,传统的家庭养老保障模式中以家庭为主体的养老保障形式在工业文明的社会背景下逐渐弱化,养老问题从家庭内部被"抛向"了社会公众层面,于是就出现了社会化、市场化以及契约化的养老保障制度,逐步形成以"保险"机制在全社会范围内分散老年风险的制度安排,社会性的养老保障方式逐渐成为主流。

一、社会养老保障模式催生的时代背景

社会养老保障模式的兴起有其深刻的时代背景,经历了一个从形成到发展、从繁荣到理性这样一种渐进式的发展历程。自18世纪工业革命以来,西方国家相继由自然经济占主导的传统农业社会进入商品经济或市场经济占主导地位的现代工业社会,工业化、城镇化和商业化为表征的现代化进程极大地加速了传统大家庭体制向现代核心家庭体制的转化,核心家庭、空巢家庭和人口老龄化问题也成为这一社会转化过程中的必然结果。

（一）社会背景：工业社会的兴起

从现代意义上来说，社会养老保障模式的兴起与工业化大生产密切相关，它既是经济发展的产物，也是大工业生产的配套措施。在经历过 18~19 世纪机器大工业的洗礼之后，国家的工业水平得到空前的提升，工业化和城镇化通过两个方面的作用影响着养老保障制度的建设和发展。一方面，工业社会的兴起使得传统的家庭养老模式失去了经济基础。在工业化发展的背景下，大量的农村人口离开自己生活的家乡，进入城镇的工厂或企业，从事第二和第三产业的工作，这使得依托于田园经济的传统家庭养老模式逐渐失去了稳定的基础，淡出了主流养老模式的行列，现代意义上的养老保险制度便应运而生，并得到不断的适用发展；另一方面，工业化大生产时期，生产力水平得到前所未有的改进，社会整体的财富创造大大增长，奠定了养老的物质基础，使社会来承担民众的养老责任成为可能。由此，工业社会的兴起从多方面共同构成了社会养老保障模式的社会背景。

（二）政治背景：工人运动的兴起

工业化带来的不仅仅是物质生活的丰富和经济的快速发展，与之并生的还有阶级之间的矛盾和冲突、劳资关系的对立以及社会公平的缺失。平息这一矛盾、缓和劳资冲突要求一种新的而且有效的社会措施和工具出现，社会化的养老保障制度无疑是其较好的选择。社会养老保障制度的安排对于政府来说就是运用经济的手段，解决社会问题，实现政治目的。德国"铁血宰相"俾斯麦曾毫不讳言地说："一个希望得到养老金的人，一般不会好斗而且易于管理"。

随着欧洲各国陆续走上资本主义道路，新的政治力量登上历史舞台，资产阶级和无产阶级在反对封建主义的斗争中，都提出了人权与平等的政治诉求，社会民主主义运动和工人运动的发展,最大限度地使人权平等的理念接近了现实。资产阶级和无产阶级共同构成了社会经济的主体,从社会经济有机整体出发,为增进整体福利的最大化,就必须考量无产阶级的利益。在养老保障制度需求方面,政府给公众开出任何收入、福利的"支票"时,必须以"老有所养"为终极目标,使老年人充分分享社会经济发展的成果。由此,养老保障制度从最初作为维护社会稳定、缓解阶级对立的政治工具逐渐演变成为当前一个在政治、经济等多方面都具有重大作用的社会治理工具。

二、社会养老保障模式建立的理论基础

理论是实践的先导。社会养老保障模式的兴起除了深刻的社会背景以外,还有其自身从内在衍生出的"生命力",这种"生命力"就来自于理论高于实践又应用于实践的内在逻辑性。有关社会养老保障制度为什么存在以及以何种形式运行等问题的设想和探讨在很早时候就有众多学者、政客从不同的视角领域来研究并提出主张,在不断推陈出新的过程中奠定了坚实的理论基石。具体如,人口发展理论、社会契约理论、多数理性投票理论、纳税人保护理论、死亡变动理论、西方生育理论、老年社会理论学、公共财政与管理学及法学等众多的理论观点和体系,聚焦于对整个社会日益显现和庞大的养老需求问题的关注,虽然都各有视角、各有建树、各有侧重,但得出的结论却不谋而合,为我们理解社会养老保障体系的功能和作用提供了一个较为完整的思考框架。由于关于社会养老保障的理论实在繁多,不能一一做具体分析,在整体的思维框架下,本书将从政治、经济、社会三个维度来考量:在政治学理论方面,社会养老保障制度作为一项政策建设,体现出一定的"政治工具性",代表了国家统治阶层对社会政策的选择与偏好;在经济学理论方面,社会养老保障制度同

时作为一项经济制度,将对经济生活领域产生冲击,受价值规律的影响,经济政策改变了供求双方的需求关系,一定会影响到经济的发展动态,体现了社会养老保障制度的经济效应;社会学理论方面,即从养老保障的受众出发,现实分析老年人群体在生活中面临的问题,以及如何整合社会分散的资源给老年群体带来生活上的支持与帮助。

(一) 政治学理论:养老保障与国家建设

政治学理论着重研究养老保障制度的历史变迁与制度绩效,指出政治决策是养老保障制度产生和变迁的内生力量。该理论认为社会养老保障制度与政治因素息息相关,可以说是一个国家各派政治力量的博弈结果,政党及政府起着举足轻重的作用,在此主要分析福利国家理论和国家干预理论对养老保障制度建设的指导理念。

福利国家理论:福利国家理论的哲学基础是"合作主义",来源于英文单词 Corporatism 的释义。而福利国家理论从思想渊源来说,则最早可以追溯到欧洲封建社会中"组织化国家统制"(organic statism) 的意识形态,也就是社会上的诸阶级阶层各安其位、各事其功、互不侵扰,整个国家以一种组织化的统一实体状态运行。① 这种意识形态实际上是从统治者角度对于社会稳定与社会和谐的理想化描述。实际上,在人类社会的任何一个历史发展时期,既然存在着社会差异,就不可避免地存在着社会矛盾,在如何处理、如何协调、如何化解这些矛盾的过程中,便产生了不同的理论。从强调人际关系的和谐与社会体系的统一以及民族利益至高无上的角度出发,福利国家理论主张改变原本建立在统治者慈善之心基础上的社会救济政策,转而成为广大公民对

---

① 丁东红:《论福利国家理论的渊源与发展》,载于《中共中央党校学报》2011 年第 2 期。

于保障自身权利的要求，纳入相应的制度性轨道，福利国家理论为"福利型"社会养老保障制度的价值取向提供了理论支撑。

国家干预理论：20 世纪 30 年代的经济危机宣告自亚当·斯密以来的自由放任主义的失败，催生了以凯恩斯、贝弗里奇为代表的国家干预理论的兴起。该理论认为，自由是相对的，社会问题的解决不仅要靠个人，政府也应该进行积极干预，国家除了维护社会安定和人民安全之外，还有文化和福利的目的。国家应该对在工业化进程和领域中出现的教育、抚养儿童、工人住宅、老弱病残照护等问题承担起集体责任，主张"老弱病残者"的一切需要都应该由"公共福利"来承担，着重要给老年人建立一种养老金制度，解决劳动者的养老"后顾之忧"，促进全社会的健康正常发展，体现了国家责任及国家应实践变化而进行相应的责任调整。

（二）经济学理论：养老保障与经济发展

经济学理论则着重研究养老保障制度的内在机理与经济绩效，从资源配置、收入分配、经济增长等方面分析养老保障制度安排与各经济变量的相互作用。具体来说，经济学理论关心的重点是社会养老保障制度与宏观经济变量的关系，如养老保障制度对储蓄、家庭消费、社会福利水平、经济增长、资本积累的影响互动关系，并以这种互动关系对各种运行机制的养老保障制度进行经济学分析、比较并提出改进意见。主要有新古典经济学理论、马克思主义的社会再生产理论和生命周期理论等。

新古典经济学理论强调社会养老保障制度的内在机理和经济效率。它基于投票和利益集团之上的政治均衡视角出发，从市场失灵、短视行为等效率角度，围绕政府与市场对社会养老保障进行研究，探讨社会养老保障制度的起源。它主张实现充分就业，促进经济增长，提高资本的有效需求和社会的有效需求，提出社会养老保障制度的建设是扩大内需、刺激经济增长的经济工具。

马克思主义的社会再生产理论：马克思认为历史的决定因素归根结底是生活资料和人类自身的生产。一方面，为了实现"创造价值"过程的延续，就必须运用社会保障在内的一系列手段来延续劳动力，满足人的需要，其中养老保障是生产生活"消耗"体系最重要的制度建设内容；另一方面，社会产品再分配是经济领域的重要议题，需要在分配给个人劳动者时首先进行第一次扣除（用于补偿消费掉的生产资料部分、用来扩大再生产的追加部分、用来应付不幸事故、自然灾害等的后备基金和保险基金），剩下的社会总产品作为消费资料的，在进行个人分配之前还必须进行第二次扣除（同生产没有直接关系的一般管理费用、用于满足该公共需要的部分、为丧失劳动力的人等设立基金），很显然，第二次扣除为"再分配"，主要体现为社会成员的共同需求以及社会福利、社会救助等。

生命周期理论：生命周期理论由社会科学家发现和提出，用于解释和预测人类行为和社会发展。为提高养老制度安排的经济价值与效率，生命周期理论构建了"代际交叠模型"来解释社会化养老模式的社会经济效应。在"代际交叠模型"下，由于"不同代人"所占据的物质资源各有不同，且所需的养老服务不能实现"自主供给"，故只有通过"代际交换"的形式完成"财富"的转移继而为养老保障筹集充足的资源保障。由此，人们可以交换的对象从家庭内部扩展至全社会，代际转移也从家庭内部扩展至全社会的不同代之间，即公共代际转移。作为国家强制建立的、通过筹集社会财富用于保障退休人员基本生活的现代社会养老保障制度，正是一种典型的公共代际转移。这种转移方式取代了个体生命周期内不同阶段的财富转移，既实现了养老保障的目标，又避免了个体的理性不足与储蓄风险。可以说，社会养老保障制度的建立实现了财富的代际转移，通过财富在社会范围内不同代之间的转移来实现养老保障。因此，代际转移是社会养老保障制度的运行机制与基本功能。

(三) 社会学理论：养老保障与老年支持

基于网络社会学，我们每个人都是社会网格中的终端接收器，整个社会网格的运行效率有赖于各终端的协作。社会养老保障制度作为一项社会制度，可以从老年人自身的特征以及社会网络支持两个方面来分析，主要有个人决策不经济理论和社会支持理论。

个人决策不经济理论：基于"理性人"的假设，一位有远见的劳动者会很理性的安排其一生的"花销"，即在做"终身消费计划"的时候，会考虑年老时可能的收入来源，并精细化打算积攒存款以备退休之用。一项"好的"终身消费计划的最佳状态就是使其有生之年的福利最大化，福利最大化的成本"不超过终身财产"，这种终身财产是依据最初的以及预期的劳动所得的折现（包括养老金、救助、遗产等）。由此有一种观点认为，人们可以非常透彻地理解政策规定，并可以不受周围人的影响而做出决策。然而，根据不同的资产积累和消费模式，事实上的情况显然与实践大相径庭，如按照"理性人"的假设，一旦政策规定发生改变，人们就会立刻调整其行为。实际上，行为的调整是缓慢的、逐步的一个适应过程，而不是瞬间反应，人们对自己的意愿非常模糊，在缺少必要的信息来全面分析工作和储蓄的各种决定时，很大程度上受到社会关系网的影响，因此并不能做出一生福利最大化的"最佳决策"，甚至倾向事后将他们偶然的行为选择过程视为是最优的，这就是个人决策不经济的理论在实践过程中的表达。

那么，应用到个人养老决策的安排上，心理学家曾表示由于养老决策具有"远期性"和"复杂性"，个人在做决策安排时有"不能决策"和"延迟决策"两种滞后情形，导致这些滞后行为的心理层面因素有对于老年生活过于自信乐观、对现实财务状况有"财政幻觉"的依赖等；具体在养老退休制度设计中，美国布鲁金斯学会的经济学家加里·贝特里斯（Gary Burtless，2005）从劳动经济学的视角，构建了一个用于分析"终生劳动供给"的标准模型框架，该框架假设人的一生中的工作和退休计划具有一致性，并且根据获得的新信息，进行随时调整。在这个框架中，人们可以确切知道养老、医疗等社会保障公共政策会怎样影响一生的收入分配。但实际上，在分析退休决策和养老储备及其行为的影响时，情况是错综复杂的，因为养老是未来预期，个体决策的难度就会增加。在没有制度规范或咨询人建议指导的情况下，收集信息做出决策的成本超过了短期的收益，因此，个人通常会推迟退休养老储蓄，从而不能很好地为退休后的老年生活时期做好充分储蓄。由于决策的复杂性和决策的滞后性，个人理性在人的一生安排中并不能实现经济理性，正是由于这种局限所在，就需要通过制定相关的政策制度设计来对行为个体的决策选择加以引导，并适时提供支持与帮助，共同实现老年生活保障。

社会支持理论：社会支持是指个体处在危机中时可以获得来自他人、群体和社区的资源支持。根据社会支持的性质，养老保障制度中老年人可以获得的社会支持可以分为家庭养老支持和社会养老支持两类。家庭养老是指由亲属、朋友、邻居等群体提供的非制度性的支持。而社会养老是指由国家或政府通过公共支出向个人及其家庭提供的制度性养老服务支持。社会支持中的分工模式认为，家庭养老和社会养老制度，两者互为补充，体现了养老风险的分担功能。家庭养老比较适用于从事不可测的、简单的、偶发的养老活动，而社会养老能够处理可预测的、例行的、需要专业知识和技能的老年待遇和老年服务工作。除此之外，随着民众生活需求的多样化发展和社会经济基础的不断夯实，社会支持理论主张对个人养老提供社会性支持不仅仅局限于以社会保险的形式分散养老风险、提供养老保障的养老保险制度安排，因为这种"无差异"的养老制度供给不能满足不同主体、不同层次、不同内容的养老服务需求。基于提高整体养老服务质量的视角出发，要建立"多支柱""多层次"的养老保障体系，并在此基础上进一步增进老年人的经济社会福利，包括老年护理、居家养老、个性化养老服务供给等社会化养老服务方面的建设内容。

三、社会养老保障模式运行的制度安排

社会养老保障模式主要是通过建立制度化的养老保障制度来分担整个社会所面临的老年风险，在社会养老保障模式中的制度安排包括社会基本养老保障制度、企业补充养老保障制度和商业性养老保障制度，如图2-1所示。但在社会养老保障模式下除了社会养老保障制度安排以外，还有传统家庭养老保障、慈善、个人储蓄、社会化养老服务的养老形式并存，不同方式之间相互促进、相互融合，共同编织"养老保障网"。事实上，世界范围内大多数国家也都进行了社会养老保障的探索实践，从而实施了多样的社会养老保障计划，基本上覆盖了本国所有的就业人口，其中，大部分国家采用"分担保障"模式，即通过"保险形式""大数法则"的机制机理安排来分散家庭风险，实现"老有所养"的目标，社会保险制度是人类的一大创新。在这一制度中，保障收入有时完全由劳动者分担，这种分担是强制性的，与劳动者工资挂钩，作为对他们"缴款"的回报，劳动者在退休后有权得到以现金形式支付的养老金待遇。

（一）社会基本养老保障制度

社会基本养老保障制度是伴随产业革命带来的社会结构变化、经济发展生产的社会需求而形成的，它本身并不创造财富，通常表现为以国家或政府为责任主体承办，通过公共支出某种形式的社会统筹和特殊安排，向个人及其家庭提供的制度性养老服

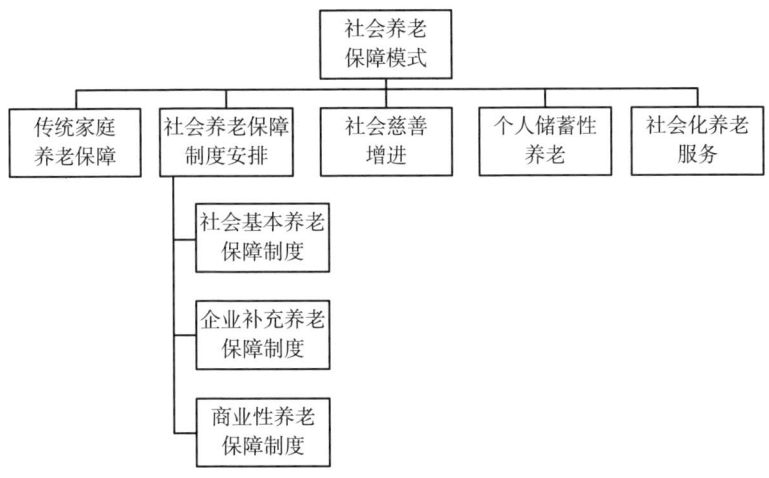

图 2-1 社会养老模式下养老保障体系内容

务支持,强制或非强制地实现个人收入在时间路径上的社会最优分配或个人最优（包括财富的代际、代内转移）,从而有效消除人们老年时由于"获取收入"能力的下降甚至终止所造成的生存风险,使得制度覆盖下的经济个体都能实现"老有所养""老有所依""老有所乐"。

养老保障制度的贴切性和有效性取决于制度本身的科学属性以及现实需求,在实际设计和运作中,养老保障制度由于价值取向、内在机理、管理方式的不同,表现出极大的差异性,体现出不同的运行特征。一般来说,综合考量多项不同要素之间的组合,可将世界范围内的基本养老保障制度划分为以下四种具体类型,且每种类型都有其独有的制度特征。

1. 保险型养老保障制度。

保险型的养老保障制度,又称"俾斯麦模式"或者"社会保险模式"。它最早产生于德国。1884年,俾斯麦政府制定了世界上第一个"社会养老保险计划",作为其"福利网格"的重要组成部分。在这种养老保险制度下,老年风险是通过"保险"

的形式，运用"大数法则"的机理在整个社会群体之间分散，以"现收现付制"和"确定给付制"为主要特征，享受养老保险待遇的权利直接或间接地取决于受保障者的工作年限，或企业（雇主）和职工（雇员）缴纳保险费的年限。① 第二次世界大战后，这种保险制度得以广泛推广，被绝大多数国家所接受。保险型养老保障制度有如下几个特征。

特征一：缴费的强制性。

社会保险为强制性的保险方式，社会养老保险在筹资方面更多体现"自我保障"的责任，提倡的是养老保障的"自保公助"，因此规定养老保险费由雇主和雇员按工资数额的不同比例共同缴纳，承担缴费的主体责任，政府只是采用补偿机制按不同的标准提供拨款资助，同时辅助社会各界的资助，以实现资金来源的多元化。

特征二："现收现付"的财务制度。

现收现付的财务制度指的是现时征收的养老保险费是用于现时的养老金发放，基本不积累和存留，也就是说有工作能力的在职人员缴纳养老保险费养活上一代有资格领取养老金的已退休人员（其中含企业配套缴费，政府补贴投入），同时在职职工也由于自己尽了"缴费义务"而相应的获得未来退休时领取养老金待遇的"预期权利"。如此，在职职工和退休职工这两代人之间就形成了所谓的"代际契约""代际合同"，每一个时代的就业群体无形中全然承担了同时期养老保险费用的给付，而当该就业群体进入退休年龄阶段以后，他们的养老金则由那个时代处于就业市场的青年一代来支付，一种基于两个世代之间的"代际团结"得以建立。

特征三：确定给付制。

确定给付制又称为"受益基准制"，一般依据参保者的服务

---

① 丁纯：《德国养老保障体制的改革》，载于《欧洲》2000年第2期。

年龄（劳动年限）和工资基数确定参保者的养老金收益，养老收益与养老缴费是分离的。即只要参保者符合规定的条件，就能享受由养老保险计划的主办者做出承诺的相应待遇，其待遇具有一定的确定性。因此，确定给付制有较强的再分配作用，体现了风险共担，能够调节不同社会阶层的收入，而且制度平衡运行的财务风险也由政府来承担，与个人无关。但是确定给付制虽然减小了个人面对未来养老金"兑付"的风险，然而由于实行了待遇与缴费的分离，也比较容易出现激励不足的"吃大锅饭"和"搭便车"问题。

2. 福利型养老保障制度。

福利型养老保障制度又称"贝弗里奇模式"或者"全民津贴模式"，它最早出现在英国，实施这种制度的国家一般被称作"福利国家"。在福利型养老保险制度覆盖体系下，该国的公民或居民，只要满足一定条件（例如居住满规定的年限），就可以在达到法定的退休年龄后，支取一定数额的养老金。由于特殊的政治和经济主张，以苏联为代表的中东欧国家形成的"国家保障型"的基本养老保险制度在一定范畴内也属于典型的福利型养老保障形式，但随着后来政治经济体制的转轨，逐渐演变为其他形式的社会养老保障形式，在这里不做具体分析阐述。福利型养老保障制度是国家福利理论和福利信念转变为政治目标的应用，即个人行为转变为社会保障，慈悲仁政转变为制度。福利型养老保险制度有如下几个特征：

特征一：保障对象的普遍性。

在福利思想的影响下，公正获取社会福利已经成为国家中公民的一项重要社会权利。即无论职业、身份、贫富和政治倾向如何，每一个公民均有享受社会养老保障的此项权利，这一权利是不可剥夺、不可侵犯、不容漠视的。因此，福利型养老保险制度的覆盖面为全体公民，养老待遇基本与个人工作年限和个人所缴纳的费用无关。

特征二：资金来源于税收。

福利型养老保障制度也是一种缴费性的制度，但是它与保险型社会养老保障制度规定的由雇主和雇员强制性按其工资数额的一定比例进行缴费不同，福利型养老保障制度的基金来源于国家，通过预算由国家以财政转移的形式为制度提供资金保障，国家财政由企业和个人以纳税的形式向国家缴纳。

3. 自我积累型养老保障制度。

自我积累型养老保障制度又可称为"储蓄金制"或者"公积金制"。它最早出现在马来西亚，以新加坡为代表。顾名思义，自我积累就是以一种自我储备的保障方式来应对老年风险，完全突出的是个人责任。在法定的基本养老保障制度或公共养老保障制度建设中，很少采用自我积累型的养老保险制度安排，这一模式出现的时间较晚，主要是在社会养老保障制度改革的浪潮中逐渐形成并发展起来的。相对于前面两种模式的社会保险制度的安排，自我积累型的养老保障具有如下特征。

特征一：强制基金积累制。

与现收现付的财务机制不同，自我积累型的社会养老保障制度采取的是"积累性"完全基金制。完全基金制指的是劳动者在工作期间以固定缴费率在养老金账户上积累资金，由基金管理机构对私人账户进行统一投资管理，劳动者退休之后按照个人账户积累的基金数量从个人账户上领取养老金。它遵循的是"同代自养"的原则，劳动者在工作期间为将来退休时期的消费做准备。

特征二：确定缴费制。

确定缴费制又称之"缴费基准制"，是指通过保险精算得到一个相对稳定的缴费标准（投保缴费率）筹集养老基金（由雇主和雇员供款），并存入劳动者的个人账户。劳动者退休后，以其个人账户上的积累金额（本金加上利息）作为养老金的发放依据，也就是说，养老金具体的数额确定与缴纳保险费的数量以

第二章 社会养老保障模式的兴起及其特征

及相应历史时期的平均保险费的比值、工作年限、退休时年龄等多种因素都有关，总的说来收入与付出成正比，权利与义务相统一。① 确定缴费制是一种"以收定支"的计发模式，养老金待遇来源于个人的缴费，对受益人的给付在较大程度上取决于受益人过去对社会保险缴费的贡献或者全部工作年限以基金积累的投资回报率。②

4. 非缴费型养老保障制度。

非缴费型养老保障制度又可以称为基于家庭经济状况调查的社会养老补贴制度，由丹麦建立的"老年援助计划"形成的社会养老体系为标志。该计划使老年人脱离了一般社会保险的范围，凡属60岁以上符合规定的贫困人口，都可以申请领取养老援助，倡导家庭保障第一，社会保障第二。随后，新西兰（1898）、澳大利亚（1908）和瑞典（1913）也先后建立了类似的养老计划，逐渐形成一种"非缴费型"的社会养老保障制度。这一"非缴费型"的养老保障制度安排相当于早期社会救助型的养老保障，在社会发展变迁的过程中，福利国家普遍放弃了最初以"施恩济贫"为主旨的福利政策，转而以社会公正作为政策目标，使制度设计带有程序化、规范化、法制化的特征，在保障对象的确定、待遇水平和范围等方面有了进一步的制度性安排。

特征一：特定的覆盖对象。

由于国家的财力和社会的现实情况限制，由国家主导建立的基本养老保障制度不能像福利国家那样支撑起所有民众的养老保障需求，也没有物质保障运用保险机制分散工薪阶层的养老风险，故"量入为出"只建立起针对特殊困难群体保障的社会保

---

① 王学东：《德国养老保险制度的现状和趋势》，载于《当代世界与社会主义》2001年第4期。

② 张忠利、刘春兰：《德国养老保险体系对中国的启示》，载于《哈尔滨工业大学学报（社会科学版）》2007年第1期。

险制度，保障那些正处于困难状态，亟须养老救助的老年人。因此在保障对象方面有着严格的限制，旨在解决老年贫困问题，改善贫困老年人的生活状态及其家庭照料的经济负担。

特征二：以家庭收入调查为基础。

正因为覆盖特定的对象，所以在对象甄别时要用到特殊的方式和标准，表现为以"家庭经济调查"为制度基础，以实际真实的经济状况调查为依据，将有限的社会公共资源用于照顾真正需要社会帮助的老人，规避道德风险及资源错置和浪费。但是，以严苛的家庭经济情况调查为先导，可能会因为不适宜的"最低生活水平线"标准的制定，而使老年生活处于困难处境。同时，也因要申请核实，严格的以最低生活线为依据，可能会造成收入水平稍微高出最低线的老年人生活同样较为困难；再加上没有考虑到家庭负担情况和个人收入水平的匹配情况，使很多真正需要"救助"的老年人被排除在制度覆盖的范围内。除此之外，家庭经济状况调查还可能伤害到老年人"节俭储蓄"的情感，具有贫穷救济性质的养老补助，会使很多老人碍于面子和尊严而选择"放弃"申领。

特征三：待遇水平偏低。

与其他三种养老保障的制度安排相比较，带有"救济"性质的养老保障补贴制度的养老待遇水平是偏低的，与最低生活水平标准差不多。这一方面是考虑到国家的财政负担，毕竟没有缴费为基础的制度其本身是没有内生力量实现"收支平衡"的，只有靠"外力"的财政转移支付来维持制度的运行，故待遇标准不能太高；另一方面也是为了避免"道德风险"和"贫困陷阱"，如待遇水平过高将会"引诱"民众以造假的手段"搭便车"，蹭制度福利，这样就挤占了真正需要养老救济者的资源，同时还会使在制度覆盖下既定"受益者"很难脱离制度，形成"福利闭环"。

总的来说，自1889年世界上最早的社会养老保险制度在德国诞生以来,全世界大部分国家都开始探索建立社会养老保障制度,以保证其国民年老后的生活稳定,部分代表国家早期建立社会基本养老保障制度的时间轴如表2-1所示。

表2-1　　部分代表国家建立社会基本养老保障制度的时间轴

时间线	年份	国家	建立原因	建立制度类型
19世纪80~90年代	1889	德国	政府争取支持	缴费和给付与收入挂钩,仅覆盖蓝领
	1891	丹麦	消除农村贫困	全覆盖
19世纪末	1898	新西兰	应对经济萧条	收入调查型全覆盖
	1908	英国	应对经济萧条	收入调查型全覆盖
20世纪初	1908	澳大利亚	应对经济萧条	收入调查型全覆盖
	1913	瑞典	德国示范效应	全覆盖强制性制度
20世纪前十年	1919	意大利	萧条以及第一次世界大战后的社会动乱	覆盖所有雇员
	1919	西班牙	第一次世界大战后的社会动乱	覆盖一定收入以下的所有私人部门雇员
20世纪20年代	1924	比利时	工业化发展	覆盖一定收入以下的雇员,强制性制度
	1927	加拿大	种族异质性推迟建立	收入调查型全覆盖
	1928	奥地利	应对经济萧条	覆盖雇员
20世纪30年代	1930	法国	德国示范效应	设定收入上限,仅覆盖蓝领
	1935	葡萄牙	新政府建立	与收入挂钩,仅覆盖工业和服务业雇员
	1936	挪威	再分配程度有分歧,推迟建立	收入调查型全覆盖制度
	1937	芬兰	无主权无民主,推迟建立	收入调查型制度
	1937	美国	大萧条	收入调查型制度

续表

时间线	年份	国家	建立原因	建立制度类型
20世纪40年代	1942	日本	预防战时通货膨胀	覆盖雇员及家庭
	1944	阿根廷	军阀政府稳定国家	之前体制扩展到城市职工
	1947	荷兰	战时萧条,战后稳定	收入调查型近全覆盖制度
	1948	瑞士	私人基金发展良好,推迟建立	与薪酬挂钩的全覆盖制度

资料来源:Cutler, D. and Johnson, R. The Brith and Growth of Social Insurance State. *Public Choice*, 2004, pp. 120.

(二)企业补充养老保障制度

企业补充养老保障制度最初是以私人年金的形式,最早出现在市场经济较为发达的美国。当时它是作为一种随机的奖励,奖励那些服务年限长或者忠诚的雇员,以提高生产效率,而雇主并没有法律上的义务来提供那样的年金保障。因此,在经济大萧条期间,私人年金发展十分缓慢。但也正是由于经济大萧条,唤起了民众对老年经济安全保障的重视,政府也在一定程度上给予雇主主办的私人年金税收优惠,进而促进了企业补充养老保险的发展,突出其在老龄融资方面的优势。

企业补充养老保障制度的萌生与就业相挂钩。在失业现象比较严重的现实情况下,人们越来越意识到贫困和失业是结构性、制度性和非人格化的因素造成的,而不完全是个人的原因,因此,雇主和雇员是相互依存的。由于社会养老保障制度仅提供"最低保障线",那么通过私人措施提供补充给付的方式便突出起来。鉴于个人没有能力或者不愿意通过自己的能力集聚所要求的资源,社会普遍期望雇主承受一部分负担,雇主可以将负担的成本转嫁给消费者,但是社会压力又会要求雇主建立筹集额外资金的机制,如果雇主不选择建立真正的养老保障计划,社会压力也会迫使他们以其他的方式照顾年老的退职者。基于各方面的综合考量，企业建立正式的补充养老保障制度就成为解决问题最经济和最满意的方法。

企业补充养老保障制度没有强制性的规定要求，属企业自主决策的范围，对于整个养老保障制度的建设起锦上添花的作用，但并非是对有养老现实需求职工的雪中送炭。所以一开始只有在一些大型和有实力的企业中实施，为其部分雇员（并非全部雇员）提供退休后的养老金保障支持，而绝大多数雇员退休之后没有享有此养老金待遇。补充保障保险有依据收益原则的不同，可以分为 DB 计划（待遇确定型）和 DC 计划（缴费确定型）。

从人力资源管理的角度来看，企业建立补充性的养老保障体系是人事管理中的重要手段，有利于吸引高层次的科技人才，降低流失率，提高人力资源存量资本，享受税收优惠，降低工资性成本开支等。除了经济上的吸引力之外，企业补充养老保障制度的建立还有起全面保障的作用，能促进员工的合理流动，厘清国家、企业、个人三方之间的责任。

（三）商业性养老保障制度

在向"社会人"不断转变的过程中，更多的个人、家庭和企业开始把商业保障作为解决养老问题的有效手段。从世界各国的经验来看，基本社会保障、企业补充保障和商业保障是组成一个国家养老与健康体系的三大支柱。商业性养老保障是一种市场化、社会化的养老风险管理机制，通过这种机制，能够有效解决家庭养老风险，减少人们的不安全感，有效刺激家庭消费，促进经济发展，从而实现经济增长方式的转变，最终实现消费和投资的平衡增长。商业性养老保障与其他类型的养老保障制度，特别是企业补充养老保障制度之间呈现的是一种互制互动、相互促进的关系，并随着社会政治、经济状况的变化表现出不同的组合形态。

商业保障作为社会养老保障制度体系的重要组成部分，在不同的养老保障方面发挥着不同的作用，在基础型养老保障层面，商业保障的作用主要体现在参与社会养老保障日常管理，为社会保障提供技术和管理支持，实现社会保障资金保值增值，减轻政府压力，提高保障机制运营效率；在成长型养老保障层面，商业养老保障的主要作用体现在通过开展企业年金和团体福利计划等业务，为企业提供独立运作、专业化管理和适度保障的全程服务，成为养老保障体系中的倡导者和主要承担者；在享受型养老保障方面，商业保障可以发挥主导作用，提供更多的保障产品和更高的保证程度，弥补社会养老保障供给的不足，丰富和完善整个国家的社会养老保障体系。

实际上，在一个国家中往往并不止一种类型的养老制度安排，基于不同群体养老需求的差异，许多国家都建立起了多层次、混合型的养老保障制度体系。如在社会基本养老保障层面，即有可能同时存在"福利型"的普遍养老保障制度、与就业相关联的运行保险机理的养老保障制度或者以经济调查为基础的"救助型"养老保障制度等；同时，在整个养老保障领域，除了社会基本养老保障制度安排以外，还有企业补充性职业年金计划、个人自愿性养老储蓄保障等多种不同形式的社会化养老保障实践。如德国长期以来一直以其唯一支柱的法定养老保障模式为骄傲，就是以一种最为主要的制度模式负担民众的养老保障。德国的福利国家被认为是国家全面承担维护公民福祉的一种社会制度模式，其核心是运用集体担责的方式来维护每位个体公民的福利，由此，私人养老保障市场较为薄弱。但与德国较为单一的养老保障制度的结构体系不同，大多数国家建立了一种"复合型"的养老保障体系，就是在"公共性质的养老保障制度"的基础上，以公共社会养老保障为中枢，建立补充性养老保障制度和商业性养老保障制度充分发展的社会保障制度体系。再如，英国养老保障制度由养老金制度和救助制度组成。在英国社会保障费用的缴纳中，政府出资的比重较高，成为承担费用的主体。为了改善这一情况，英国在20世纪80年代进行了改革，在改革的过程中兼顾效率与公平，取得一定成效，建立起了"三方缴费机制"和"三支柱的养老保障体系"。英国的养老金体系是典型的"三支柱"：公共养老金计划（public pension）为每个人提供基本养老金和对雇员提供与收入相关联的国家养老金，包括国家基本养老金计划（BSP）和国家第二养老金计划（S2P），公共养老金计划都以"现收现付制"为基础；职业养老金计划（occupational pension）是由私人和公共部门的雇主给雇员提供的，包括待遇确定型（DB）、缴费确定型（DC）和混合型（hybrid plan）三种计划类型，绝大多数大公司提供的都是待遇确定型（DB）职业养老金计划；个人养老金计划（personal pension）主要由商业保险公司向自雇人员和没有参加职业养老金计划的人群提供，通常都是缴费确定型（DC）养老金计划。

第三章

社会养老保障制度
进一步改革与发展

　　20世纪开始,世界进入人口老龄化阶段,而且在可以预见的未来,人口老龄化的趋势还将日益严重。由此,许多国家的养老保障制度在老龄化的冲击下,面临着不同程度的挑战。挑战首先来自于老龄化带来的人口结构变化,在养老保障方面的直接体现就是在职缴费的年轻人变少,享受保险待遇的老年人较多,养老保险制度本身不能有效地实现"自我平衡";其次是财政危机。1973年爆发的石油危机使得当时的经济生长率不断创"新低",失业率高升,物价持续上涨,在这些变化的影响下,养老金待遇给付也变得越来越困难。再加上西方国家出生率持续走低和平均寿命不断延长同时并存,导致人口老龄化程度加重和整体人口数量的减少两种现象同时出现。20世纪80年代,保守主义政党执政的美国和欧洲都开始削减福利支出。由于养老金制度在福利制度中处于核心位置,同时是最普遍的一项福利制度,因此推行养老金制度改革可以说是全世界的一种现象。由于无法保证养老金制度的财政可持续性而展开改革,开始在世界各国以各种形式广泛开展起来。

　　具体来说,人口的变动会显著地影响一个国家的养老保障系统以及长期财政收支,随着人均寿命的增长以及出生率的下降,每一名退休人口所对应的工作人口数量都在下降,这样的趋势将会限制养老金系统的筹资能力。原来以"现收现付"为基础的养老保障制度模式面临着"入不敷出"的财务危机,社会养老保障制度隐含的债务包袱将越来越大。因此,如何改革养老保障制度以保持它的健康平稳运行,已经成为全世界必须要面对的一个重要难题。

一、养老保障制度改革的理论创新

理论的发展与实践的演变总是相辅相成的。自社会养老保障制度的诞生及后继的繁荣以来,有关养老保障制度建设的理论已经不再局限于养老保障制度为什么要存在,而是聚焦于怎么在不断发展变化的实践过程中进行更好地修正和变革。公平与效率是一个古老的话题,也是一个最难达成共识的话题,公平与效率的关系始终是养老保障制度改革研究的核心。对公平与效率的研究会进一步加深社会养老保障制度与国家政治、经济势态、传统文化等要素之间关系的认识,有利于对社会养老保障制度改革的思路、趋势进行全面把握,可以为在解决现收现付制、完全积累制、部分积累制以及转制成本等重大问题的纷争上,制定决策以及选择调整整体与个体利益双赢的社会养老保障制度方面提供重要的理论参考,为具体的改革实施方案的制定提供理论依据和技术方法。因此,依据研究及实践需求,本节将从公平性和效率性两大框架对社会养老保障领域中众多新兴的理论进行归纳阐述。

(一) 基于公平性增进的理论创新

公平是人类的共同偏好,也是人类的共同价值观。尽管世界上不同的文化和宗教或许在许多重要的方面有所不同,但他们都关注公平和公正,这表明人类有共同的基本价值。社会养老保障制度本质上是国家通过立法并依法采取强制手段对国民收入进行再分配，然而，在分配领域讨论公平时，通常有人将分配结果的均等性与公平画等号，这就犯了一个"只重结果"的错误。其实，经济公平的内涵包括起点的公平或者说机会的公平、过程的公平和结果的公平，其结果的公平与平等或者均等也不是一回事，后者指的是收入分配的量的一致性，而前者带有价值判断，指的是在起点公平、过程公平基础上的个人贡献与其收入的一致性。那么，经济公平与政府、市场、群体、机构、个人之间的"多联、多向"关系就成为社会养老保障制度公平性增进的突破点。

1. 新自由主义思潮。

新自由主义学派是20世纪70年代发展起来的一个理论体系，其哲学基础是自由、公正和不干涉主义。对福利国家的全盘否定是新自由主义理论的重要特征，其代表人物主要有哈耶克、弗里德曼等。新自由主义理论主张"自由化""私有化""市场化"，认为自由是效率的前提，私有制是推动经济发展的基础，反对国家对经济生活的干预，在社会政策上反对福利国家政策，力主将能推向市场的社会福利事业转交给私人经营，改变由国家出面举办全部社会福利的做法。面对社会保障财政困境，新自由主义提供了一套与现行政策完全不同的思路，代表性观点如下。

一是强调个人权利与个人责任。新自由主义者强调个人自由，他们认为只有在保持个人自由的前提下，才可能去关注其他道德问题，如平等、福利和社会保障等。与此同时，新自由主义者认为，自由与责任密不可分，不承担责任就不可能享有自由，长期接受保障会使社会成员对政府产生福利依赖，进而削弱社会成员工作的主动性和积极性，因此，凡具备自我供给能力者，都要求自我供给。

二是把握有限保障与绝对保障。有限保障是防止严重物质匮乏的保障，即确保每个人维持生计的某种最低需要；绝对保障是指某些生活水准的保障，或者说一个人与其他人相比较的保障。

有限保障是最低收入保障,绝对保障是特定收入保障。哈耶克认为,国家为公民提供有限保障是必要的,且有限保障与公民个人自由并不抵触,相反,更能够使市场经济保持竞争活力,而且能避免各种灾难所带来的社会问题。但另一方面,如果人们过于追求绝对保障,不但不能增加公平与自由,反而会对公民间的"平等性"产生严重威胁。

三是区分国家责任与市场机制。在养老保障的国家责任方面,新自由主义认为国家不应该承担过多责任,他们从自由出发,否定福利国家的福利政策,要求弱化政府职能,强化市场自由。在新自由主义看来,政府对市场的过多干预,必定会影响市场效率,破坏市场演进,从而导致经济低效,延缓社会进步。在英国,撒切尔政府秉承新自由主义思想,改革传统的福利国家模式,强调个人责任与义务,推进养老保障私营化,试图通过强调政府投入与非政府部门参与相结合的福利政策,鼓励非政府部门和家庭承担更多的养老保障责任,从而降低政府的养老保障负担。在美国,里根和老布什政府变社会保障"现收现付制"为"部分积累制",以保证养老保障制度的可持续性,同时鼓励私营机构进入养老保障领域,推进养老保障的市场化管理。这些改革措施均体现了新自由主义思想对养老保障改革的影响。

2. 代际补偿理论。

基于公平性增进的理论还可以从养老保障制度在代际间的权益分割和增进来探究。从选择机会来看,"强制性"的参保规定剥夺了后代人进行自由选择的权利[①];从能力(资本)来看,抚养比不断上升会加重后代人的负担,影响他们所能用于实现自我效用的能力与资本;从效用来看,由于制度建立之初的一批人并没有缴费或并未完全缴费,产生了隐性债务,如果没有通过公共

---

① 王作宝:《代际公平与代际补偿:养老保险可持续发展研究的一个视角》,载于《东北大学学报(社会科学版)》2016年第1期。

财政投入或其他渠道得到有效化解,就只能在养老保障体系内由他们之后的各代人负担,加上人口老龄化、退休年龄延长、通货膨胀等因素的影响,各代人从制度中所能获得的收益,也即他们的效用水平并不相同。以中等收入群体为例,哈维(Harvey, 1995)的研究发现 1980 年退休人口获得的给付比缴税要多,纯获益为 39 200 美元,1995 年退休的损失为 5 100 美元,到 2010 年退休的人口损失达到 36 300 美元。[①] 可见,不同代之间的负担和收益存在明显不均,由此,养老保障制度的"公平性"改革被置身于个"代际"研究的框架中,形成最具代表的代际补偿理论。

第一,主要观点:养老保障制度会造成代际不公,有失公平。

由于养老保障制度是国家强制性建立起来的代际社会养老保障体系中的"代际交易",是国家强制约束、多代人共同参与、当代人主导、后代人"虚位"的交易。在这一体系中,由于不存在直接交易的双方,便无法通过市场规则下的自由谈判实现公平交易,自利性会驱使任何一代人都希望从养老保障体系中获得更大的收益,并最终导致代际不公。再聚焦制度本身的设计,"现收现付制"模式无法通过制度本身的内部改革来克服代际不公的问题,同时,考虑到代际转移的复杂性,将养老保障代际转移置于更广范围的公共转移领域进行研究,全面评价代际转移的公平性问题也显得更为合理。因此,通过其他领域和其他形式的前代人向后代人的代际转移,来补偿后代人在养老保障代际转移中将要承担的不公平的负担,就成为养老保障可持续发展的一条可行的外部路径。

第二,反对声音:代际转移的复杂性并未存在代际不公,体现了公平性。

该理论的反对者则指出,代际转移既发生在养老保障领域,

---

① Rosen H S. *Pubic Finance*., New York: McGraw-Hill, 2002, pp. 201.

也存在于教育、医疗卫生、公共设施建设领域；既有后代人向前代人的转移，也有前代人向后代人的转移；既有可定量的财富转移，也有不可定量的服务性质的转移；既有公共代际转移，也有私人代际转移。养老保障只是在公共领域的后代向前代可定量的财富转移，而在私人领域还存在很多前代向后代无法定量的服务性质的转移。如果只就养老保障制度本身分析代际公平问题，并据此得出代际不公的结论，就会忽略代际转移的复杂性。他们认为对于代际公平的研究，不应只关注收入中有多少用于承担税负或其他公共支出，更应该关注生活标准。人类社会总体上是在不断发展的，后代人会比前代人更富裕，拥有更高的生活水平，也能承担更重的养老负担。因而，可以将养老负担转移一部分给后代，最直接的办法是提高当前缴费人群的缴费率。①

第三，应对策略：养老保障制度改革中增进"虚拟补偿原则"。

1939 年，卡尔多（Kaldor）将"虚拟补偿原则"作为检验社会福利的标准，认为如果那些从社会资源再分配中获利的人获得的利益足够补偿那些从中亏损的人，社会资源的再分配就是有效率的。那么，将养老保障置于整个社会福利体系乃至公共代际转移中来考虑，在养老保障体系中受益的一代人，如果能够在其他福利领域以代际转移的形式给予后代人以适当的补偿，来弥补他们要承担的过度的养老负担，则整个社会福利体系和公共代际转移就可以视为合理的、有成效的，作为其组成部分的养老保障也能实现可持续发展。因此，养老保险制度的改革设计需要通过一定的手段内化"前人"成本，克服短视的"自利理性"，以"预付费"形式支付给后代人，构建补偿机制，在整个公共代际转移领域实现"既满足当代人的需求，又不损害后代人满足其需

---

① Schokkaert E. Debate on Social Justice and Pension Reform. *Journal of European Social Policy*, Vol. 13, 2003, pp. 245–264.

求的能力"的目标,实现养老保障制度的可持续发展。[1]

(二) 基于效率性提升的理论创新

基于效率性提升的理论主要探讨的是养老保障制度建设中政府和市场之间的关系定位。政府与市场的关系研究中,首先是政府责任边界问题,即政府定位,包括决策制定与决策执行分离,把公共服务(如养老保障)的生产和供应通过市场化、民营化等形式交由市场和社会力量来承担,政府主要集中于掌舵性职能,如拟订政策、建立适当的激励机制和监督合同执行等;其次是在管理方法上,强调个人在组织中的目标与责任等,改革政府传统的官僚管理模式,引入市场机制,在公共部门与私人部门之间展开竞争,同时探索实现公私合作的途径,以提高养老保障服务质量及供给效率。那么,追溯当代西方养老保障市场化的理论与思想根源,主要分析福利多元主义中的混合福利理论、第三条道路学派和新公共管理理论。

1. 混合福利理论。

起源于 20 世纪 80 年代的福利混合经济理论,从供给、融资和规制等多维度,重新审视了国家、市场、非正式福利和志愿组织之间的关系,寻找这四者之间的平衡关系,认为直接供给不是国家干预福利的唯一、最好的方式。国家可以向其他福利供给主体提供投资或补贴,保证服务需求者能够无偿或以低价获得相应的福利现金给付或社会服务。居民个人的护理费用也可以由国家全额或部分负担,为特殊群体提供服务的志愿组织应该得到地方或中央政府的资助。国家可以通过制定法律,颁布管理条例等方式实现干预和监管。

国别之间、历史阶段、不同社会服务之间的福利混合经济争

---

[1] 刘喜珍:《论代际公正的基本理念——以老年伦理关怀为视角》,载于《湖南社会科学》2010 年第 1 期。

议,主要存在于供给、融资和规制三个方面,形成三维度的福利混合经济,认为福利混合经济存在多样性,并且处在渐进变化中。[①] 所有维度上,后退和前进的脚步交替进行,并且组成部分之间的相互平衡并不相同。因此,难以清晰判断福利混合经济的分配后果。目前,福利的供给、融资和规制正从公共福利向私人福利逐渐转变。如表3-1所示,将规制分为高规制和低规制两类,分别用 a 和 b 表示,绘制简化的三维福利混合经济图。比如,格子1代表公共供给和公共筹资,格子2代表市场供给和公共筹资,格子6代表市场供给和市场筹资。

表3-1 三维度的福利混合经济

		供给			
		国家	市场	志愿部门	非正式部门
融资	国家	$1a$(高度规制) $1b$(低度规制)	$2a$ $2b$	$3a$ $3b$	$4a$ $4b$
	市场	$5a$ $5b$	$6a$ $6b$	$7a$ $7b$	$8a$ $8b$
	志愿部门	$9a$ $9b$	$10a$ $10b$	$11a$ $11b$	$12a$ $12b$
	非正式部门	$13a$ $13b$	$14a$ $14b$	$15a$ $15b$	$16a$ $16b$

2. 第三条道路学派理论。

20世纪90年代,在经济全球化、传统社会民主主义价值理念和经济社会发展模式遭遇困境的背景下,以安东尼·吉登斯、托尼·布莱尔和施罗德等为代表的西欧社会民主党人提出和发展

[①] 殷俊、李晓鹤:《法国长期护理津贴制度分析与经验借鉴》,载于《保险研究》2015年第6期。

第三条道路。第三条道路既不同于古典社会民主主义，又不同于新自由主义，是第二次世界大战后西方资本主义经济社会政策发展变化的直接产物，是为了避免传统的左翼（即社会民主主义）与右翼（新保守主义）的极端化而寻求的一种中间道路，主张积极型福利和建设社会投资型国家。在福利制度的安排上，第三条道路强调：

第一，积极型福利。一方面，第三条道路学派并不否认国家的福利政策，他们扬弃了传统的"从摇篮到坟墓"的社会福利政策，提出"中间路线"，即在政府与市场、公平与效率方面取得平衡，以缓解社会成员对政府激进的福利市场化改革所产生的抵制与厌恶情绪；另一方面，他们提出要建立社会投资型国家，他们认为，国家所提供的福利越多，道德公害与欺诈发生的可能性也就越大。因此，在可能的情况下，应尽量在人力资本上投资，如促进就业等，以社会投资取代社会资助。为了取代"福利国家"概念，他们提出"社会投资国家"的概念，以强调二者在中心思想上的不同。

第二，责任型福利。第三条道路认为传统的福利政策在增加国家财政负担的同时，又造成了社会成员对国家的过度依赖，弱化了个人的社会责任感，损伤了市场经济的活力，最终不利于经济社会的持续发展。因此，他们提出"权责对策"的福利原则，强调不承担责任就没有权利，鼓励自立而不是单纯地依赖国家。

第三，多元型福利。第三条道路既反对以中央集权的组织方式推行福利政策，又反对政府为国民提供普适性的福利，强调福利的多元性。一是责任主体多元，即社会福利不完全是国家的责任，是社会性的责任，因此社会福利责任不应该由国家独立和完全承担，家庭和个人也应该承担相应的福利责任；二是福利市场化，他们倡导将部分福利机构市场化，逐步建立国家与市场相结合的福利体制；三是福利目标多元，即福利不仅仅是简单的收入再分配，更应该关注影响初次分配的因素，如经济效率与市场机制，个人能力和工作机会等；四是福利"民主化"，即"参与型"福利，让社会成员参与到自身福利活动中来，让社会或地方发挥更大自主性和积极性去创造和实现更符合个人生活需要的福利。

基于第三条道路学派的理念影响下，布莱尔政府在养老保障制度改革建设方面主张超越"左"和"右"的分野，走"私有化＋国家基本保障"相结合之路。一方面，持续推进养老保障市场化和私有化，强调雇主与雇员的养老保障责任，鼓励私人养老金计划的建立；另一方面，推出国家第二养老金，同时提高国家基本养老金和社会救助养老金的待遇水平，以保障中低收入者，尤其是穷人的养老保障待遇，体现了对传统国家福利政策的优化。

3. 新公共管理运动。

新公共管理运动是20世纪80年代在西方国家财政危机、福利危机和政府信任危机背景下产生和发展起来的一套公共管理理论，其主要代表人物有胡德、哈伯德和奥斯本等。总结新公共管理运动理论，可以归纳为如下几点。

首先，在政府定位方面，主张决策制定与决策执行分离，把公共服务（如养老保障）的生产和供应通过市场化、民营化等形式交由市场和社会力量来承担。政府主要集中于掌舵性职能，如拟订政策、建立适当的激励机制和监督合同执行等。

其次，在管理方法方面，推崇引进私营部门的管理方式，如预算管理、绩效管理等，强调个人在组织中的目标与责任等，改革政府传统的官僚管理模式。

最后，在管理机制方面，积极引入市场机制，在公共部门与私人部门之间，公共部门之间展开竞争，同时探索实现公私合作的途径，以提高公共物品及服务的供给效率。新公共管理运动理论虽然不对社会养老保障制度的建设提出直接的政策干预和主张，但是其基于"管理效度""管理力度"提升的理念广泛影响了西方国家执政党在养老保障制度建设管理中的倾向与选择，其私营化、市场化、公私合作、合同外包、绩效管理等思想为养老保障市场化奠定了思想基础。

总的来说，社会养老保障的理论演变和改革实践探索主要是围绕再分配的两个问题展开：如何划分政府和市场的责任、如何处理公平与效率的关系。不管是宏观社会经济中的新自由主义思潮，还是微观群体个体之间的代际补偿理论，以及增进效率的混合福利理论、第三条道路学派理论和新公共管理运动等理论创新都表明：在社会养老保障问题上，任何一个政府既不可能袖手旁观，又不可能全部介入，政府与市场的适度结合、公平与效率的合理兼顾是必然的发展趋势，也是社会养老保障制度改革的主流举措。

二、养老保障制度改革的方式与争论

社会养老保障制度的有效性发挥主要依赖于人口年龄结构相对比较年轻、经济增长持续进行且雇佣结构相对稳定背景。但从20世纪末开始，人口老龄化加速、经济增长开始减缓、劳动力市场发生变化等情况以极快的速度出现，以"现收现付制"为财务基础的社会养老保障制度面临财政可持续性方面的危机。在社会养老保障制度的财政压力下，社会经济学家提出了许多政策建议，包括降低养老保障待遇水平、延迟退休年龄、不断扩大养老保障覆盖面、适度提高养老保障缴费率等方式来保持养老保障体系的财务均衡，为社会养老保障制度的改革提供"着力方向"。

（一）养老保障制度改革的方式

我们以是否彻底放弃养老保障制度"现收现付制"基础为

标准，把各种改革措施分为两类，一类是参数式的"改良主义"，即主张在现有制度的基础上进行改良；另一类是结构式的"激进改革"，即主张根本性的改革，要求从"现收现付制"转向私人管理和投资的"完全基金制"（以下简称"基金制"）。相较于其他改革方案而言，由"现收现付制"向"基金制"转轨是养老保障体系的"激进"改革。①

1. 参数式改革。

参数式改革（parametric reform）是为了应对社会养老保障制度的财政危机，维持财政负担方式、保险待遇计算公式等社会养老保障制度本身的基本框架，是一种仅仅通过形成财政均衡的函数，即用参数（parameter）的变化来实现养老保障制度财政稳定的方法。

方式一：强化社会养老保障制度的财政基础。

一般来说，强化社会养老保障制度财政基础的手段有如下几种。第一，通过抑制退休来增加缴费人数，使养老保障缴费金额相应增加，包括严格规定领取养老金的条件、使养老金的领取变得更加困难以及提高领取养老金待遇的年龄标准。第二，提高缴费率。这是最普遍被采纳的方法，可以在短时间内起到作用。但是其局限性也是很明显的，要考虑整个社会经济运行和民众的承受能力。第三，通过强化积累要素来夯实财政基础。即将"现收现付"保险制度中的积累基金最大化，如扩大已有的积累基金或者改变基金的运营方式来获取更多的收益。第四，扩大财政收入。强调通过提高国民就业率，以增加养老保障制度的缴费人口和缴费收入，实现养老保障制度自身的收支平衡。第五，通过统一制度来实现并强化社会基本养老保障制度的财政基础。如许多国家对按照职业种类分类或身份分类的不同养老保障制度，通过

---

① 袁志刚、葛劲峰：《由现收现付制向基金制转轨的经济学分析》，载于《复旦学报（社会科学版）》2003年第4期。

进一步整合,来扩充"基金池"的规模,运用"大数法则"分散养老风险。第六,通过对养老保险待遇进行征税来实现。征收的税款再次返还扩充到养老保障基金中,即以"延税"的形式增加养老的回笼资金,相对降低养老保障待遇水平。

方式二:抑制社会养老保障的总支出。

抑制社会养老保障的总支出是通过直接降低养老金待遇水平和缩短领取养老金待遇时间期限这两种办法来实现。在降低养老保险待遇水平方面,以改变保障待遇的计发方式、减少与物价水平相联动的关联性,使得养老保障待遇水平的增长与纯收入生长率相联动,但这种方式要考虑政治、民众的接受程度;在缩短领取养老金待遇的时间期限方面,主要是推迟养老金领取的年龄,这一方法已被很多国家采用。另外,把延长缴费时间段的规定作为领取养老金待遇的必要条件,也是一种实用方法,因为在延长缴费时间段的同时,其相应退休的时间即享受待遇的时间自然就被缩短了。当然,此种方法也是有限度的,需考虑到民众的心理预期。

方式三:扩大老年收入保障功能。

在社会基本养老保障制度建设比较完善的国家,强化老年后收入保障功能是经常被使用的手段。包括:扩大加入制度的覆盖对象,解决加入制度"盲区"的问题,如涵盖灵活就业者、个体经营者、小摊小贩等;通过导入企业补充养老保障制度的设计以及支持商业养老保障的发展来确保不同层次人群的养老保障需求,综合保证养老待遇水平的适度性;在保险制度覆盖群体的内部,增进有关性别的差异变量因素,体现对妇女群体的特殊关怀,因为妇女承担了生育、育儿阶段的重任,应当在政策设计中突出性别意识,缓解"女性老年贫困"问题。①

---

① 唐娅辉:《女性人文贫困与反贫困的路径选择——基于人的发展视角》,载于《中华女子学院学报》2016年第6期。

2. 结构性改革。

参数式改革不管是从强化养老保障制度的财政基础还是抑制养老保障总支出，抑或是扩大老年后的收入保障功能等多方面来努力，因其没有动摇"现收现付制"的财务根基，终不是从根本上解决养老保障制度财政问题的"治本之策"，仅仅是一种能将财政赤字出现的时间向后推迟的一时性"权宜之计"，故而受到很多想急切改变养老保障"焦灼"现状人士的批判，并开始探索改革方式。到了20世纪80年代以后，在以智利为代表的很多拉美国家出现了将社会养老保障制度整体或其中一部分替代为私人性质的年金制度，或者在补充收益水平很低的基本养老金收益，增加老年收入的层面上，采用在既有基本养老保障的基础上增加私人性质的养老金设计的方法等。这种激进的改革是一种在整体方向上推翻社会基本养老保障制度基本原理，从根本上进行改革的方法，称之为结构性改革（structural reform）。

方式一：用私人性质的养老保障制度代替社会基本养老保障制度。

在这种改革中，一般是通过"个人缴费"的自我积累型替代以往的"现收现付制"，抑制养老保障财政总支出，以增加储蓄来实现财政生长的宏观政策目标。如1981年，智利首先进行了养老保障制度的私有化改革（具体改革的过程及内容见本书第四章），之后秘鲁、阿根廷和哥伦比亚等国家也相继以"私有化"养老保障制度替代了既有的"现收现付制"养老保障制度。但在具体的制度上有一些细微的差别：以智利为代表的国家采纳的是完全私有化方式；而以哥伦比亚为代表的国家则是社会基本养老保障制度和"私有化"养老保障制度共存，但赋予公民在两种制度之间自由选择的权利。

方式二：强制性补充基本养老保障制度。

在社会基本养老保障制度收益较低的国家中，很多国家并没有选取完全私有化的改革方式，而是采取了将作为补充制度的私有化制度导入的方式进行改革。选择这种类型的国家依据追加的私有化养老保障制度的形态和是否强制公民加入的方式，又可分为国家强制个人年金形态和依据团体协约形成不同产业类型的年金形态两种类型。

方式三：提供适用除外性的养老保障制度选择权。

所谓适用除外性是指在基础养老保障制度仍然由国家运营管理的情况下，赋予被雇佣者将收入比例年金（基金积累制的储蓄养老保险基金）的全部或者部分转化为私有化的选择权的一种制度安排。这种方式可以对既有的基本养老保障制度（公共养老保障制度）和私有性质的私人养老保障计划的作用进行再调整。

方式四：自发性的补充基本养老保障制度。

这种方式与第二种强制性的补充基本养老保险制度方式有许多相似之处，不同在于一个是强制性，一个是自发性。这一种制度下，政府一般都会对缴费金额和利息收入赋予特别的免税优惠。

（二）养老保障制度改革的争论

对养老保障制度进行改革是"现收现付制"养老保障制度设计与人口老龄化双重作用下的必然结果。在参数式、结构式抑或两种方式兼有的养老保障制度改革中存在的"热点"也同时是"焦点"。其争论焦点主要集中在对"现收现付"和"基金积累"两种保障体制孰优孰劣的争论。

关于"现收现付制"和"基金制"养老保障体系的比较，经济学界大都借助于保罗·萨缪尔森（Paul A. Samuelson）引进的迭代模型（1958）来分析和论证现收现付制的运行机制。后来艾伦（Allen，1966）在迭代模型中引进了生产和投资，通过劳动生产率的增长这一因素来修正萨缪尔森的模型，对两种保障体系有了更为科学的分析框架。"现收现付制"向"基金制"转轨的争论具体落脚在如下几个关键问题上。

争论一：基金制是否能够比现收现付制更好地应对老龄化危机。

人口老龄化对养老保障制度的影响直接表现为人口年龄结构对社会保障制度财务平衡的考验。许多经济学家认为完全基金制可以规避人口老龄化所带来的不利影响，而现收现付制的均衡则容易受到人口结构变动的影响。理由在于现收现付制下养老金的收益率等于人口增长率与劳动生产率的增长率之和，而在基金制下养老金的收益率是资本市场的收益率，独立于人口结构变动。但是这一观点忽视了人口结构变动与资产价格之间的关系。一些研究表明资产价格也会受到人口年龄结构变动的影响，如随着"婴儿潮"的一代人进入成年阶段，住宅需求上升并导致住宅价格的变动，根据供给需求变动形成的资本市场利率当然也会随之变动，因而对独立于人口结构变动的基金制市场投资收益率来说也是会受到老龄化的影响，完全基金制独立于人口风险的论点是值得商榷的。

争论二：由现收现付制向基金制转轨是否能够增加国民储蓄。

假定个人除个人账户以外的其他储蓄不变，个人账户的储蓄表现为社会总储蓄的净增加，社会总储蓄的净增加转换为资本存量的上升，资本存量的上升使得经济增长速度加快，导致资本的边际生产力下降和工资率上升。目前对各国的实证研究并不能得出关于养老保障制度对于个人储蓄影响的清晰预测，但威廉姆森的研究表明智利自从实行养老保障私有化改革以来，平均每年国民储蓄增长。对中国而言，由于浓厚的储蓄文化，家庭储蓄率长期保持在一定水平上，再通过基金制的养老保障制度增加强制储蓄，很可能会降低国民的当期消费，不仅不利于扩大内需、转变经济增长方式，还将使经济长期处于动态无效的状态。①

---

① 袁中美：《智利"两轮"养老保障制度改革的启示》，载于《保险职业学院学报》2012年第1期。

争论三：基金制下个人养老基金是否有较高市场投资收益。

支持转轨的经济学家认为：具有个人账户的基金制养老保障体系通过将养老保障贡献分散地投资于资本市场可以获得资本市场的预期收益率，如马丁·菲尔德斯坦（Martin Feldstein）认为美国在基金之下养老保障的预期收益率是9%，这的确是个诱人的收益率。[1] 但是许多经济学家考虑到了转轨成本和个人账户的管理成本之后，认为由现收现付制向基金制的转轨并不能保障养老保障基金取得资本市场的预期收益率。首先，巨大的转轨成本影响基金制的收益率。如在债券转轨计划中，政府通过发行债券的方式将"隐性"的养老金债务变为"显性"的养老金债务，那么支付这部分债务利息需要政府增加额外的税收。考虑到利息支出的因素之后，养老金收益率与现收现付制下的养老金收益率相同，也就是说只有转轨成本分摊在各代人之间并得到消化，转轨后期的养老金收益率才会提高。其次，基金制下的管理问题也是一个不容忽视的问题。米切尔通过对不同的养老保障体系管理成本的比较研究得出了以下结论：养老基金管理成本的大小主要依赖于养老保障体系的规模，参加的人越多，规模效应就越明显，成本越低。现收现付制的养老保障体系集中管理，统一核算，因此它的规模效应比较明显，管理成本较低。而个人账户的基金制，其资产分别交给不同的资产管理公司分散管理，不能充分利用规模效应降低管理成本。一些学者从另外一个角度研究，认为虽然个人账户式的基金制没有规模效益，但是资产管理公司之间的充分竞争将把管理成本降低到一个比较低的水平。奥斯泽格和斯蒂格利茨（1999）则指出充分的竞争只能消除垄断所产生的租金，但并不能够保障资产管理公司的低成本运行。一系列经验研究显

---

[1] 马丁·菲尔德斯坦、漆鑫：《美国经济强劲增长路径》，载于《中国金融》2014年第4期。

示，管理成本的高低直接取决于账户的结构，分散化管理的个人账户使得管理成本维持在一个较高的水平，例如市场营销费用（广告、宣传）、基金管理费用、个人资料保管费用、逆向选择所带来的信息费用、咨询费用等都使得个人账户管理费用居高不下。因此，在制定政策时权衡各方面的利弊得失是非常必要的。

争论四：在基金制下是否有更好的劳动力供给激励。

菲尔德斯坦（1996）指出现收现付制下个人缴纳的养老保障贡献扭曲了劳动力供给。我们都知道收入税会扭曲劳动力供给，但是养老保障制度并不像收入税，个人在年轻时缴纳一定的贡献，年老时得到一定的养老金收益，养老保障贡献并不像收入税一样是"纯粹"的税收，那么养老保障贡献对劳动力供给的扭曲作用从何而来？菲尔德斯坦认为养老保障对劳动力供给的扭曲作用来自现收现付制下养老金的低收益率。我们知道现收现付制并不像基金制那样把每年征收的养老保障收入投资于资本市场，而是将每年征收的养老保障收入转移作为每年的养老金待遇支出，因此对缴费者来说，他们并没有得到现实的市场利率累积，且较长的时间跨度进一步降低了平均收益率，不利于劳动者供给劳动、参与缴费的激励。因此菲尔德斯坦认为只有转向具有个人账户的基金制养老体系才能够彻底解决这一问题。

但对于基金制下会有更好的劳动力供给激励的这一观点，许多经济学家提出了不同的见解：一种观点认为，现收现付制养老保障体系不仅为老年人提供公共养老保障，而且还承担一定的收入再分配功能。因此对养老保障体系的选择仅仅从微观激励上着眼是片面的，最后的养老保障体系应该是收入再分配与劳动力市场的扭曲之间权衡的结果。另一种观点认为，从前面的分析中，我们知道现收现付制向基金制转轨需要支付巨额的转轨成本，因此政府需要增加税收以支付巨额的转轨成本，如果附加的税收以收入税的形式征收也将扭曲劳动力市场的资源配置。

三、养老保障制度改革的发展趋势

养老保障制度具有三大功能：储蓄、保险、再分配。储蓄功能是指个人通过年轻时的积累以支付老年时的消费支出，在现收现付制下则是通过"代际转移"支付代替个人储蓄的方式来支付老年人的养老金；保险功能指养老保障体系向个人提供风险防控的渠道，如社会养老保险制度可以看作对个人寿命风险、收入中断风险的一种保险，而且养老保障体系这种强制性、普遍性、多样性的制度设计可以在代际和代内、时间和空间上形成有效的风险分担机制；收入再分配功能是指在代际和代内进行收入的二次分配，以达到政府或社会合意的收入分配状况。养老保障制度无论怎样发展和变革，都不能改变最初的功能定位和职能目标，因为只有在此基础上才能使社会养老保障政策更好地服务社会与公民。

（一）养老保障体系转向"多支柱"建设

社会保障改革实践证明，任何一种单一的养老保障制度安排都无法实现养老保障体系功能达到最优。现代社会养老保障体系的突出特征就在于构建包括现收现付的公共养老金、强制性的完全积累型养老金、自愿性的补充养老金制度等在内的多支柱养老社会保障体系。在人口老龄化和经济全球化的双重压力之下，一个以公共养老金、职业养老金和个人养老金为主要制度构成，具有多样化、分散化、多支柱、多功能特征的养老保险模式已经成为世界各国共同的选择。① 在多支柱养老保障体系中，政府侧重提供低水平的基础型社会养老保障，体现公平；而在成长型和享受型的养老保障领域则积极引入市场机制和商业化运作，提高运行效率，随着经济社会的发展，商业性养老保险制度和其他养老保障制度相互渗透，融合日益加深。

人口老龄化作为一种不可逆转的客观发展趋势，同全球化、城镇化、工业化一道成为重塑世界发展格局的基础性力量。面对人口老龄化的挑战，诸多发达国家逐渐改变了传统的单一形式的"现收现付"养老保障模式，逐渐建立或者完善"两支柱"抑或"多支柱"的养老保障模式，努力扩大制度覆盖范围，吸引更多年轻人加入养老保障制度，改善养老保障制度的负担比，分散老龄集聚风险。特别是发展中国家为了有效地应对人口老龄化对养老保障制度带来的困境，在借鉴发达国家养老保障改革经验的基础上，一直探索适合其国情的养老保障制度。20 世纪 20 年代以来，在世界银行等国家机构的大力支持下，许多发展中国家也先后采取了"多支柱"的养老保障模式。

世界银行在其 1994 年出版的《防止老龄危机——保护老年人及促进增长的政策》一书中首次提出"三支柱"的概念，即推荐三支柱养老保障模式。第一支柱为公共养老金计划；第二支柱为强制性的私有养老保障计划（职业补充保险），个别国家的第二支柱为自愿性的或者半强制性的；第三支柱为自愿的个人养老储蓄性养老金计划，个别国家的第三支柱偶尔带有一定的半强制性。除了完全意义上的三支柱养老保障体系，很多国家继续维持或推出了国家救助计划——无须缴费为前提的国民养老金，但需要严格的经济状况调查，具有救济性质。

11 年之后，世界银行在 2005 年出版的《21 世纪的老年收入

---

① 袁妙彧：《养老保障"三支柱"制度的平衡与衔接——以英国养老金协议退出制度为例》，载于《郑州大学学报（哲学社会科学版）》2010 年第 6 期。

保障——养老金制度改革国际比较》的报告中，在概括总结早期世界银行"三支柱"模式运行情况的基础上将"三支柱"扩展到了"五支柱"。特别是在发展中国家大力推广五支柱的养老金体系：零支柱——是以消除贫困为明确目的的基本支柱，无须缴费，任何贫困老年人都可以申请；第一支柱是强制性、非积累制的，由政府管理的待遇确定型（DB）制度；第二支柱是由私人机构管理的、强制性的、积累制的缴费确定型（DC）制度；第三支柱是自愿型养老储蓄保险制度；第四支柱是非经济支柱，包括家庭赡养、医疗服务和住房政策等。由此，养老保障从一开始的"单一保障"体制逐渐演变为"三支柱"保障再到"多支柱"的养老保障体系。

（二）养老保障制度导入市场化因素

养老保障"市场化"与养老保障"私有化"和"民营化"之间既有一定的联系，又有一定的区别。它们之间的区别在于：养老保障私有化侧重于由市场主体自主建立属于私人性质的养老保障计划，强调个人对养老保障账户的产权归属和自主决策权；养老保障民营化侧重于由市场主体竞争管理和运营的养老保障计划。它们之间的联系在于：养老保障私有化和民营化是养老保障市场化改革的表现形式，养老保障市场化更多通过引入私有成分、引入民营机制来实现，较之养老保障私有化和民营化，养老保障市场化的内涵更宽泛。[①]

养老保障制度的改革强调包括强制性养老保障制度在内的所有制度均应通过市场手段进行运作。从养老保障制度管理方式来看，有政府机构统一管理、由公众机构管理和私人机构管理。管理模式的不同实际上反映了在一定条件下政府与市场的定位和替

---

① 颜鹏飞、刘益成：《当代西方养老保障市场化思想与借鉴》，载于《保险研究》2013年第3期。

代。随着制度的完善和市场的发展，现收现付养老保障制度下仍然主要由政府强制实施，但政府正在积极改革，试图降低政府所承担的责任，逐渐由政府垄断运作转变到运用市场机制、加强宏观调控、鼓励和支持保险公司竞争经营。在管理机制上面，从政府是社会养老保障的提供者转变为社会养老保障制度的规范者和监督者，而完全基金制则已经较多的采用市场化机构运作的模式，较少采用政府直接管理的模式。

第四章

典型国家社会养老保障制度的改革实践

随着政治、经济、社会等环境的变化,世界上多数国家的福利优惠政策出现了"空间缩小"的趋势,社会养老保障制度作为人口老龄化、经济生长钝化、失业率升高的应对策略被提上了改革日程。在人口老龄化趋势的压力下,世界上绝大多数实行"现收现付"养老保障制度的国家均面临亟待解决的财务困境,相继采取对社会基本养老保障制度进行"参数式"的修正改革或者对"现收现付制"进行转变的"结构式"调整改革。在人口老龄化程度加剧、经济发展前景不乐观等诸多问题的严峻挑战下,提高养老保障制度的财务稳健性、运行可持续性以及养老保障待遇的充足性是每个进行养老保障体制改革国家的共同目的。本章将以养老保障制度不同的改革导向为区分,从保险型导向、福利型导向和市场型导向分别选取具有代表性的德国、瑞典和智利三个国家的养老保障制度改革来进行具体分析,体现出国家层面的福利倾向和养老保障制度内在设计的价值取向。

一、保险型导向的养老保障制度改革

20世纪90年代的经济危机进一步蔓延,波及德国等欧洲各国，深刻地影响到德国社会经济的发展进程。在经济危机的萧条背景下，德国出现经济发展速度变缓、失业现象居高不下、社会生活消费出现滞胀等众多现实问题，由此"疲软"的经济形态在劳动领域中形成了劳动人口"就业晚"与"退休早"现象并存的不良局面，养老金的收入不足而支出压力（负担）沉重，本就严峻的社会经济现实使得养老保障制度的"代际契约"关系变得非常孱弱。与此同时，受第二次世界大战和社会经济变革的影响，德国的生育率一直处于较低的水平，后续劳动力（养老保障制度中未来的缴费人数）不足将进一步加重社会人口老龄化的程度和养老保障制度运行的负担。为了解决这些问题，德国进行了一系列的综合改革，以期刺激经济增长、稳定就业、推动养老保障制度体系"收支平衡"、增强养老保障制度的可持续性，最终为老年人提供较为安全的预期收入，保障老年人的生活水平。

（一）德国的养老保障制度状况

德国是世界上第一个建立社会养老保障制度的国家，自1889年建立以来，德国的养老保障制度经历了两次世界大战、大萧条和民主德国与联邦德国合并，已被证明是德国政治、经济的稳定因素之一。现如今，德国的养老金制度虽然发生了很大变化，但依然保存以"现收现付制"为基础的公共养老保障制度为主体，自愿性职业保障和私人养老保障并重发展的养老保障制度体系，如图4-1所示。

具体来看，在覆盖群体方面，90%以上的人口参加了法定养老保障制度；德国的职工养老保障严格遵循"以支定收"的现收现付原则进行养老保障费用的筹集。目前的养老保险缴费率为19.9%，一般情况下由劳资双方平均分担缴费义务，但也有一些特殊规定；养老金待遇类型，包括正常工薪养老金、残疾者和丧失工作能力者养老金、失业养老金和妇女养老金几种，且不同类

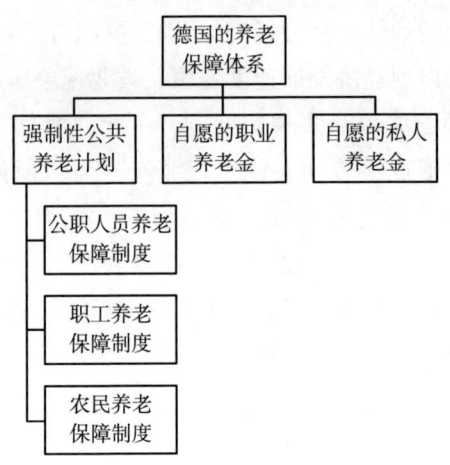

图4-1 德国的养老保障体系

别养老金的领取条件不同,如表4-1所示。养老金的待遇标准由参保人的报酬积分和养老金现值共同决定,其中养老金现值部分全国统一,一年一定,报酬积分取决于个人缴费期内历年工资收入与全国平均工资比值之和,个人缴费水平越高,缴费期限越长,预期获得的养老金就越多;职工养老保险的经办机构包括各州的保险机构、联邦铁路保险公司和海上保险公司,虽然不同经办机构之间的业务相互独立,但是养老保险基金却是可以相互调剂使用的,即基金全国统筹与经办多样化的有机结合;德国养老保障的监管包括行政监管和司法监管两个方面。在行政监管体系中,联邦直属的经办机构由联邦的社会保障部或联邦保险监管局负责监管;州直属的保险经办机构由该州的社会保障事务部(或者州监察局)负责监管,联邦和州有独立的社会法院,行使独立的司法监管权力。[①]

---

① 鲁全:《堪称典范的德国社会养老保险》,载于《中国保险报》2010年11月10日。

表 4-1　　　　　　德国老年养老金类型及领取资格

种类	退休年龄规定	服务年限	附加条件	收入测试
正常型（一般养老金）	65	5	无	
长期服务型	63	35	有	
老年残疾型	60	35	有	至少丧失50%的劳动能力
失业型	60	15	有	1.5~6年的失业期
妇女型	60	15	有	其中10年应在40岁之后

资料来源：中国保监会编著：《养老保险国别研究及对中国的启示》，中国财政经济出版社2007年版。

（二）社会养老保障制度的参数式改革

德国强制缴费型的"自保公助"式社会养老保障制度的参数改革主要表现在社会性技术层面上，涉及政策设计层面的技术性调整。当然，技术性的改变不单纯是数字层面量化结构的变动，其往往涉及社会认知水平和对于理性化政策的社会性建构。公共养老保障制度的"社会性技术层面"改革主要涉及养老保险费率、养老金待遇水平和延迟退休年龄三个主要议题。

1. 合理确定养老保险费率。

德国[①]养老保险的费率在1985年就超过了19.2%，1997~1998年度保费甚至创纪录地达到了20.3%，之后回落到2007年的19.9%，继续向上提升养老保险费用的空间已经非常有限。德国养老保障改革的目标也定为：到2030年为止，养老保险的费率不超过22%。传统而言，德国的工商会对提高养老保险费用持强烈反对态度，主要是经济界和工商界担心损害德国作为"投资地"的地位，也涉及内部的利益平衡，不断提高的养老保

---

① 此处指两德统一前的"联邦德国"。

险费用也意味着雇主承担费用的相应上升，这无形中会使企业的净利润下降。

那么，在抑制养老保障缴费增长方面主要有以下措施：一是引入"提前退休"调整因子，在正常退休年龄之前退休，每月养老金将削减，从而减少提前退休现象，延迟实际退休年龄，增加缴费收入，抑制保费费率上涨；二是将养老金水平的适应对象从 1957 年以来的毛工资水平改为净工资水平，从而避免养老金水平上升而净工资水平下降的情况；三是调整养老金待遇的"敏感因子"，控制养老金指数化水平，进而抑制在职者缴费率的快速上涨。2004 年将人为调整的"敏感因子"转变为自动调整的和制度赡养率挂钩的"可持续发展因子"，一方面使养老金指数化调整的下调幅度更加规范化，另一方面让老年人口适当分担了一部分老龄化带来的养老金计划财务负担，这一改革也标志着德国养老金给付方式由收益确定型转为缴费确定型。

2. 降低养老金待遇水平。

首先，1999 年德国联邦议院通过了养老保险改革法案，在养老金计算公式中加入"人口发展因子"，以此来应对由于人口预期寿命延长导致的养老金领取年份的增加问题。据估计，2035 年德国老年人口抚养比将达到 55%，因此，在计算养老金收益时考虑人口因素，有利于养老保险资金的财务平衡。其次，降低公共养老金的水平，控制长期给付开支。从公共养老金的净替代率来考察，德国 1990~2005 年间是经合组织国家中（除了葡萄牙）决定降低养老金水平幅度最大的国家，养老金降幅为 27%。2005~2013 年，德国平均工资领取者的公共养老金净替代率从 71.8% 下降为 57.1%，实际降幅已达到 20.5%，同期，经合组织国家的平均降幅为 4.2%；最后，作为首先建立现代养老金指数化调整机制的国家，德国从 1957 年开始参照工资指数调整养老金，防范通货膨胀的风险，让老年人口适当分享经济增长的成果，为缓解人口老龄化给养老金制度带来的财务压力，德国三次修正了养老金调整指数，1992年将调整指数由总工资指数转变为净工资指数，采用净工资指数确定的养老金调整幅度较总工资指数有所减小。

3. 延迟退休年龄。

延迟退休年龄无疑是最具社会关注度和社会争议性的议题。面对复杂的利益博弈，德国福利当局采取分阶段、缓进式的方式延迟退休年龄，试图在2029年最终完成延迟退休年龄到67岁的改革。各利益团体就此议题形成了激烈的对峙，工会从保护劳动阶层的利益出发，反对延迟退休年龄的提议，而德国工商会则从人们的平均寿命不断上升、退休后平均余龄不断增加的角度出发，提倡延迟退休年龄。然而，最后形成的议会共识为一种缓进、分步式的延迟退休年龄的模式，也就是从2012年到2029年退休年龄以逐年递增的形式逐步由65岁延迟到67岁，具体操作是从2012年开始，每年延迟退休年龄一个月，从2024年开始转化成为每年延期两个月，一直延伸到67岁的上限为止。

（三）补充养老保障制度结构性改革

与许多国家在历史上就形成的双支柱和多支柱的养老保障模式不同，相当长的时间内，德国在养老保障领域显得相当传统和保守。德国在第二次世界大战后一直坚守本国的"唯一支柱"模式，也就是法定养老保险成为唯一的养老保障支柱。私人的养老保障和基金积累的养老保障支柱长期处于一种弱势的状态，在面临外部环境的严峻挑战下，德国最终还是回归到"实用主义"的政策导向，对"唯一"支柱的养老保障制度进行了重要的改革。

德国从传统的"唯一"支柱模式转变成为"多支柱"和"多层次"的改革模式，是涉及"范式转换"的根本性变迁。从理论上可以描述为"破除路径依赖"的改革，这与对社会基本保障制度进行"参数式"的"自我修复"改革不同，它注重在养老保障制度设计中的结构性调整。但与许多实行了基金积累制的国家相比,德国采取的"基金积累"支柱的养老金是一个国家深刻介入市场的混合型结构,这里制度的混合以及"国家"和"市场"的相互嵌入模糊了过去通常理解的"国家"和"市场"的界限,一种混合制的福利国家开始弱化过去我们通常认知的边界,福利国家开始呈现"去边界化"的特征。

1. 增进企业补充养老保障。

德国把企业补充养老保障的增进分为两大类五种方式,究竟选择何种方式实施企业养老保障,完全由雇主单方裁量。其中一类是所谓的内部运作方式,即雇主可以自己直接实施或设立援助基金;另一类是所谓的外部运作方式,分为直接保险、退休保险和退休基金等三种方式,如表4-2所示。

表4-2 德国企业补充养老保险增进方式

分类	方式	经办主体	特征	保障方式
内部运作方式	直接承诺	雇主本身	(1) 为实现给付承诺,建立准备金 (2) 不受国家监控或投资调控	如雇主破产,由退休金保障协会支付承诺待遇
	援助基金	独立的保障机构	雇主向基金缴费投资	如雇主破产,由退休金保障协会支付承诺待遇
外部运作方式	直接保险	人寿保险公司	(1) 订立保险合同 (2) 雇主缴费 (3) 受保险机构监察	有条件的情况下,雇主破产会得到退休金协会支付待遇
	退休保险	一个或多个企业组建的保障机构	(1) 雇主缴费 (2) 受保险监督	不受保障
	退休基金	独立金融机构	(1) 雇主缴费 (2) 自由投资运营	如雇主破产,由退休金保障协会支付承诺待遇

资料来源:笔者根据阅读材料整理汇总而得。参见蔡和平:《德国的企业补充养老保障制度》,载于《中国劳动》2006年第2期;张立龙:《新世纪德国养老保障改革——李斯特养老金计划》,载于《经济研究参考》2014年第57期;徐四季:《老龄化下德国养老保障制度改革研究》,载于《西北人口》2016年第5期。

其中,退休金保障协会的规定有利于为企业补充养老保障提供最后的兜底作用,由国家、企业及社会多方面出资组建,使参与保障的员工即使在企业破产以后也能享受到补充性的养老保障待遇,即以"再保险"的形式分散企业在提供补充养老保障待遇时的"不能偿付"风险;此外,德国建立的"雇员工资转换机制"的规定也进一步推进了企业补充养老保障制度的发展,雇员工资转换机制规定职工有权将自己收入(因劳动关系而产生的一些工资权益,包括福利待遇等)的一部分转换成未来的养老储蓄,这样职工就从企业补充养老保险的"被动参与"转换到了"主动参与"的角色;当然,政府对供给补充养老保障的企业予以减免税收的优惠,但是有免税额的上限限制,且企业补充养老保障的缴存基数也不能超过法定基数。

2. 鼓励私人补充养老安排。

2001年的"里斯特改革",其核心就是通过资金积累制的补充养老保障对法定现收现付体系的部分替代实现德国养老保障制度的结构性变革,发展真正的多支柱体系。[1] 那么,除了增进企业补充养老保障制度设计以外,养老金体系的改革还非常注重鼓励自愿性私人补充养老安排。

目标群体:包括受法定养老金替代率减少影响的人(法定养老金的参与者)、农业从业者、公务员、军人、领取失业保险金或降低收入能力金的人、在家中照料他人者(若夫妻双方仅一方为目标群体,另一方可作为间接受益者参与计划)。

补助方式:包括基础补贴,参与者将税前工资的4%(加上政府补助,最大额不超过2 100欧元)存入其里斯特储蓄账户,可得到政府每年154欧元的基础补助;孩子补贴,里斯特计划对

---

[1] Börsch-Supan, Axel/Bucher-Koenen, Tabea/Coppola, Michela/Lamla, Bettina. Savings in times of demographicchange: Lessons from the German experience. *MEA Discussion Papers*, Vol. 18, 2014, pp. 34–35.

生育子女的参与家庭进行额外补贴，2008年1月1日前出生的子女，每年可获得185欧元的补助，之后出生的子女，每年可获得300欧元的补助，补助期间为父母领取生育津贴的期间。存入里斯特养老金账户的收入可作为特殊支出享受税收优惠，在其退休领取养老金时，每月得到的里斯特养老金需要全额缴纳税收，但由于退休时较低的收入和税率，所缴纳的税收相对退休前少，因此，在整个期间内可获得一定的税收收益。①

参与方式与养老金的发放：参与计划的方式是投资一种或几种合格的里斯特养老储蓄产品，由联邦金融监管局对里斯特养老金及相关的投资产品进行评估，以决定是否符合相关标准，只有符合标准的产品才能得到政府的补助，参与者可在62岁之后取得里斯特养老金。2005年之前，里斯特养老金实行逐月发放，2005年之后，参与者可以在退休时一次性获得自己储蓄金额的30%，剩余部分在其剩余的生命期间内逐月领取。

（四）改革的效果及评价

德国的养老保障制度改革虽然基本上遵循的是新自由主义方式，但从整体上来看，仍然是以保守型的"参数式"改革为主。德国养老保障制度改革成功的举措在于，通过2001年"里斯特改革"，德国把资金积累制下的企业、私人补充养老保障（即第二、第三支柱）正式纳入养老保障体系，以弥补现收现付制下法定养老保障（即第一支柱）的不足，实现了单一支柱向多支柱体系的转变。这一转变意味着资金积累制对现收现付制的部分替代，意味着养老保障福利供给的部分"私有化"。其更深远的意义在于，它引入了私有部门，引入了市场竞争，重新塑造了德国养老保障"福利市场"，大大提升了相关福利产品的供给效率。

---

① 张立龙：《新世纪德国养老保障改革——李斯特养老金计划》，载于《经济研究参考》2014年第57期。

第四章 典型国家社会养老保障制度的改革实践

具体来说，德国养老保障制度的改革取得的成效主要表现在：第一，社会养老保障制度可持续性增强。经改革，德国法定养老保障的可持续性明显增强，有能力应对人口老龄化的发展趋势。1993~2013年的现实数据显示，德国法定养老保障的收支状况明显改善，总收支改变了过去在有国家补贴的情况下仍然亏空的局面，从2006年起取得并保持一定的盈余；可持续性储备金稳中有增，在最近一次世界性金融和经济危机中保持了公共养老金的平稳发放。① 第二，通过发展第二、第三支柱，在计算养老金收益时引入人口因素以及延长退休年龄，德国公共养老金的融资压力有了一定程度的改善。

但是从保障水平和福利分配的角度来看，德国的养老保障制度改革还是有不少不尽如人意之处：其一，在老龄化的巨大压力下，德国养老保障水平一定程度的下降已经是不可逆转的趋势。经合组织在柏林发布最新报告时称，相比其他33个发达国家，德国老龄化人口的社会保障不足，仅处于中等水平。② 其二，德国的养老金分配存在着公平性改进不足的问题。德国的法定养老保障并不致力于调节收入分配不均，"分享等价"的公共养老金制度原则甚至进一步扩大了工资收入的不均等性，客观上不利于保障低收入群体，老年贫困风险持续加大。③ 正如德国学者施梅尔（Winfried Schmähl）所言，德国老年人口收入差距扩大的首要原因在于劳动力市场上一次收入的不均等分配通过"等价原

---

① 徐四季：《老龄化下德国养老保障制度改革研究》，载于《西北人口》2016年第5期。
② 同济大学德国研究中心：《德国退休制度亟需改革》，载于《德国快讯》2015年第23期。
③ Steffen, Johannes. Lebensstandardsicherung und Armutsfestigkeit im, Drei – Säulen – Modell der Alterssicherung. Bispinck, Reinhard/Bosch, Gerhard/Hofemann, Klaus/Naegele, Gerhard (Hrsg.). Sozialpolitik und Sozialstaat, Wiesbaden：Springer VS, 2012, pp. 413 – 425.

则"反映到老年收入上。① 其三,鉴于德国收入分配不均、贫富分化加剧的趋势很难在短期内扭转,可以预计,伴随着人口的老龄化,德国老年人口的收入差距也将进一步拉大。②

二、福利型导向的养老保障制度改革

社会养老保障制度是与福利相关的制度及政策。福利思想的渊源较深,特别是在早期受自由主义经济学理论影响的西方率先崛起的发达资本主义国家中,福利理念被适用到社会生活和管理的方方面面。第二次世界大战后,西方众多国家纷纷以制度建设为阵地践行福利思想,其中囊括"生、老、病、死"、工作、发展等内容在内的社会保障制度是福利国家鲜明的旗帜,体现了资本主义标榜的"充分满足人类发展的物质生活保障"的优势。而在福利国家持续扩张不久之后,随着资本主义自身发展的矛盾显现,依附资本主义运行基础的福利政策开始陷入困境。受多次经济危机、石油战争的影响,到20世纪70年代中期,多数高速增长的福利国家陷入了社会萧条、经济滞胀、失业人数攀升等深刻的社会问题。在高福利政策的背景下,越是出现社会萧条、经济滞胀、失业人数攀升等情况,就越需要国家及时投入福利支持"熨平经济周期"。另一方面,人口老龄化的客观现实又从养老保障的刚性需求给国家社会"施压",养老金待遇支出不断增加,使得政府财政入不敷出,从而形成了养老金的巨大缺口,多重方面的由政治、社会、经济交织起来的问题,甚者使福利国家演变成"福利国家危机"。继而高福利型国家开始对其"触角"

---

① Schmähl, Winfried. Warum ein Abschied von der, neuendeutschen Alterssicherungspolitik notwendig ist. *ZeS – Ar-beitspapier*, Vol. 1, 2011, pp. 16.

② Bundesregierung. Lebenslagen in Deutschland-Der 4. Armuts-und Reichtumsbericht der Bundesregierung, Berlin, 2012.

众多、扎根较深的社会保障制度体系进行改革,其中养老保障是最重要的阵地。

(一) 瑞典的养老保障制度状况

瑞典具有"福利国家的橱窗"之称,20 世纪初就在"普遍主义"的前提下建立了福利社会的典型国家,早在 1913 年,就成为继德国之后,最先开始导入社会养老保障制度的国家,且导入养老保障制度的程度最深、范围最广,是社会福利的理念型的代表。当时,与其他欧洲国家相比,瑞典经济社会发展相对比较落后,但能紧跟德国的社会保障理念和政策制定步伐,提出在一定范围内给劳动者建立合理水平的社会保障制度体现出瑞典国家敏锐的"洞察力"和迅速的"行动力"。

1913 年通过的《养老金法案》是瑞典政府在 20 世纪初最为系统的一项社会保险法令,瑞典也因此正式建立起养老保障制度。1913 年建立起来的养老保障制度是一种混合型的制度。既有为被保险人提供缴费性的养老金,也有针对贫困者以及有需要者提供的附带"家庭收入情况调查"的补充养老金。1959 年瑞典的年金制度发生了第二次重大改变,即导入了附加年金部分。如此,瑞典的年金体系就变为:第一部分是保障国民最低生活的定额年金待遇制度的基础年金制度(folkpension),包括提供残疾人年金、寡妇和孤儿年金,以及从以"家庭收入情况调查"为基础的养老救助转变而来的"补充年金"(后来大部分女性与移民老龄者也纳入了进来)。根据 1962 年瑞典《国民保险法》的规定"凡瑞典国民或者在瑞典人口统计中作为居民登记的居住在外国的瑞典公民以及非瑞典国民,都应该参加国家基本养老保险"。基础年金制度是一种福利型养老金,其费用来源为国家养老保险制度参加者个人缴费和政府拨款,以完全"现收现付制"形式运营,保险费与收入无关,待遇全部统一,开始领取年金待遇的年龄均为 67 岁。另一部分是对应过去收入的附加年金,附加年金的资金来自于以定额方式缴纳的参保者的养老保险保费收入，按照积累的方式运营。改革前瑞典的社会保障体系，如图4-2所示。

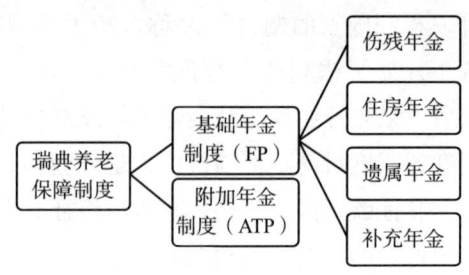

图 4-2 改革前瑞典的养老保障体系

（二）养老保障制度改革的主要措施

20 世纪 80 年代，因为世界经济危机的波及，瑞典的养老保障制度也开始陷入财政可持续无法维持的困境。和多数西方福利国家一样，造成财政不可持续的原因非常相似，包括低迷的经济状态、养老金支出刚性扩张、老龄化速度极快发展等。除此之外，瑞典不得不进行养老保障制度改革还有其特殊的原因，即非常亟须提高旧养老保障制度中的再分配功能。

1. 实施养老金支出紧缩政策。

1976 年，以瑞典中央当局为核心的非社会主义政党上台执政。面对日益严峻的经济形势、不断膨胀的社会支出、逐年增长的财政赤字以及日益严重的税收负担，非社会主义政党在增加税收与降低社会支出之间选择了后者。这样，从 20 世纪 80 年代开始，瑞典社会保障制度进入了改革时期，紧缩的社会保障支出成为瑞典社会保障制度改革的基本措施，这当然包括养老保障制度在内进行"紧缩性"的支出控制。

1980 年底，瑞典政府提出第一个社会保障支出紧缩法案，当年瑞典中央政府预算中就有 6 亿克朗被削减,其中 4 亿克朗是用于养老金和家庭补贴方面的津贴或者转移支付。1981 年,瑞典政府继续加大紧缩社会保障支出力度,在养老金方面,将部分养老金津贴标准从相当于以前工资的 65% 降低到 50%,同时,通过改变部分养老金领取资格条件,将具备领取该种养老金的人数由 1980 年的占养老金领取者的 27% 降低到 20%,到 1985 年又降低到 10%。

20 世纪 90 年代中期,瑞典的社会民主党再次上台伊始,不顾瑞典工会组织的强烈反对,开始实行比较激进的措施,进一步削减一些社会保障项目的津贴标准,上演养老金支出"激进"紧缩制度改革战。

2. 创新养老保障名义账户制。

随着瑞典经济和社会的发展变化,现收现付型养老金筹资模式与确定给付型养老金津贴模式开始面临严重挑战。为此,瑞典社会民主党政府决定对养老金制度进行重大改革,1999 年在维持现收现付制的同时,与积累方式相结合,创造出了所谓"名义账户"的新方式,是一种"确定缴费型"的计发形式。

个人账户有"实际账户"和"名义账户"之分,其中"实际账户"就是依据"实账积累制"真实、足额的为养老保障缴存者建立权属责任明晰的基金账户,而"名义账户"是以"名义缴费确定制"为每个参保者建立虚拟、记账式的基金积累账户。名义账户制既具有现收现付制的确定给付的特点又具有个人账户制的确定缴费的特点,是一种混合属性的资金账户。通过权益记录,把参保者的缴费与今后的养老金收益关联起来,激励参保者主动缴费。从资金来源上来看,名义账户制的资金来源建立在现收现付制的基础上,劳动者的缴费用于支付当期退休者的退休金,而同时每个劳动者又拥有自己的账户,所以它能够实现正规和透明的账户管理,使得个人缴费和待遇紧密相连,记账信息透明。与现收现付向预先积累制的转变同步,多数国家的养老金从确定待遇型逐渐转变为确定缴费型。

3. 改革后的养老保障制度内容。

改革后的养老保障制度则由保障年金和收入比例年金两部分构成,其中收入比例年金部分又可以分为由现收现付制运营的收入年金和另一部分由积累方式运营的股票储蓄形式的高级年金,以往存在的补充年金、残疾年金和遗属年金等中的一部分被归入老龄年金的范畴。改革后的社会养老保障制度包括三项主要制度:一是保障年金制度:依据收入经验来发放的保障年金是在保障所有公民稳定的老年生活的前提下,替代既有的基金年金,领取人在65岁就可以领取年金,资金来源于税收,通过国家一般性预算转移支付,水平变动与物价指数相联动。二是收入年金制度:参保者缴纳保险费的比例为18.5%,其中16%被划入收入年金账户,另外2.5%则存入保险费累积的高级年金账户,加付利息,并给予账户所有者自主选择基金管理者的权利(如果职工没有进行自主选择,则该基金自动由国家运营的"高级储蓄基金"来进行管理,此时的基金就是一种股票投资基金)。个人按照个人的收入比例缴纳保险费并计入个人账户,个人所缴纳的保险费和保险费利息、年金投资收益等内容全部将记载在个人账户上,退休后,按照个人账户上所记载的金额再除以预期寿命来决定养老保险的待遇水平;个人账户基金运营采用私有化的市场运作形式,由有资格管理的资产管理公司来运营,但是个人账户基金征收和管理却是由该国家进行统一管理,因此,管理费用较低。三是过渡性补助年金:为了防止新养老制度执行时的既得利益受损,瑞典同时导入了一种名为过渡期的补助年金(TP),起到补充作用。

(三)改革的效果及评价

瑞典养老制度改革最突出的特点就是引进了全新的养老模式,即"名义缴费确定型"(NDC)模式。通过引入"名义账户制",瑞典完成了从现收现付制向积累制的平稳过渡,又基本上克服了转型成本的难题,不但顺利地完成了制度的转型过渡。而且几年来的实际运行证明,名义账户这个崭新的模式具有较强的生命力,并且很有可能成为其他现收现付制国家转型的一个重要"替代模式",相比于参数式的改革方式,在被各方势力接受方面具有很强的说服力。瑞典成功的实施养老制度改革为这种改革方式在定位和其妥当性方面赢得了相对较多人的认可,民众接受起来也相对容易。"名义账户"是完全民营化方式与参数式改革方式之间的一种具有"双重"性质的,且更具有现实可行性的养老保障制度改革的方式。

首先,瑞典通过采取"名义账户制"的改革方式,减轻了国家的财政负担,保障了养老保障制度的财政可持续性,建立了"缴纳多少领取多少"的养老金计发结构,且还具有按照相应一代人的预期寿命及死亡率等指标变动来自动调节养老金待遇水平的设计,可以说"名义账户制"是一种具有应对人口老龄化带来的财政负担装置的养老保障制度。

其次,减少了改革的政治性抵抗,避免沦为政治斗争化工具的可能性,公民会对损害自己预期受益的行为强烈反抗,特别是在当缴纳费率上升而待遇下降时。名义账户制不同的是,它虽然是一种名义上的账户,但不管是上调保险费率还是降低养老保险金的替代率,个人所缴纳的保险费都直接记录在个人账户上。即便是养老保险费率上涨,自己所缴纳的保险总费用还是在自己的账户中,有"多缴多得"的激励作用,所以不大会引起民众对上调保费的反感和强烈抵抗,不信任的情绪也会随即降低。

最后,保证养老保险待遇水平在比较适宜的范围内。由于计发方式的不同,如果提前退休的话,养老金水平会降低,也就是说名义确定缴费制的方式会将以往较高的收入替代率降低,在一定程度上解决了因过高替代率带来养老金支出的财政压力。

三、市场型导向的养老保障制度改革

除了对现收现付制为基础的养老保险制度进行改革之外，还有另外一项较为激进的改革方式，即转变为基金积累模式为国家的养老金储备进行积累，其实现手段是通过对现收现付制的养老保障制度进行部分提前融资，充分体现了市场化、民营化和私有化的改革思潮。20世纪70年代，两次石油危机的冲击，再加上经济出现滞胀，各国的社会保障支出的扩张超过了缴费基础，社会保障制度开始面临财政上的困难，智利等"后起之秀"国家在吸取世界各国关于养老保障福利制度建设的有益经验后建立的养老保障制度也面临着和世界其他国家一样的困境，需要进行一系列变革，并逐渐在"市场化"养老保障制度领域的改革中扮演了领导者的角色。

（一）智利的养老保障制度状况

智利是世界上最狭长的国家，被称之为西半球"美丽的裙边"，这里有"世界旱极"阿塔卡马沙漠、壮丽的安第斯山脉，还素有"铜矿之国"的美誉。1541年沦为西班牙殖民地，1810年获得独立。虽然智利不属于像欧洲国家那样的发达国家，但却很早就开始尝试社会保障制度的构建，从它诞生发展到现在，经历了很多次变革。19世纪早期，智利就开始为军队养老设置了养老保障制度，并从1888年开始向公务员提供额外的退休福利，随后1911年这项福利覆盖了铁路工人，1916年蓝领工人享有政府给予的意外伤害保护是智利社会保障制度发展的一个里程碑，智利社会保障体系的建设还受到1917年的墨西哥革命和俄国十月革命的影响。在社会养老保障建设方面，1918年，智利建立了第一个为白领工人和蓝领工人提供退休金的养老计划。1919

年智利颁布了第一部老年、工伤残疾和死亡保险法。1921年和1924年，智利开始实施一系列社会保障改革，分别通过了两个与社会保障有关的法案，但由于当时严重的社会经济危机，在雇主和一些工会的大力反对之下，这两项法案都没有实施。1924年，智利建立了职工保险金机构，其主要职能是为从事体力劳动的职工提供保健福利，包括疾病、养老和残疾几个方面。这时已基本形成医疗保障、养老保障和工伤保障的雏形。1925年以后，职工保险金制度得到广泛的推行，先后建立了私人白领职工保障基金和公营部门职工以及记者的保险金。然而，由于智利相对复杂的政治社会关系，在不同统治者的意志主张下，社会保障制度被不同形式和程度的割裂，表现为社会保障体系中稳定获利的特殊集团：军队（包括警察）、公务员、一些白领阶层和一些蓝领阶层，这些有权势的特殊集团对社会保障体系改革进行阻挠，最终使得社会保障体系改革的诸多努力付之东流。至此，智利建立起了以"现收现付制"为基础的社会保险型养老保障制度。

（二）改革的背景及过程

20世纪80年代，发展中国家经历了一场由债务支付问题引发的经济危机。在经济危机的打击下，拉美国家的失业率普遍上升，大量的工人失业使他们失去固定收入，并加入到领取失业保险金的队伍，养老保险供款缴费相应的减少。此外，养老金一般与物价挂钩，经济危机使通货膨胀恶性发展，养老金水涨船高，这进一步使养老金收支之间的差距恶化。智利旧的"现收现付"养老保障制度在长达55年的发展过程中，逐渐暴露出一系列的问题。

一是养老保障制度财务收支失衡。引起财务收支失衡客观实际是养老保险缴费人数与养老金领取人数的比例失衡。即缴纳的养老保险收入的绝对额不足以应对当期养老保险待遇支出额，且这种现象越演越烈，呈不断扩大的基金收入与支出"剪刀差"

的趋势。据统计数据表明，智利在1960年养老保险缴费人数和养老金领取人数之比为10.8∶1，而到1970年时该比例急剧下降到4.4∶1，到1980年还继续下降到2.2∶1①。从上述变化的数据来看，短短二十年时间智利的养老保险制度赡养比从10.8∶1降为2.2∶1，缩小幅度整整达5倍。诚如缴费人数与养老金领取人数的比值测算，由越来越少的在职职工负担退休者的赡养率不断提高。这一方面是因为不可逆的老龄化进程，另一方面则是因为养老保障制度存在"逆向选择"的问题较为严重，表现为年轻一代"想方设法"回避养老保障制度参与，而即将老年的一代"争先恐后"的挤进制度保障范围。1970~1983年智利连续十几年出现财政赤字，养老保障制度不可不说首当其冲。除了养老保障基金收支缺口的原因之外，较高水平的养老金待遇和增长机制也使得养老保障制度的"给付"压力剧增，表现在现收现付的财务制度下要及时调整养老金的缴费率比例，且随着缴费人数的减少，此缴费比例越来越高，日渐突破民众的承受力；而政府不断出资补偿养老保险制度的保障运行也是必不可少的，随着财政支出所占比例不断攀升，政府的财务压力逐渐沉重起来。

二是养老保障制度覆盖面窄、待遇不平等。一方面，智利没有"大一统"的公共养老保障制度，缺乏统一性，甚至在相同缴费和相同条件下的待遇水平都不同。在这种体制下，智利不同行业和职业的职工处于相互分离的、受益既定的保障体系。由于体系的不统一，各个系统内的职工群体的收益结构和收益水平有很大的差异。另一方面，智利的养老保障制度是以非独立工人为保障对象，而将独立工人和农村劳动力排除在外，不鼓励新的受益人参加当时的制度以及为特定群体建立养老计划，这也是人们通常指责的其养老制度具有"累退"的特征，与自身标榜福利

---

① 中国保监会编著：《养老保险国别研究及对中国的启示》，中国财政经济出版社2007年版。

救济的社会养老保障制度完全相左。

三是管理效率低下。主要表现为养老保障机构数目庞大，发展不平衡。20世纪60年代中期，智利的养老保障管理体系包含了19个公共部门的退休基金和16个私人部门的退休基金，涉及众多相关的职能管理部门。当时智利关于社会保障的法律多达2 000多个，还有针对特殊组织和团体的社会保障法令和法规，而且这种庞大的法律法规体系还在进一步的扩大，如1966年出台了46项新的社会保障准则、1967年44项、1968年1 238项等，这种状况的后果之一便是职工因年龄、工作时间、性别、纳税金额和奖金的不同，使得他们对养老金的权利要求不同，各部门之间政策存在极大的差异，造成了养老金筹集与给付方面的标准不一，一些职工和管理部门获利大，而另一些职工和管理部门收益少，在他们之间引起了冲突和矛盾，养老保障政策失去了其应该有的稳定功能。而且，管理机构的混乱同时意味着管理成本的增加；再则，混乱的社会保障政策还存在严重的资源分配不公和退休金不足的问题。针对当时制度的高成本、低效率和不公平，政府立志于改革和统一智利的社会保障法律。

综上所述，传统养老金运转机制除了自身存在的内在缺陷外再加上老龄化的形式"倒逼"，导致智利政府财政收支严重失衡，国家甚至出现严重的赤字已无力出资弥补养老金制度的亏空，法定的养老保障制度无以为继，严峻的现实迫使智利不得不开始寻求变革。由于财政上的严重危机再加上条块分割、政出多门的养老基金管理体制的混乱以及不同群体之间养老权益的特殊性差异等问题的存在已使国家无力支撑，民众也对养老保障制度失去信心，在传统的现收现付制基础上对养老保障制度进行"参数式"的改革，显然是行不通的。于是在经济和社会领域都主张自由市场化的呼声中，"私有化养老金制度"的改革方案启动了智利彻底的"激进式"养老保障制度改革。

(三) 改革后的养老保障制度内容

智利强烈推行的新自由主义民营化的养老保障改革有很强的政治性导向。从最紧迫的养老保障制度财务可持续角度出发，凭借军事政变上台的皮诺切特接受芝加哥大学经济学系出身的学者和官僚们的建议主张，于 1981 年开始对养老保障制度进行结构性的改革。[①] 在 2008 年金融危机对养老基金投资造成巨额亏损的刺激下，巴切莱特总统于 2008 年 3 月 11 日正式签署了改革法令，从而揭开了智利第二轮的养老保障制度改革。此次改革的要点主要在于修正强制性私人储蓄养老金制度在覆盖率、内部公平性和运行效率方面的提高。智利将"现收现付制"运营的公共年金制度改为以积累方式运营的个人年金制度是这次改革的最大亮点，且由之前确定给付型也变成了确定缴费型，改革后的新养老保障制度内容如下。

1. 强制性个人基金积累账户。

相对于改革之前各种职业、行业分立，有"身份差异"的养老保障制度，改革之后除了军人拥有独立的养老保障体系之外，智利其他的所有民众都基本覆盖在"单一制"的养老保障制度体系下。从 1982 年开始，除了军人以外，凡是新受雇职工都要强制性的加入社会养老保险体系，对改革之前已经加入旧养老保险制度的雇员和非工薪收入的独立经营者赋予他们自主决策权，即由他们自主决定其是继续留在旧的制度框架之下还是转变加入新的体制。当然，由于制度的变革自然会产生"转制成本"，这时怎样保障政策"过渡者"的权益不受损而又不过度增加制度重建成本就成为一大考验。智利当局政府支付给愿意过渡到私有化年金制度的人一种由政府支付的"年金确认债券"，以

[①] 郑功成：《智利模式——养老保险私有化改革述评》，载于《经济学动态》2001 年第 2 期。

此来保障这个人已经积累下来的既得权，从而解决了处于新旧制度过渡期间的人们既得利益的保障问题。① 这些债券将积累在个人的年金储蓄账户之中，并随着物价变化指数和市场利率进行调整增值。

新的养老保障制度规定，每个职工都要建立唯一的、强制性的个人储蓄账户，这一账户又称之为个人投资账户。个人投资账户由职工本人（废除了以往用人单位、企业主负担一部分保险费的做法）、个体劳动者按其缴费工资基数的10%比例计算储蓄额划入，逐月积累，实行封闭式的基金管理方式，这就意味着个人现时所缴纳的养老保险费将不再用于当期支付有资格领取养老金待遇的养老金开支，而是以"完全积累制"的方式存储在个人投资账户中形成"养老基金池"，实现了个人养老金制度的远期支付责任与现有的预筹积累资金完全对应，强调养老金权益与责任的完全对等，消除了在传统的现收现付制下的"隐性债务"和"代际挤压"的问题。这一强制建立起来的个人账户中的基金将通过市场化、资本化的方式投资运营，在保证基金安全性的基础上不断实现保值增值，为未来的养老服务发展积累储备。至此，智利改革后的养老保障制度的财务筹资模式彻底由现收现付制转化为基金积累制。除了强制性规定每个人都必须建立起来的个人投资账户之外，职工还可以根据自身的收入情况或对未来养老水平较高期望，可以自愿追加高于法定的养老保险缴费比例10%的缴费基数份额用于建立"自愿性储蓄账户"，计入自愿性储蓄账户的工资性收入享受政府提供的税收优惠，但税后优惠总额以及自愿性缴存比例有一定的上下限限度。

2. 个人账户实行民营化竞争性运营管理。

大量的储蓄基金积累在个人账户中，怎样盘活这笔"沉没"

---

① 陈樱花：《韩国国民年金制度改革路径选择——瑞典、智利、日本与韩国的比较研究》，江苏出版社2014年版。

基金成为完全积累制制度取胜的重点工作。为了对积累在个人投资账户中的资金进行投资及投资管理，智利政府将运营权交给了专门成立的称为 AFP（pension fund administrator）的民间公司。AFP 公司是由私人股份公司根据养老制度的相关管理规定向政府主管部门注册之后依法成立的养老基金管理公司，作为有独立法人资格的金融机构，该养老保险基金管理公司按照法律法规的规定，可以完全依据市场规则承担养老保险保费收缴、管理个人账户转移接续、实施基金投资运营以及发放养老金等管理性、事务类工作。① 虽然养老保险基金管理公司是在市场环境下独立自主运营的"私人机构"，但其一经成立就自动置身于政府的监督视野，然而政府不统一对属于个人财产性的个人投资账户进行制约管理，而是由职工个人根据自主、自愿原则在政府注册备案的养老保险基金管理公司的框架下选择带有个人偏好或经科学决策的基金管理公司承接自己的个人账户资产进行投资运营管理，其中职工可以参考的养老保险基金管理公司的信息包括公司规模、管理团队、盈利率、市盈率等各种公司基本信息和运行的财务绩效指标，这就要求养老保险基金管理公司要定期公开与本养老金投资运营相关的各种信息，增加透明性，消除信息的"不对等性"，自觉接受个人账户所有者及政府的监督。1995 年由私人基金公司管理的年金数额已达 250 亿美元，大约占当年国民生产总值（GNP）的 40%。养老保险制度的改革同时也推动了国内资本市场的快速发展，智利的经济增长率从 3% 上升到了 6.5%，并持续了近 12 年（1983～1995 年）。自从启动养老金改革，智利的储蓄率上升至 GNP 的 27%，而失业率下降到 5%。

除了职工个人选择养老保险基金管理公司而形成基金管理公司之间的竞争之外，第二轮增进改革之后还引入"竞争性招标程

---

① 蔡茂林：《智利的补充养老保险制度》，载于《金融时报》2003 年 3 月 4 日。

序",实现多家公司参与管理运营,充分引入市场竞争机制。① 如新养老保险制度参保人中没有自主选择基金管理公司的将自动进入招标流程,在招标程序中提供最低佣金的基金管理公司将可在连续两年内获得增量数量的"新会员",② 这种"抢人头"的竞争性激励使得基金管理公司不断优化费用结构、控制管理费用支出,弥补因分散经营而带来的效率损失,提高投资管理效率和服务质量。

3. 国家提供最低养老保障收入。

为弥补完全基金积累制在代际和代内之间收入再分配功能的缺失,智利在养老保障私有化改革的过程中建立了新的"团结养老金制度"以替代原来的社会救助养老金计划和最低保障养老金计划,对65岁以上无任何养老金来源的人提供全民性的基金养老金,而对有较少养老储蓄的人提供团结储蓄补充年金(它随着养老储蓄的增加而减少);另外,为鼓励中低收入人群积极参与自愿储蓄计划,政府不仅向为职工提供配套缴费计划的企业提供税收优惠,还为职工提供15%的奖励以提高养老金待遇;再者,为18~35岁且工资低于1.5倍最低工资的工人在工作的前24个月提供补充缴费,其额度相当于按最低工资进行养老金缴费的50%。国家还对附加资助、终身年金和丧葬费份额提供保障。

4. 政府慎重监管。

政府的慎重监管体现在:一是智利政府不再对养老基金进行直接管理,只是进行宏观调控和监督指导,即财政部将不再对养老保险基金实行预算管理;二是着重从法律上和政策上对养老基金的运行进行监管。中央银行不直接管理养老基金管理公司,而是负责制定金融政策,协助管理养老基金的资金运作和通过发行

---

① 许海燕:《对我国社会养老保险的再思考——智利模式的启示》,载于《辽东学院学报(社会科学版)》2011年第5期。
② 袁中美:《智利"两轮"养老保障制度改革的启示》,载于《保险职业学院学报》2012年第1期。

政府债券吸纳养老基金；劳动和社会保障部也不再负责养老金的发放、管理等具体事务，而是对影响退休者的情况进行协调。政府对养老金制度的监督作用主要通过养老金管理总局来实现：监控、协调各养老基金公司的经营管理，如授权组建保险基金管理机构并为之注册；监督管理机构职能行使，并审批管理机构对投保者的保险金支付；监管"收益浮动储备基金"和库存现金的筹集、保管、操作、运用以及对基金的投资等，执行国家规定的最低养老金。

（四）改革的效果及评价

智利国家改革的得力措施增强了其自身的公共治理能力，养老保障制度改革方案是科学性和可预测性以及社会利益方（主要是工会、雇主组织、行业协会等）协调沟通的结果，以确保养老保障制度的良性运转和下一步改革的顺利进行。

智利的养老保障制度"私有化"改革是养老基金产权不断明晰的过程，它既是一种基金筹集和待遇给付的组织原则，也是一种提高养老保障效率的管理手段。其主要特点为：一是个人账户替代公共账户，以明确养老基金产权，增强个人责任，强化缴费与待遇之间的精算关系，强制法定的个人账户存储金额的所有权归个人；二是筹资模式由"现收现付制"转向"基金积累制"，以化解人口老龄化下制度的财务可持续性危机，同时利用这种长期稳定的资金来源促进资本市场的发展和经济增长；三是管理体制由"政府集中垄断性"管理转向由"私人基金公司分散竞争性"管理，通过引入市场竞争机制提高制度的运营效率，从而增进社会福利。

智利养老保障制度"私营化"改革以其较高的投资回报率而广受赞誉，但也存在诸多争论。首先，制度建设本身存在突出问题，如制度覆盖率增长缓慢、基金管理行业集中趋势较强、基金运营成本较高等；其次，从价值层面来看，智利的"私有化"

模式以完全的个人责任制替代了互助共济制，不仅增加了个人所承担的风险，而且缺乏养老金在代际和代内之间实现收入再分配的功能，缺乏养老保障制度防止老年贫困、促进社会融合的价值取向；最后，在实践层面上，能否有效消化转轨成本、能否提高制度运行效率、能否给储蓄和投资及经济增长带来正效应还有待时间的检验。

四、养老保障制度改革浪潮对中国的启示

中国养老保障制度开始于新中国成立之初，历经60多年的发展变迁，取得了巨大的成效。但总体来说，建立的时间较晚，积累的经验不多，缺乏符合社会主义养老保障体系的理论指导，而且制度实践的检验效果还有待时间验证。从上述各国包括福利型国家、保险型国家和市场型国家的养老保障制度改革进程中，我们可以了解到，养老保障制度既是一项社会制度又是一项经济制度。它深刻地影响着每个人的切身利益，联动着社会各方面的深化进程，同时反过来又受到来自政治、经济、社会、个体等因素的制约发展。因此，养老保障制度建设必须与本国的政治制度和社会结构相互适应，与经济水平和文化传统相辅相成。在养老保障体系的建设上，我国应当发挥我们的"后发优势"，注重借鉴国际先进经验，充分重视"老年经济安全"这一核心要点问题，才能少走弯路，用足巧力，后来居上。但有一点我们必须强调，任何一个国家任何一项政策的出台，都有其特定的历史、经济、政治和文化背景。在养老保障制度建设上，老龄化程度不同，那么养老保障制度模式、建立的时间、保障范围和支付水平都不可能相同，所以借鉴国际经验不能照搬照抄，单纯的"拿来主义"是不可行的。我们必须立足我国的基本国情，有选择性地参考国外的成功做法，结合地方的具体实践经验，制定出符合我

国实际的养老保障制度。

(一) 选择适宜的养老保障财务模式

社会保障制度的财务模式主要有现收现付制、完全积累制和部分积累制三种。从世界各国养老保障制度的改革与运行实践来看，现收现付制和基金积累制的养老保障制度都存在各自的优点和缺点，其中现收现付制是最早适用，也是最主流的财务模式。现收现付制的优势在于可以迅速建立全额的养老金领取权，并使处于支付阶段的养老金免受通货膨胀的影响，还可以根据经济增长情况来改变养老金的实际价值。但现收现付制易受劳动者与领取养老金者的相对比例减少（人口年龄结构变化）的影响，即所谓的赡养率（dependency ration）的影响，它还使得养老金领取者依赖于未来的劳动力。在智利模式及后续的改革中，我们看到了基金完全积累制的强烈优势，也感受了现收现付制"捉襟见肘"的参数改革，但这并不能说明两种财务制度孰优孰劣。

我国现在采用的是"社会统筹＋个人账户"相结合的部分积累制财务制度。在深化改革的过程中有很多"去除个人账户"的声音，回归现收现付制。也有提倡建立强制封闭的个人账户基金模式，一时"个人账户的去留"成为理论界和实务界争相关注及讨论的重点。然而，根据我国现阶段或者相当长的一段时期内的社会经济水平现状与预测，我们还需要对"基金完全积累制"究竟会在中国迎接未来养老挑战的过程中能够起到何种作用，以及它相对于现收现付制的优势问题做出更深入的研究和探讨。养老保障制度的财务模式对于制度建设来说是至关重要的，决定了制度运行的成败，中国需要在立足基本国情及实践需求的基础上，选择相适应的财务制度，力求养老保障制度与社会经济协调发展，保障劳动者老年生活，实现老年安养的目的。

（二）注重多支柱养老保障体系的联动

养老保障制度通常要致力于实现两大主要目标：一是保障老年生活，二是避免老年贫困。一项制度的设立必须有一定的针对性，即较为稳定的适用对象，不可能完全"无差异"的应用于所有有养老需求的人群，这就需要建立起养老保障体系，通过养老保障体系中各个支柱之间实现分工、协作，继而满足最广泛群众的养老服务需求。在多支柱养老保障体系功能定位中，形成了两大截然不同的分工定位模式：一种是以英国为代表的"目标定位型分工"——即第一支柱（即法定基本养老保障）致力于保障老年人口的最低生活标准，而既有生活水平在退休后的持续则依赖于其他支柱（即企业和个人养老保障）去实现；另一种是以改革前的德国为代表的"补充型分工"——所有支柱都致力于保障既有生活标准，克服贫困的目标则由养老保障体系之外的其他福利领域（如社会救济系统）去完成。[①] 在这种养老保障体系中，第一支柱的保障水平较高，其他支柱仅起补充作用。而在德国的养老保障制度改革的分析中，我们可以了解到，经过2001年"里斯特"养老金制度改革之后，德国成功转变为国家与市场、公共领域与私有部门相结合的多支柱养老保障体系，但是各支柱的分工和目标定位却并不明确，突出表现在法定养老保障制度处于"垄断"的地位，制约了补充养老保障制度的发展。即第一支柱承担了较大的责任，包括保障最低生活、克服贫困、维持现有生活水平、改善生活质量、提高老年生活档次的全方面、较高标准的老年经济保障和服务待遇，而第二支柱的企业补充保险、第三支柱的自愿性商业保险则在辅助作用体系边缘徘

---

① Döring, Diether. Immer noch leistungsstarkes System fürjunge Beschäftigte? Bispinck, Reinhard Bosch, Gerhard/Hofemann, Klaus/Naegele, Gerhard (Hrsg.). Sozialpolitik undSozialstaat, Wiesbaden: Springer VS, 2012, pp. 381 – 390.

徊，没有得到目标人群的重视和长足的发展空间，更别提发挥"提质"的养老保障功能。① 因此，在养老保障体系建设中，不管是以"三支柱"还是"五支柱"，抑或是"多层次"为指导，复合的养老保障体系之间应该要明确法定养老保障（第一支柱）的目标，并增加补充性养老保障（第二支柱、第三支柱或第四支柱）的强制性和适用性，在各支柱之间建立起关联关系，使各支柱和各层次的养老保障制度有清晰的责任分界，增进制度的整体运行效率。除此之外，进一步深化对第一支柱的养老保障制度进行相关参数的改革，使基本养老保障制度与其他补充性养老保障制度在制度操作、资源整合方面做到"无缝隙"连接，有利于应对人口老龄化的突出问题，增强社会养老保障制度的财政平衡，提高保障效率和水平。

（三）充分利用市场化机制

养老保障制度是一项社会经济制度，深受社会经济发展变迁的影响。随着市场经济发展的完善和成熟，市场机制与竞争机制被应用到更多的领域及管理实践中。在养老保障制度建设中，我们所说的养老保障市场化常常涉及三个层面，即责任主体的市场化、管理主体的市场化和运行机制的市场化。进一步分析来看，在责任主体的市场化过程中，就是要转变政府不再是养老保障供应中的"唯一"责任主体这一狭义的思想，要将企业、家庭、组织、社团、个人等众多责任主体的积极性都调动起来，形成多责任主体、各责任主体之间互相配合、相互补充；在管理主体的市场化方面，即要转变养老保障的管理主体，使其不再由"政府完全垄断管理"，要把各种营利组织和非营利组织都列入养老保障的管理主体范畴，如人寿保险公司与基金管理公司等盈利组

---

① Berner, Frank. *Der hybride Sozialstaat*: *Die Neuordnung von öffentlich und privat in der sozialen Sicherung*. Frankfurt am Main: Campus, 2008, pp. 237 – 238.

织、政府经办机构和慈善机构等非营利组织，各种管理主体之间可以是为争夺"资源"（如养老保障事务与基金的管理权限资格）而相互竞争的关系，也可以是为了实现某一目标而相互合作的关系，不断提高养老保障领域的管理时效；在养老保障运行机制市场化导入方面，需要转变传统政府对养老保障的行政管理与安排，如增加个人对个人账户和管理机构的自由选择权、管理机构间实施竞争性管理、对管理主体进行绩效考核等，实现由"政府垄断管理"到"市场竞争管理"。

| 中篇 |

中国养老保障制度的
改革历程与发展现状

第五章

传统企业职工养老保险制度的建立

一般而言，中国养老保险制度主要是指由国家主导并面向劳动者的社会养老保险制度。这种制度在计划经济时代表现为典型的国家主导的单位化养老保险制度，我们称之为传统企业职工养老保险制度，也称传统退休养老制度、单位化企业养老保险制度；在市场经济时代表现为国家主导的社会化养老保险制度，我们称之为城镇企业职工基本养老保险制度，也称企业职工养老保险制度。两者有着明显区别。

当今，谈起城镇企业职工的养老保险，人们可能立马会想到2011年7月1日起实施的《中华人民共和国社会保险法》。该法对企业职工的基本养老保险权益进行了明确规定："职工应当参加基本养老保险，由用人单位和职工共同缴纳基本养老保险费。无雇工的个体工商户、未在用人单位参加基本养老保险的非全日制从业人员以及其他灵活就业人员可以参加基本养老保险，由个人缴纳基本养老保险费。基本养老保险实行社会统筹与个人账户相结合。"[①] 微言大义，然而这短短几句话，却经历了半个多世纪的反复摸索、论证，改革才得以"法定"成型。穷源溯流，

[①] 参见《中华人民共和国社会保险法》第10条。《中华人民共和国社会保险法》由中华人民共和国第十一届全国人民代表大会常务委员会第十七次会议于2010年10月28日通过，自2011年7月1日起施行。

纵论当今的城镇企业职工基本养老保险,有必要从新中国成立初期的传统企业职工养老保险论起。

1951年2月26日,原政务院颁行的《中华人民共和国劳动保险条例》①,是学界业界公认的新中国养老保险制度创始的标志性事件。《中华人民共和国劳动保险条例》(以下简称《劳动保险条例》),共计7章32条。1951年3月24日,原劳动部公布了《中华人民共和国劳动保险条例实施细则》,后又于1953年1月26日公布了《中华人民共和国劳动保险条例实施细则修正草案》,为这一社会保障制度的实施提供了更加具体详尽的操作依据。该条例于1953年和1956年进行了两次修订,扩大了覆盖范围,全面确立了适用于中国城镇职工的劳动保险条例。从1951年到1956年,《劳动保险条例》短短实行5年时间,参保职工就达1 600万人,若加上签订集体劳动合同的700万职工,劳动保险覆盖的职工总数已达2 300万人,这就意味着当时全国国营、公私合营、私营企业94%的职工都参与了劳动保险中的退休养老。②

《劳动保险条例》内容丰富,体系完整,用正式制度规范管理了职工面临的养老、医疗、生育、工伤等多项社会保险事宜,是中华人民共和国社会保险制度确立的标志。当时的养老保障被称之为"退休养老",虽然并未被作为一项独立的社会保障制度安排,但是职工的养老保障项目却是《劳动保险条例》的核心要素和重要骨干。劳动保险中的退休养老相关内容

---

① 《中华人民共和国劳动保险条例》由政务院1951年2月26日政秘字134号命令、政务院1953年1月2日(53)政财申字11号命令颁行。《中华人民共和国劳动保险条例》目前没有公示废止,所以仍然是有效的。如果《中华人民共和国劳动保险条例》和《中华人民共和国社会保险法》规定的内容有冲突,根据新法优于旧法的原则,优先适用《中华人民共和国社会保险法》中规定。

② 王占臣等主编:《社会保障法全书》(上册),改革出版社1995年版。

规定如表 5-1①所示。

表 5-1　　劳动保险中的退休养老相关内容规定

年份	实施范围	退休条件	退休待遇
1951	(1) 有正式职工 100 人以上的国营、公私合营及合作经营的工厂、矿场及其附属单位，铁路、航运、邮电部门各企业单位与附属单位； (2) 暂不实行劳动保险条例的单位，职工的保险待遇由各企业或其所属产业或行业的行政方面或资方与工会组织，根据劳动保险条例规定的原则及本企业、本产业或本行业的实际情况协商，订立集体合同来解决	(1) 男工人与男职员年满 60 周岁，一般工龄满 25 年，本企业工龄满 5 年； (2) 女职工年满 50 周岁，一般工龄满 20 年，本企业工龄满 5 年； (3) 其他情况详见《劳动保险条例》规定	退休后由劳动保险基金按照其企业工龄的长短，按月付给退职养老补助费（退休养老金），其数额为本人工资的 50% ~ 70%（即养老金替代率②为 50% ~ 70%），直到退休者死亡
1953	扩大覆盖范围：工、矿、交通事业的基本建设单位，国营建筑公司		
1956	扩大覆盖范围：商业、外贸、粮食、供销、合作、金融、民航、石油系统、地质、水利、水产、国营农牧场及林场		

《劳动保险条例》中对退休养老保障的制度安排是基于公平的理念，源于新中国成立时特定的历史条件，目的是为战后的劳

---

① 该表根据《中华人民共和国劳动保险条例》《中华人民共和国劳动保险条例实施细则》《中华人民共和国劳动保险条例实施细则修正草案》以及该条例 1953 年和 1956 年两次修订内容整理绘制。具体参见郑功成：《中国社会保障制度变迁与评估》，中国人民大学出版社 2002 年版，第 79 页。

② 养老金替代率是指劳动者退休时养老金领取水平与退休前工资收入水平之间的比率，是衡量劳动者退休前后生活保障水平差异的基本指标之一。一般而言，养老金替代率大于 70%，即可维持退休前现有的生活水平；60% ~ 70% 之间，维持基本生活水平；小于 50%，生活水平较退休前有大幅下降。国际劳工组织《社会保障最低标准公约》规定，养老金的最低替代率为 55%。

动人民解除养老后顾之忧。在这个过程中,国家是唯一的实施主体和责任主体,体现了深厚的"国家养老"特色。1949年新中国成立,1951年建立职工退休养老制度,并迅速覆盖到全体城镇职工,无疑是养老保障制度建设与发展取得的巨大成就,这是值得肯定的。但是这种传统企业职工养老保险制度也具有明显的内在缺陷,缺乏可持续性。

一、单位化养老保障模式

"单位"一词极具中国特色,是中国传统公有制的基本细胞,也是中国进行社会主义建设的创新实践。"单位"一词是计划经济时代公有制的产物,与市场经济时期私有制的"企业"一词是相对应的。现实生活中,若提到某人在某某"单位"上班,人们的第一反应也许是这个人是"国家工作人员""体制内人员""有福利保障的"。因为长期以来,"单位"的福利保障功能色彩浓郁,进了"单位"就意味着"铁饭碗",实现了生老病死的保障全覆盖。因为"单位"除扮演着自身的社会分工职能外,还扮演着政治职能、社会职能、就业保障、教育保障、养老保障、医疗保障等多元混杂的角色,可谓身兼数职,肩挑多任,集诸多功能于一身。单位体制的"铁饭碗"在计划经济时代发挥了其应有的历史作用,但随着改革开放后市场经济的迅速发展,无所不包的多职能"单位"已无法适应市场潮流的发展,亟须向专门职能的市场主体转变。简言之,单位化即非社会化,单位化养老保障要求各个单位组织只对本单位职工的退休养老负责,是封闭运行的割裂板块架构。单位化养老保障模式包括以下两个特点。

(一)封闭运行:企业自行管理支付养老待遇

新中国成立后很长一段时期,中国实行的是高度集中的计划经济体制。在这种体制下，企业并非是市场经济所要求的通过充分竞争的自负盈亏企业，而是既担负着企业的主职，又充当着政府的附属，同时填补着社会的真空。扮演着企业、政府附属、社会福利性组织和大家庭角色的传统企业，可谓"麻雀虽小，五脏俱全"。这种老牛负重的"小而全"的单位化企业保障制包括就业保障、退休保障、工伤保障、医疗保障、福利保障、女职工保障、家属保障、遗属保障等内容。因此，在人们的观念里，传统企业是一个能提供全方位保障的小社会，劳动者只要一进入企业，就意味着生老病死等都有了保障；而企业也习惯于把考虑职工的各种生活保障问题与考虑企业的生产经营问题摆到同等重要的地位；企业与单位化企业保障制的结合，形成了传统企业职工养老保险制度安排，早已成为国有企业的传统定律，并左右着企业的生存与发展。①

在传统企业职工养老保险制度安排下，劳动者被分割在各个单位组织内，每个单位仅对本单位的职工负责，等到职工退休了，企业会即期向退休职工支付退休养老金，从而表现出显著的封闭运行特征。一方面，劳动者虽然退出了劳动岗位，但仍然被看成是原单位的职工，不仅从所在单位领取退休养老金，而且要服从原单位的管理；另一方面，由于计划经济时代长期实行低工资制，退休人员在职期间根本不可能积累起满足自我养老的足够财力，在这种条件下，城镇劳动者的退休待遇便不可避免地获得提高，且在退休后仍能继续享受在职期间相应的住房福利与医疗保健等待遇。可见，传统退休养老制度只是让劳动者离开了劳动岗位，却并未让劳动者离开单位，退休人员与所在单位的劳动关系事实上会一直延续到职工死亡才能真正解除。

单位化养老保障的封闭运行势必影响企业的效率甚至生存，

---

① 郑功成：《从企业保障到社会保障》，中国劳动社会保障出版社2009年版。

导致的直接后果是职工队伍老化与单位老化同步、职工队伍膨胀与人浮于事共生。在计划经济时代，公平大于效率，国家保障单位"长生不死"，无论效益好与坏；单位保障个人生老病死，无论能力高与低；个人管着家人衣食住行，无论人数多与少，这就形成了一种低成本的恶性膨胀循环。在这个循环中，个人与单位结合成了一个不可分割的整体，劳动者的流动性极弱，就业岗位基本就是固定岗位、退休岗位。这样便不可避免地带来两个显著的后果：一是单位组织存续的时间愈长，职工队伍就愈是老化；单位组织愈年轻，职工队伍就愈年轻；各个单位因退休人员的多寡或职工队伍的年龄结构差异而出现养老负担畸轻畸重的现象。二是如果要想改变单位组织的职工队伍年龄结构状态，便只能不断地补充年轻人，在原有职工不能流动的条件下，职工队伍必然持续膨胀，这就是明显的"滚雪球"效应。改革开放前形成的普遍的人浮于事、效率低下的局面即是这种制度安排的必然结果。因此，无论出现上述哪一种情况，封闭运行的传统企业职工养老保险制度安排，造成的均是对效率的直接损害。

（二）单方负责：国家或单位兜底的养老保障

从国有企业走过的历程来看，单位化企业养老保险制度的沉重包袱首先表现在退休职工的急剧增加和退休费用的急剧膨胀上，而这一现象又完全受制于不可逆转的三大定律，即由生到死与由幼到老的人生定律、企业老化与职工老化的企业定律、从家庭养老到社会养老的社会定律。① 改革开放以来，计划经济的色彩正在淡化，市场经济的氛围蔚然成风，社会化大生产和现代化公司制，都使单位化企业养老保险遇到了前所未有的挑战。

在传统企业职工养老保险制度安排下，企业保障职工养老，企业从其生产收益中提取退休养老费用，从企业营业外列支为职

---

① 郑功成：《从企业保障到社会保障》，中国劳动社会保障出版社2009年版。

工缴纳养老保险费,职工个人不缴费,极大地减少了职工个人的经济负担和压力。这种蕴含浓厚福利色彩的单方负责退休养老制度,一度被人们视为社会主义制度优越性的绝佳体现,至今还有人对此津津乐道。1951年《中华人民共和国劳动保险条例》第七条规定,"本条例所规定之劳动保险的各项费用,全部由实行劳动保险的企业行政方面或资方负担,其中一部分由企业行政方面或资方直接支付,另一部分由企业行政方面或资方缴纳劳动保险金,交工会组织办理。"第八条规定,"凡根据本条例实行劳动保险的企业,其行政方面或资方须按月缴纳相当于各该企业全部工人与职员工资总额的百分之三,作为劳动保险金。此项劳动保险金,不得在工人与职员工资内扣除,并不得向工人与职员另行征收。"[1]

这两条规定很清楚地明确了劳动保险金的征缴方法和途径,即劳动保险费用由直接的劳动保险费用和间接的劳动保险金两部分组成,均由企业承担支付,职工个人不缴纳费用。"文化大革命"时期,1969年财政部在《关于国营企业财务工作中几项制度的改革意见(草案)》中做出"国营企业一律停止提取劳动保险金"的规定,并要求"企业的退休职工、长期病号工资和其他劳保开支,改在营业外列支"。这一政策变动,使得原有的职工退休养老制度由国家社会事务蜕变成为单位内部事务。虽然养老事务仍由国家负责与政府主导,但责任重心已经转移,变成了单位保障,并一直延续到改革开放时代。归根结底,传统企业职工养老保险制度安排是由国家和政府主导的一种政策性保障。正是因为这种单向的政策性特征,决定了该制度的不稳定性和多变性,其发展走向必然深受政治因素的影响。

---

[1] 参见《中华人民共和国劳动保险条例》。

二、退休费用的初步统筹

职工退休养老费用的社会统筹是传统企业职工养老保险制度的一个重要内容。此处提及的"社会统筹"并非现在完整意义上的"统账模式"中的社会统筹部分,更多的意义是低层次小范围的初步统一管理,指专门管理养老保险的政府机构对覆盖范围内的企业单位进行统一征集、管理、调剂、分配、使用职工退休养老费用的制度。现就传统企业职工养老保险制度下退休费用的初步社会统筹情况简要介绍如下。

(一)国家从企业提取职工劳动保险金

根据迄今为止的事实,可以发现,退休养老的社会统筹早在1951年的《劳动保险条例》中就有雏形。上文提到,《劳动保险条例》规定,企业职工的劳动保险金全部缴费由企业承担,缴费额为职工工资总额的3%。劳动保险金具有统筹调剂功能,每月从企业提取和缴纳。其中,30%由中国人民银行代为保管,作为劳动保险总基金存于中华全国总工会①户内;70%作为劳动保险基金存于各企业工会基层委员会户内,用来支付职工的抚恤费、补助费等劳动保险费用。这说明,传统城镇企业职工养老保险制度是无职工个人缴费积累的,而是由国家进行社会统筹组织安排的,体现了"社会统筹"的全局调剂功能。

(二)企业职工和机关人员的退休统一

劳动保险的发展取得了不小的成就,但也存在一定的问题,

---

① 1951年《中华人民共和国劳动保险条例》规定,劳动部门是包括职工退休养老事务在内的全国劳动保险的管理与执行机关,中华全国总工会是劳动保险的最高监督机关。

正如1957年周恩来总理指出的那样,"在劳动保险、公费医疗、福利费等职工福利待遇的规定方面,都还有不切实际和不够合理的地方,需要我们断续加以改进"。① 紧接着,国家开始对企业职工和机关人员的退休养老进行统一管理。1957年11月,经全国人大常委会批准,国务院颁布了《关于工人、职员退休处理的暂行规定》,原劳动部同时颁布了实施细则。该规定在《劳动保险条例》的基础上,统一了企业职工和国家机关工作人员的退休条件、待遇、退休养老适用范围及因工致残等规定。1958年3月,经全国人大常委会批准,国务院颁布了《关于工人、职员退职处理的暂行规定》,统一了企业职工和国家机关工作人员的退职办法,放宽了条件,提高了待遇。②

"文化大革命"结束后的1978年6月,国务院颁布了著名的"两个办法",即《关于安置老弱病残干部的暂行办法》和《关于工人退休、退职的暂行办法》,标志着国家对养老保障制度的恢复和重建。为了达到良好的实施效果,1981年1月国务院还专门发出了《关于严格执行工人退休、退职暂行办法的通知》。这两个办法全面修订了1957年和1958年颁布的老退休、退职办法,其中最重要的变化就是由两个不同的法规来分别规范企业和机关单位的退休退职制度,不再做统一的规定。此外,1966年4月,第二轻工业部、全国手工业合作总社颁布了《关于轻、手工业集体所有制企业职工、社员退休统筹暂行办法》和《关于轻、手工业集体所有制企业职工、社员退职暂行办法》,在城镇集体所有制单位中首次尝试建立职工的退休统筹制度。

(三) 劳动合同制工人退休的社会统筹

虽然由于各种原因《劳动保险条例》中的退休养老社会统

---

① 朱棱:《社会保险概论》,吉林人民出版社1988年版。
② 郑功成:《从企业保障到社会保障》,中国劳动社会保障出版社2009年版。
注:这两个暂行规定现已失效。

筹在当时未能持续推行，但值得肯定的是，为适应经济体制改革的需要，部分地区于1984年开始在地市、区县一级或行业内部实行退休费用的初步社会统筹试点。此后两年，1986年7月12日，国务院颁行《国营企业实行劳动合同制暂行规定》，标志着国家开始在全国范围内推行退休费用的社会统筹，这是养老保障领域在国家层面的一项重大政策改革。该规定明确指出，"国家对劳动合同制工人[①]退休养老实行社会保险制度。退休养老基金的来源，由企业和劳动合同制工人缴纳。"退休金收不抵支时国家给以补贴，并具体规定了缴费额及养老保险待遇等。由此可知，自1986年7月起，无论企业或机关、事业单位，劳动合同制工人均应当参加社会保险，包括养老保险，这是对原有退休养老制度的重大改革，也是中国养老保险制度由原来的退休制度向社会保险制度转型的重要标志。郑功成认为，1986年是中国社会保障制度真正进入转型的标志性年份，1986年前的社会保障政策变革只是为了延续原来的国家—单位保障制，进入1986年后则真正迈向了国家—社会保障制[②]，再次印证了1986年颁行的《国营企业实行劳动合同制暂行规定》起到了标志性的转折作用。

三、现收现付的财务制度

我们知道，不论何种保险，其筹资与支付必须遵循"收支

[①] 1986年7月国务院发布关于改革劳动制度的四个规定，废止"子女顶替"制度和"内招"职工子女的办法，在国营企业实行劳动合同制，国家机关、事业单位之后招用工人，比照《国营企业实行劳动合同制暂行规定》和《国营企业招用工人暂行规定》执行，即录用"劳动合同制工人"。由此，机关、事业单位中出现了劳动合同制工人。

[②] 郑功成：《从企业保障到社会保障》，中国劳动社会保障出版社2009年版。

平衡"原则,即筹集的资金与按规定需要支付的费用要维持一个大体平衡的关系。养老保险资金平衡关系的实质体现在两个方面:一是横向平衡,即代际费用的转移,指一个财政年度内提取的基金总和应与一个财政年度所需支付的保险费用总和保持平衡。二是纵向平衡,指对某一个具体的参保人在职时全部缴费期间所缴纳的基金总和(包含资金利息和运营收入)应与其在享受保险待遇期间所需领取的费用保持平衡。在世界范围内,养老保障制度的形成和发展,与各国的经济政治、历史文化有着密切的关系。按照资金的筹集方式,我们将养老保险的财务制度分为三种模式,即现收现付模式、完全积累模式和部分积累模式。

(一) 现收现付模式

现收现付模式又称社会统筹模式,是当今世界大多数国家普遍实行的主要模式,主要代表国家有美国、德国、法国。[①] 现收现付模式是指国家按照"以支定收"的原则,以横向短期收支平衡为目标,经过测算规定雇主和雇员的缴费比例,强制双方缴费,以当期正在工作的所有人缴费,支付同时期保险收益人的开支的制度。

现收现付模式养老保险指以当期正在工作的一代人的缴费来支付已经退休的一代人的养老金的保险财务模式,如图 5-1 所示。它的主要特点表现在以下两个方面:一是以支定收,完全依靠当前的收入去支付现在的支出,需要多少养老金就征收多少,基金没有结余;二是代际转移,在职职工为上一代人支付养老金,自己的养老金则由下一代人支付。

[①] 全国干部培训教材编审指导委员会组织编写:《社会保障制度建设》,人民出版社 2006 年版。

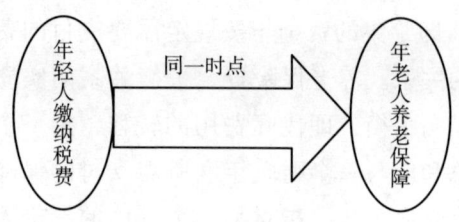

图 5-1 现收现付模式

现收现付模式主要适用于年轻、成年型时期的人口年龄结构，优点在于可提供定期的待遇支付保障退休职工整个退休期间的生活，通过缴费率的调整来分散通货膨胀的压力。但是由于其制度透明度不高，对个人缴费激励不足，特别是没有基金积累，难以应对人口老龄化的资金支付风险。随着人口老龄化进程的加快，导致老年人口赡养率不断提高，会迫使缴费率不断升高，将给国家、企业和劳动者带来沉重的负担。简言之，初期，人口年龄结构年轻，支付规模小，支付标准低，缴费比例低，较可行；后期，人口老龄化严重，年龄结构老化，支付规模扩大，支付标准提高，缴费比例高，不可行。

我国传统企业职工养老保险制度采取的是现收现付模式，国家机关、事业单位职工的退休经费列入国家财政年度预算，企业单位职工的退休经费也构成企业年度经营成本的开支项目，两者均非基金积累制，也无任何积累。在传统企业职工养老保险制度安排下，由于退休养老的责任由国家或企业单位单方负责，随着退休人员的增加，现收现付财务制度的弊端就暴露出来了，国家与单位的养老负担便不堪重负，这也就很好理解为什么那么多国有企业因离退休人员过多而导致陷入困境甚至破产。

例如东北地区最大的煤炭企业——黑龙江省龙煤集团，面对2012年煤炭价格的下行，出现了亏损。曾一度没有盈利，发不起工资，龙煤集团拖欠职工工资，严重到惊动了2016年两会期间的黑龙江省省长。通过研究发现，煤炭价格下行，企业利润为负只是一个引子,龙煤集团欠薪事件还反映了因为养老金等社保的刚性支出与市场波动形成了冲突。进一步深究发现,龙煤集团作为国有企业,承担了较多社会职能,直接承担了社会保险经办管理职能,无法根据市场波动进行调整,承担风险能力差。龙煤集团拥有在职职工22.4万人,离退休职工18万人,机构臃肿,冗员严重,效率低下,正如2016年黑龙江省省长讲话所言,"龙煤目前的万吨产煤用工人数为48人,达全国平均水平的3倍以上。"职工薪酬接近制造成本的一半,人力成本居高不下,成本难以改善,产品竞争力差。由于多年历史积累问题,龙煤集团严重亏损导致现金流消耗,目前仍拖欠职工工资、税收和企业应上缴的各类保险,不少职工生活遇到困难。①

从这个意义上讲,为了生存和发展,国企改革和职工下岗在所难免。现收现付财务模式虽然管理起来简便,却无法应付人口老龄化的冲击。由于中国人口老龄化趋势加剧,退休人员的数量将持续上升,继续采取现收现付模式的养老保险制度将无法应付人口老龄化的冲击。

(二) 完全积累模式

完全积累模式又称个人账户模式、公积金模式,其典型代表国家是新加坡和智利,国际社会也称之为"新加坡模式""智利模式"。完全积累模式是指国家按照"以收定支"的原则,以纵向长期收支平衡为目标,工作期间雇主和雇员共同向政府管理的个人账户基金缴费,通过固定缴费和个人账户运转,雇员退休或伤残时从账户基金积累额中领取收益的制度。

完全积累模式养老保险是指年轻人缴纳的税费,跨越一生,

---

① 案例由作者自己整理。资料来源于中国新闻网:《陆昊:龙煤集团勿拖欠职工工资 吸取报告失实教训》,2016年3月13日;蓝海经济观察:《龙煤案例透视:国企合并是谁的解药?》,2016年7月28日;每日经济网:《龙煤欠薪8亿靠地方临时输血 24万职工都成了债主》,2015年1月10日。

当其年老时为自己提供养老金的保险财务模式,如图 5-2 所示。它的主要特点表现在以下四个方面:一是以收定支,在职时完全积累,退休后按月支付,支付水平取决于过去的积累数额;二是激励缴费,由于待遇支付水平取决于本人在职时的工资和缴费多少,多缴多得,少缴少得,能激发个人的缴费积极性;三是同代自养,使个人一生的收入和消费均等化,能够实现自我保障,不会引起代际冲突;四是费率稳定,无初期、中期、后期区分,从追求长期收支平衡目标出发确定适当费率,将养老金较长时期的支出总和按比例分摊到整个在职期间,向企业和个人征收。

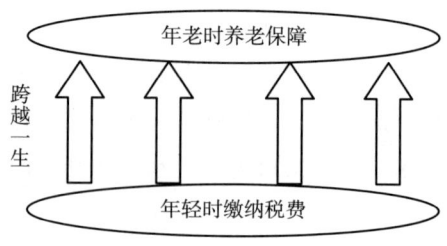

图 5-2 完全积累模式

完全积累模式的优点在于透明度高,激励作用强,强调个人自我保障,因而减轻了政府的财政压力。但是该模式的社会统筹和调剂互助作用弱,存在基金保值增值压力,因此会产生较大的市场风险。基于此缺点,较少的国家考虑选择完全积累模式。

(三) 部分积累模式

部分积累模式又称混合模式,是上述两种模式的结合,力图将社会统筹的调剂互助功能与个人账户的自我激励功能实现有机结合,以便发挥社会统筹和个人账户各自的长处和克服各自的短处。部分积累模式养老保险是指退休人员的养老金一部分来自于现收现付的筹资方式,另一部分来自于完全积累式的筹资方式,强调分阶段以收定支，略有节余，保持养老金在一定时期内收支平衡，如图5-3所示。

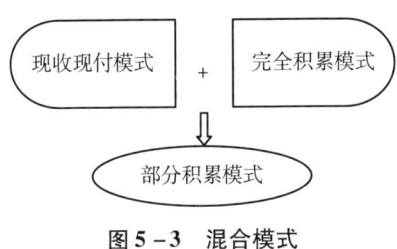

图5-3 混合模式

部分积累模式既能够满足当期养老金支出，保持代际平衡，又能够完成部分储蓄，实现资本积累；既能够减轻养老金刚性支出，缓和代际矛盾，又能够克服养老金差距过大，保证退休生活；既能够积累资本应对老龄化危机，又能够缓解基金保值增值的压力。但其最大的缺点是运行机制过于复杂，管理成本较高。目前，我国正在实施的社会统筹与个人账户相结合的养老保险模式就是部分积累模式。

第六章

统账结合养老保险模式改革

随着经济体制改革的渐深推进,我国养老保险制度的改革也随之展开。尤其在20世纪90年代,国家层面的养老保险制度系列改革文件陆续出台,指导着各地养老保险制度的改革实践。在改革过程中,我国充分借鉴国际经验,紧密结合本土国情,引入个人账户,逐步形成了"社会统筹与个人账户相结合"(简称"统账结合")的养老保险制度模式。经过20多年的改革实践探索,我国的养老保险制度模式已基本成型,逐步趋于稳定,为中国养老保障事业的可持续发展奠定了坚实的制度基础。但是,这种统账结合模式在实践中依然存在诸多问题,如个人账户的空账运行问题,引起了人们的高度关注,这也反向"倒逼"推动着我国的养老保险制度模式继续完善。[1]

一、个人账户制度的引入

亲历养老保险制度设计的国家发展和改革委员会党组成员兼宏观经济研究院院长宋晓梧先生[2]说到,由于受到世界银行、国

---

[1] 龙玉其:《社会保障案例评析》,经济管理出版社2016年版。
[2] 张霞、郭悦:《新一轮养老金改革改什么——个人账户存与废》,载于《南方周末》2016年2月1日。

第六章 统账结合养老保险模式改革

际劳工组织等不同国际组织的影响,在企业职工养老保险制度进行建制的初期,对于是否引入个人账户,各部门意见不一。原国家体改委[①]认同世界银行(World Bank,WB)的主张,建议引入个人账户;原劳动部则认同国际劳工组织(International Labour Organization,ILO)和国际社会保障协会(International Social Security Association,ISSA)的主张,反对引入个人账户。最后中央选择了体改委的意见,决定引入个人账户,和社会统筹部分共同形成了"统账结合"的养老保险模式。引入个人账户后,如何确定个人账户的规模大小又成了新的争议点,不同部门、不同学者间都存在较大的分歧。原国家体改委提倡"大个人账户、小社会统筹",与之相反,原劳动部则推崇"大社会统筹、小个人账户",争执不下,于是才在1995年出台了两套不同的实施办法,供各地方政府"二选一"后进行实践。[②] 将个人账户创新引入养老保险制度建设在世界范围内是独一无二的,基于此,我国首创了"社会统筹与个人账户相结合"的养老保险制度模式。

(一) 个人账户制度的性质和特点

个人账户,顾名思义,就是基金积累制的一种形式,如同个人在银行开通储蓄卡进行资金储蓄一般。显然,个人账户基金是参保人个人所有的独有资金积累,属于私人商品范畴,强调个人的自我养老储蓄积累,旨在激发个人的参与积极性,防止个人在养老方面的"短视"。在养老保险制度中引入个人账户,实施养老保险统账结合,实现了社会统筹基金与个人账户基金的高效有机结合,对两部分采取不同的筹资、基金营运、支付和监管方

[①] "体改委"是中华人民共和国国家经济体制改革委员会的简称,是中华人民共和国国务院前下属政府部门。中华人民共和国国家经济体制改革委员会已于1997年9月根据中国共产党第十五次全国代表大会二中全会通过的国务院机构改革方案终止运行,其原职能由国务院总理(任主任)及各政府部门部长(任成员)直接行使。

[②] 彭森、陈立等:《中国经济体制改革重大事件(下)》,中国人民大学出版社2008年版。

式，强调了国家收入再分配又兼顾了效率与公平，是对传统企业职工养老保险制度的重大探索和改革。

最终决定引入个人账户，其意图十分明确，一是强调效率，二是强调增值。传统企业职工养老保险制度过分强调了制度的公平性，注重了企业的责任而忽视了个人的义务，为了克服传统制度本身的低效率、高成本、不可持续和道德风险，增强个人的自我保障意识和积极性，故而看中了个人账户的自我激励功能。另外，个人账户与现收现付制的社会统筹相比，具有完全积累制的属性，是一种储蓄性积累基金，就如同储存在银行的资金一样，在保值的同时希望增值。事物都是具有两面性的，正是由于个人账户的基金积累特性，免不了要遭受资金保值增值的压力和通货膨胀的威胁，而选择投放资本市场则是国际上通行的实现保值增值的最佳选择之一。但如同"股市有风险，投资须谨慎"一般，个人账户基金在资本市场投资收益过程中具有较大的投资风险，稍有不慎就会使"养老保命钱"亏损败尽。尽管目前在养老保险中引入个人账户仍存在较大的争议，但凭借其明显优势仍受政策制定方的青睐。

正是由于引入了个人账户制，我国才得以在世界范围内首创"社会统筹与个人账户相结合"的养老保险制度模式。这种模式实际上就是部分积累型模式，即混合制模式。从财务机制方面更容易理解，即社会统筹部分就是待遇确定型（defined benefit，DB）的现收现付制，而个人账户制部分则是缴费确定型（defined contribution，DC）的完全积累制。统账结合模式首先在城镇企业职工基本养老保险制度中实行，继而在城乡居民基本养老保险制度（新型农村社会养老保险制度、城镇居民社会养老保险制度于2014年统一整合）中实行，然后在2015年机关事业单位工作人员养老保险制度改革中也采取了这种模式。另外，除了养老保险领域以外，医疗保险、失业保险等其他险种为了充分发挥个人账户激发个人积极性的独特功能，也纷纷选择了统账结合模式。

（二）确立统账结合模式改革方向

"统账结合"的养老保险制度改革，在政策意义上源于1993年11月召开的中共十四届三中全会通过的《中共中央关于建立社会主义市场经济体制若干问题的决定》（以下简称《决定》）。《决定》指出，要求"建立合理的个人收入分配和社会保障制度"；要求"城镇职工养老和医疗保险金由单位和个人共同负担，实行社会统筹和个人账户相结合"；要求"建立多层次的社会保障体系"，并明确社会保障体系包括个人储蓄积累保障；要求"建立统一的社会保障管理机构"，但强调管理和基金分开，即"社会保障行政管理和社会保险基金经营要分开"。这是我国在国家政策层面上，首次明确了"统账结合"改革的基调和方向，为养老保险制度改革确定了基本方向。①

"统账结合"的养老保险制度改革，在实践意义上源于1995年3月国务院颁布的《关于深化企业职工养老保险制度改革的通知》（国发〔1995〕6号）这一政策文件。另外，《企业职工基本养老保险社会统筹与个人账户相结合实施办法之一》和《企业职工基本养老保险社会统筹与个人账户相结合实施办法之二》②作为6号文件的附件一并下发，两个具体实施办法在操作层面确立了统账结合的养老保险新模式。一个通知和两个办法的颁行，标志着统账结合模式养老保险制度的出台。统账结合模式的出台，是我国养老保险制度创新的标志，是我国面对国内传统企业职工养老制度的单位化缺陷日趋严重，国际上消

---

① 参见《中共中央关于建立社会主义市场经济体制若干问题的决定》（中国共产党第十四届中央委员会第三次全体会议1993年11月14日通过）。

② 基于6号文件的两个不同的实施办法，虽然个人缴费比例大多为3%，但各省市确定的个人账户规模却有悬殊，其中2/3以上的省市地区选择了比例为10%及以上的大账户模式。参见李珍、黄万丁：《城镇职工基本养老保险个人账户向何处去》，载于《国家行政学院学报》2016年第5期。

极评论现收现付制养老保险模式无法抵御老龄化社会，以及基金积累制养老保险制度无法抗击通货膨胀等复杂问题时的智慧创造。

在统账结合制度模式下，企业按照一定的缴费比例缴纳单位部分的养老保险费，记入社会统筹基金账户，由社会保险经办机构在属地范围内统一征收、管理和使用，按现收现付账务机制运营，等到职工退休时可以从此账户中按月领取养老金；职工个人按照一定的缴费比例缴纳个人部分的养老保险费，记入个人基金账户，以个人身份证号码为唯一标识，由职工个人所有，按完全积累财务机制运营，等到职工退休时可以从此账户中按月领取积累额（含运营的利息）。从社会统筹基金账户中领取的养老金，称之为"基础养老金"；从个人基金账户中领取的积累额，称之为"个人账户养老金"，两者共同构成了职工退休时领取的养老金，即"基本养老金"。同一职工的同一养老保险项目的记账和待遇均有两个性质差异的部分，构成的账务机制与国际上通行的现收现付、完全积累养老保险账务机制不一样。

有鉴于此，郑功成教授将统账结合模式的养老保险基金划分为公有部分和私有部分，并主张在依法征收、满足给付的前提下按照各自的规则相对独立地运行；同时，提出通过以下三个公式来认识统账结合模式，如图6-1所示①。

社会统筹＋个人账户＝部分现收现付（或部分积累）＋部分完全积累

社会统筹＋个人账户＝社会公平待遇＋个体差异待遇

社会统筹＋个人账户＝公共基金＋私有基金

图6-1　不同类型的统账结合模式

---

① 郑功成：《统账结合不是部分积累》，载于《改革内参》1998年第24期。

必须承认，统账结合养老保险模式的制度安排在当时的论证并不充分，而且一开始就抛出两个方案供各地选择并允许各地结合本地实际加以改造，但它确实是世界上独一无二的制度模式，而且还大大引领着世界养老保险改革的潮流，单看 2001 年美国的类似统账结合方案、2003 年俄罗斯的半积累制方案和 2005 年斯洛伐克建立个人账户[①]，我们就领先数十年。这种制度创新是否真正经受得住时间的检验还需要观察，但无论这种制度模式在未来发展之中是成功还是失败，中国都为世界养老保险制度的改革提供了一种新的思路，这是毋庸置疑的。

二、统账结合模式的完善

"统账结合"的改革方向确立后，各地按照"一个通知和两个办法"的大框架，根据自身实际情况进行了"二选一"的试点探索。改革试点工作推进后，旨在鼓励发挥地方自主性探索的"两个办法"任选其一的宽松制度环境，却在制度落地后产生了与制度设计初衷相悖的两大困境：地区和行业差距大、养老基金管理混乱。深究问题原因，"标准不统一"难辞其咎，尤其是个人账户的大小不等，限制了养老保险改革的进一步有效推进，亟须统一企业职工基本养老保险制度。

（一）统一企业职工基本养老保险

"统账结合"试点改革实施四年后，1997 年 7 月 16 日，国务院出台《关于建立统一的企业职工基本养老保险制度的决定》（国发〔1997〕26 号），针对试点存在的"统账结合，混账经

[①] 郑秉文：《建立社会保障"长效机制"的 12 点思考——国际比较的角度》，载于《管理世界》2005 年第 10 期。

营"等主要问题,在各地原有方案的基础上,明确提出了"五个统一"的要求,即要统一全国城镇企业职工基本养老保险的企业缴费比例、个人缴费比例、个人账户规模、养老金发放标准以及"中人"养老金给付的过渡办法。自此,各地不同的社会统筹与个人账户相结合方式开始实现融合,并走向统一。

在个人账户规模方面,26号文件规定:"个人的缴费比例为本人工资的8%,个人的缴纳费用总额全部计入个人账户;企业的缴费比例为工资总额的20%左右,其中企业缴纳费用总额的17%用于建立社会统筹基金,另外3%划入个人账户。"按此规定,个人账户的规模大小达11%。

针对基金运营管理中的违规问题,26号文件指出,要"制订企业职工养老保险基金管理条例""健全社会保险基金监督机构",通过加强基金的安全管理,以确保基金的安全运行。具体来说,就个人账户的基金管理问题,要求专款专用,严禁挤占挪用,提出了对个人账户储存的结余额"除预留相当于2个月的支付费用外,应全部购买国家债券或存入专户",严格杜绝任何部门、单位或个人利用结余基金进行其他形式的投资。26号文件规范了基金的使用和管理,但对最为关键的"混账经营"问题并没有实质性触及。

2000年12月25日,国务院发出《关于印发完善城镇社会保障体系试点方案的通知》(国发〔2000〕42号)。42号文件对统账结合模式做了进一步的修订和完善,并明确了基本养老保险制度改革的未来方向。该文件重点提出了两项改革措施:一是对社会统筹基金与个人账户基金进行分账管理和独立运行,"社会统筹基金不能占用个人账户基金",由原来的"混账管理"转向"分账管理",并明确企业缴费部分不再划入个人账户,要求全部纳入社会统筹基金,即"做小"个人账户;二是做实个人账户,"个人账户基金只用于职工养老,不得提前支取",同时要求"全部用于购买国债",这为与资本市场对接做好了准备。

第六章 统账结合养老保险模式改革

20世纪90年代,三个关于基本养老保险的重要文件(分别颁行于1993年、1995年、1997年)的出台,标志着城镇企业职工基本养老保险制度的框架结构初步形成。在总结和评估以往各项社会保障制度改革的基础上,2005年12月3日,国务院颁布了《关于完善企业职工基本养老保险制度的决定》(国发〔2005〕38号),这是养老保障制度改革历史上又一个极为重要的文件。38号文件对个人账户比例进行了较大调整,从1997年规定的11%下调至8%,进一步缩小了个人账户规模。并明确了个体工商户和灵活就业人员的缴费比例和个人账户比例,对待遇计发办法也做了重大调整,确定了个人账户养老金月标准(计发月数)等。具体要求:企业缴纳的基本养老保险费20%全部计入个人账户,不再划入个人账户。个人的8%全部划入个人账户,同时扩大社会统筹部分,由17%上升为20%。① 自此,"统账结合"养老保障模式中企业和个人的缴费比例,以及社会统筹账户和个人账户的规模大小等相关基本参数才得以确定并沿用至今,具体如表6-1所示。

表6-1 统账结合养老保障模式相关参数变迁(1995~2005年)

文件	个人费率	企业费率	个人账户规模	统筹账户规模
国发〔1995〕6号	最低3%	各地自定	最高16%	7%左右
国发〔1997〕26号	4%起步,最终8%	20%左右	11%	13%~17%
国发〔2005〕38号	8%	20%左右	8%	20%

---

① 2016年4月,人力资源社会保障部、财政部发布《关于阶段性降低社会保险费率的通知》,为降低企业成本,增强企业活力,根据《中华人民共和国社会保险法》等有关规定,经国务院同意,决定阶段性降低社会保险费率,"从2016年5月1日起,企业职工基本养老保险单位缴费比例超过20%的省(区、市),将单位缴费比例降至20%;单位缴费比例为20%且2015年底企业职工基本养老保险基金累计结余可支付月数高于9个月的省(区、市),可以阶段性将单位缴费比例降低至19%,降低费率的期限暂按两年执行。"

（二）做实个人账户的实践及现状

所谓做实个人账户，即社会统筹基金、个人账户基金实行分开管理，个人账户基金不得用于支付社会统筹基金。为了逐步做实个人账户，国家开始试点养老保险改革，并逐渐扩面。先后从 2001 年的辽宁、吉林、黑龙江 3 省，扩大到 2006 年天津、上海、山西、山东、河南、湖北、湖南、新疆 8 个省份，后面又扩大到江苏、浙江 2 个省，最终确定做实试点的省份为 13 个。

做实个人账户的初衷设计很好，但在制度的现实推进中，做实的比例却不尽如人意，一降再降。2001 年，试点辽宁省将这一比例降到 8%，黑龙江、吉林两省又降到 5%，到 2006 年之后再下降为 3%，据说个别地区在做实时还要再低一些。[①] 导致这种做实比例不断下降趋势的内在原因是为了更容易做实账户。因此，扩大试点范围的天津、上海等地区均按照 3% 的比例开始做实，渐进提高做实比例，并统一要求在 2006 年底前做实资金确保到位。

比例的一再下降，即便是资金到位做实了个人账户，但其意义也十分有限，甚至是杯水车薪、九牛一毛的装饰罢了。长期来看，这种办法是不可持续的，无法形成常态化的长效机制。到 2013 年底，13 个试点省份个人账户做实到位的总金额，只占其总记账金额的 21.22%。也就是说，按要求本应做实但仍未做实的接近 8 成。另外，个人账户做实部分的资金收益率也不高，多限于储存银行和投资国债，其收益回报率不足 2%。随着做实资金规模的不断扩大，其保值增值压力巨大，再加上统筹层次低导致管理运营成本较高，从实践上看，目前做实个人账户基本上是

---

① 郑秉文：《建立社会保障"长效机制"的 12 点思考——国际比较的角度》，载于《管理世界》2005 年第 10 期。

失败的。[①] 究其原因，没有清偿转制成本和没有配套管理决策制度是做实个人账户失败的重要因素，另外，这与中国缺乏强制性储蓄的国民习惯也是密切关联的。

中共中央在国民经济和社会发展第十二个五年规划中明确指出，要"继续做实基本养老保险个人账户"；在"十三五"规划建议中仍然明确指出，要"完善职工养老保险个人账户制度"，可见，国家对做实个人账户的政策从未动摇。但是，如何继续扩大个人账户做实规模和如何实现做实资金的保值增值，这两个关键问题依然摆在我们面前，无法回避。这两个问题解决的好坏，直接影响着统账结合模式的成败，甚至影响着愈加剧烈老龄化社会的预期大规模养老金支付能力。

三、隐形债务与空账问题

目前，从全国来看，养老保险省级统筹难以实施，行业之间利益冲突加剧，部分地区养老金支付困难，个人账户空账运行和养老金隐形债务问题突显。究其原因，这是新、旧养老保险制度转型中因缺乏基金积累而造成的历史欠账所导致的，是制度转型的成本。

（一）隐形债务

中国现行的基本养老保险制度采取"统账结合"模式，由现收现付制的社会统筹账户和完全积累制的个人账户两部分组成，即属于部分积累制。对于隐形债务问题的处理，实际上是我国养老保险制度从原有现收现付制向现行部分积累制转换过程中

[①] 李珍、黄万丁：《城镇职工基本养老保险个人账户向何处去》，载于《国家行政学院学报》2016年第5期。

需要承担和解决的改革"转制成本"。养老金隐形债务问题会对养老保险制度建设造成严重影响,我们不能轻视。

1. 隐形债务的形成。

中国现行采取的是一种特殊的社会统筹与个人账户相结合的养老保险模式,这种制度模式要求下一代人在继续承担上一代人的养老责任的同时,还要为自己积累个人养老金,形成双重负担。我国原有养老保险实行现收现付的模式,强调以支定收的代际平衡,略有结余,因此缺乏任何积累,没有充足的资金储备来支付转制后"老人"和"中人"[①]所需的养老金或过渡性养老金。同时,在设计新制度时,政府并没有对"老人"和"中人"所需的养老金总额进行估算,更没有在实施新制度后给予一次性补足欠账或建立补偿机制,更多的是寄希望于新制度运行后的自行消化和平衡。诚然,原有制度下"老人"和"中人"没有个人账户积累,政府肯定要在转制过程中承诺这些人的养老权益,肯定其劳动贡献。根据国际惯例,政府应该主动承担这一巨额"转制成本",但我国采取的是通过长期提高企业缴费比例的办法来增加社会统筹账户的基金规模,进而消化隐形债务,企业的沉重负担可想而知。

现行的养老保险实行部分积累的模式,强调代际平衡的同时,要求实现部分积累。随着时间的推移和老龄化的日益加剧,现行制度在进行部分积累的同时,既要支付"新人"的养老金,又要支付原有制度下没有任何积累的"老人"和"中人"的养老金欠账,这对养老金的资金规模提出了巨大的挑战,原本被隐藏的养老金隐形债务问题便日益凸显出来了。总之,正是由于养老保险制度的转型,使得原有制度下没有任何积累的养老金问题

[①] "老人"指新制度实施之前参加工作和退休的职工;"中人"指新制度实施之前参加工作和实施之后退休的职工;"新人"指新制度实施之后参加工作和退休的职工。

形成了现有制度下一笔巨大的历史债务。

世界上几乎所有国家都面临着养老金的支付压力。据估计，代表发达国家、中等发达国家和发展中国家的美国、韩国、哥斯达黎加，将分别于2021年、2035年、2038年出现养老金收不抵支的情况，于2033年、2043年、2060年出现养老金枯竭的危机。① 同时，隐形债务这种问题也并非中国所特有，这是实施养老保险基金积累制改革的国家所面临的共同问题，如波兰、克罗地亚的隐形债务分别超过本国国内生产总值（GDP）的200%、350%，远超中国的145%。② 在国际上，养老保险隐性债务（implicit pension debt，IPD），是指在养老金制度从现收现付制向基金积累制或半基金积累制转变过程中，由于已经工作和退休的人员没有个人账户的积累，而他们又按新制度领取养老金，他们应得的、实际又没有积累的部分称为养老保险隐性债务。③

在新制度实施过程中，由于运营不当和管理不善，致使社会统筹账户侵占挪用个人账户的问题更加严重。在养老保险筹资的过程中，由于职责不明确、征缴力度不大、征缴率下降，导致部分养老保险费不能及时足额缴纳，为"隐形债务"的显性化留下隐患，导致一些地方政府通过挪用个人账户资金的方式来发放当期养老金。在人口老龄化趋势日益严重的情况下，将有越来越多的人加入退休行列，对养老金的需求不断增大，养老金问题带来的债务危机现象将频频出现。

2. 隐形债务的规模。

科学测算养老金隐形债务的规模，是合理化解历史债务问题的必要前提，也是确保现行制度可持续运行的必要举措。具体到历史债务规模的大小，20世纪末多数测算结果倾向于3万亿元

---

① 张飞霞：《浅析国外养老保险制度对我国的启示》，载于《湖北经济学院学报（人文社会科学版）》2014年第5期。
②③ 金红磊：《如何化解我国养老保险的"隐性债务"》，载于《经济导刊》2010年第7期。

左右。基于1994~1998年间的测算时点，先后由世界银行专家组和国内数十位专家学者分别对当时我国的养老金隐形债务规模进行了估算，如表6-2所示。

表6-2 专家学者和相关机构估算的中国养老金债务规模

测算者	世界银行专家组	宋晓梧等	何平等	王晓军	世界银行
测算时点	1994年末	1997年末	1996年初	1997年末	1998年末
精度	匡算/精算	精算	匡算/精算	精算	精算
IPD规模（元，测算时点现值）	2万亿	3.6万亿	5.7万亿/2.8万亿	3.6万亿	7.5万亿
测算者	王燕	贾康	周渭兵	郭树清	房海燕
测算时点	1996年	1997年	1998年	1994年	1997年
精度	精算	精算	精算	匡算	精算
IPD规模（元，测算时点现值）	2.9万亿	1.08万亿	3.67万亿	1.05万亿	3.5万亿

资料来源：该表参见王延中、左磊、龙玉其：《中国养老债务知多少》，载于《北京劳动保障》2010年第1期。具体文献来源如下：[1] The World Bank (1997.9) "Old Age Security: Pension Reform in China". Washington DC. [2] 宋晓梧：《完善养老保险 确保老有所养》，企业管理出版社2001年版，第4、5页。[3] 何平：《中国养老保险基金测算报告》，载于《社会保障制度》2001年第3期。[4] 王晓军：《对我国养老金制度债务水平的估计与预测》，载于《社会保障制度》2002年第6期。[5] 房海燕：《对我国隐性公共养老金债务的测算》，载于《统计研究》1998年第4期。[6] 贾康等：《关于中国养老金隐性债务的研究》，载于《财贸经济》2007年第9期。[7] 王燕等：《中国养老金隐性债务、转轨成本、改革方式及其影响——可计算一般均衡分析》，载于《经济研究》2001年第5期。[8] 周渭兵：《对我国隐性公共养老金债务的测算》，载于《统计与精算》2001年第4期。[9] 王晓军：《中国养老金制度及精算评价》，经济科学出版社2000年版。

由于上述专家学者和相关机构依据的条件、估算的方法、选取的口径等方面的不同，所以估算的结果也不尽相同，存在诸多差异，但都有其科学性和合理性。另外，原劳动部社会保险所1995年测算的结果是2.8万亿元，国务院经济体制改革办公室2000年测算的结果为6.7万亿元，中国人民大学郑功成教授在1999年初步测算的结果则在4.5万亿~5万亿元。上述测算是对20世纪末养老金历史债务的预估结果，随着时间的推进，缺口的规模会逐年扩大。

作为2014年中国社会科学院发布的《中国养老金发展报告2014——向名义账户制转型》的分析报告之一，《现行统账结合模式下隐形债务预测与测算》一文对城镇职工基本养老保险的隐形债务进行了详细论述。该报告披露，以2012年为基准，测算出城镇职工基本养老保险的社会统筹账户隐形债务为83.6万亿元，个人账户的隐形债务为2.6万亿元，合计隐形债务为86.2万亿元，占2012年GDP的比率为166%。[1] 如此巨额的历史债务，如果不尽快找到科学合理的化解途径，必然会危及新制度的成长。事实上，现阶段我国大部分省份出现的养老保险基金收不抵支，尤其是老工业基地出现的养老基金缺口，无一例外均是巨额历史债务所致。[2]

3. 隐形债务的偿还。

面对养老保险的隐形债务问题，我们不应该持有盲目消极的态度，一味地回避，而是需要积极地去面对，进一步加强养老保险债务问题的研究和测算，明确养老保险债务的规模总额。在此基础上，遵循政府为主、责任共担的原则，制定出相应的债务化解方案，建立合理的债务化解机制。

郑功成教授认为，政府是偿还历史债务的核心主体。劳动者过去应该为自己年老时积累的部分必要劳动早已被转化为国有资

---

[1] 郭晋晖：《中国社科院测算中国养老金隐形债务86.2万亿》，载于《第一财经日报》（上海）2014年12月29日。

[2] 郑功成：《中国社会保障制度变迁与评估》，中国人民大学出版社2002年版。

产,而政府又是社会保障的直接责任主体,由政府承担补偿责任当属必然。① 对于如何补偿历史债务这一转制成本,他认为,一方面,政府应当测算出"老人"和"中人"的养老金历史欠账规模,并确定具体的补偿方案;另一方面,主张明算账、细分账,明确政府、企业和个人的责任,在明确负担、分清责任的基础上,采取按责分账的办法有计划、有步骤地解决上述历史欠账。②

政府偿还养老金债务的重要方式就是通过财政支出增加对养老保险基金的补助,应该有具体、明确的财政补助计划,要求在若干年内完成政府的偿债责任。政府可以通过出售、出让部分国有企业等所获得的收益,或者发放养老债券或彩票等方式筹集资金,转为养老保险基金。具体而言,目前学界主要有两种观点来进行补偿:一是通过发行债券,二是变现国有资产。

本书认为,通过发行债券来偿还历史欠账存在较大的风险,因为近年来我国政府的债务规模不断扩大,财政负担压力一直较重,继续加大发行量势必会影响国债的债务率。而变现国有资产来补偿历史欠账则具有合理性、科学性和可操作性。合理性表现在,"老人"和"中人"年轻时积累的社会必要劳动作为企业利润上交给国家财政,多用于国有资产投资创造新的价值,通过变现国有资产来补偿,实际上是对做出贡献劳动者的一种归还性质的合理交换。科学性表现在,中共中央"十五"计划明确提出,可以通过变现部分国有资产来增加社会保障资金,实质上是用来补偿历史欠账,具有较强的科学性。可操作性表现在,变现国有资产来补偿历史欠账有多种形式,其中减持国有股就是最主要的形式之一,2001年《减持国有股筹集社会保障资金管理暂行办

---

① 郑功成:《中国养老保险制度:跨世纪的改革思考》,载于《中国软科学》2000年第3期。

② 郑功成:《中国社会保障制度变迁与评估》,中国人民大学出版社2002年版。

法》的出台实施就是可操作性的印证。

(二) 空账问题

"空账",顾名思义,是指尽管你的养老保险个人账户里名义上有钱,但实际上没有资金存入,是个无法兑现的空头支票。简单地讲,就是个人账户没有做实,存在"缺口"。由于个人账户是一个虚拟账户,只有在职工退休时才能兑现养老金的价值,所以在养老基金的账务管理上,极易出现混账管理的问题,即允许社会统筹基金和个人账户基金相互调剂使用,以基础养老金来代替基本养老金。现实中一些地方为了满足当期的养老金支付需要,存在大量挪用"中人"和"新人"积累的个人账户基金的问题。近年来,随着公民养老保障意识的提高,人们曾一度谈"账"色变,尤其是对养老保险个人账户"空账"的规模大小、趋势走向以及国家的兜底支付养老金能力等话题十分敏感,热议非常。

1. 空账问题的形成。

个人账户"空账"问题背后的实质原因是养老保险的隐形债务问题。中国现行的养老保障制度采取"统账结合"的模式,形成了社会统筹与个人账户两个部分。前者实行现收现付制,主要用于当期的养老金支出,后者实行基金积累制,个人账户的权益完全归个人所有。两个部分实行分账管理,收支两条线,互不侵占干涉。但是,由于现行养老保险制度在最初设计时对于"老人""中人"等人员的权益处理不到位,以及对于个人账户的属性和产权归属划分不明确,造成个人账户管理混乱,个人账户资金被挪用和侵占,进而导致"空账"运行的问题。因此,很有必要深入探讨养老保险的个人账户问题,继续改革和完善养老保险制度,提出有效的措施来防范和应对"空账"问题。

从理论上讲,养老保险的隐形债务是政府的一种对内债务,是政府亏欠原有养老保险制度下"老人"和"中人"的养老权益负债，需要由政府承担偿还责任。一般来讲，直接方式包括直接发行国债、变现国有资产、征收税费，间接方式包括扩大养老保险覆盖面、提高企业和个人缴费率、降低养老保险替代率，以及延长职工的退休年龄等。显然，前者是政府主动担责，直接通过财政来偿还历史债务；后者则是政府通过对现有制度的调整和代际平衡的重塑，间接转嫁政府责任来消解历史债务。

现实实践中，我国是通过间接方式来偿还这笔巨额历史债务的。经实践验证，要求一代人同时养活自己和上代人不具合理性，要求社会统筹资金不侵占挪用个人账户资金来支付养老金不具可行性。实践是检验真理的唯一标准，归根结底，养老保险隐形债务和空账运行问题仍需要政府来直接偿还，不能回避责任。导致养老保险个人账户"空账"问题的原因具有多样性，具体如下。

第一，没有处理好权益问题。由于养老保险制度转轨过程中没有处理好"老人"和"中人"的权益，没有提出明确的权益补偿方案，对制度转轨的成本数额并不明确，更没有提出具体的分解办法。在养老保险制度改革的过程中，出现了三类人群："老人""中人"和"新人"。"老人"是指新制度实施前已经退休的人；"中人"是指新制度实施前参加工作，新制度实施若干年后退休的人；"新人"则是指新制度实施后参加工作的人。在养老保险制度转轨的过程中，对于"老人"和"中人"之前的养老权益处理不到位，尤其是对于"中人"，一方面按照新制度领取待遇，另一方面此前年限缺乏缴费积累，在新制度实施之前的养老权益无法得到有效保障。由于对"老人""中人"的权益处理不到位，对制度改革的转轨设计不明确，成本分担机制不明确，在实践中导致了将"中人"或"新人"的个人账户资金用来发放"老人"退休后的养老金的情况，养老保险个人账户的"空账"自然就出现了。

第二，社会统筹账户和个人账户的"混账"管理。许多地区将本应该分账管理的社会统筹基金和个人账户基金进行"混账"管理,两个账户的收支混合在一起,加上社会统筹账户采取了现收现付制,当期的社会统筹基金不够给当期退休的老年人发放养老金,进一步挪用个人账户的基金,导致个人账户空账状况更加严重。

第三,人口老龄化间接加剧了个人账户"空账"的严重化。人口老龄化问题的加剧是当前和未来一段时间内面临的棘手问题,自2000年我国进入老龄化社会以来,老龄化的速度越来越快。截至2014年底,我国60岁以上人口达2.12亿,占总人口的比重达15.5%。我国的老龄化呈现出基数大、速度快、高龄化等特点。人口老龄化给养老保险制度带来了严峻挑战,加大了对养老保险的需求,增加了养老金的支付压力。在这一背景下,导致了一些地区社会统筹基金收不抵支,不得不挪用个人账户的资金,从而加重"空账",这在一些老龄化程度较深的地区表现得尤为明显。

第四,养老保险基金统筹层次低,投资收益偏低。我国养老保险基金统筹层次低,导致养老保险社会统筹基金不能在全国范围内进行调剂,部分地区存在支付缺口;在"统账结合"的模式中,个人账户资金积累的周期较长,需要采取有效的基金管理模式实现保值、增值。但是,养老保险基金的投资一直坚持"安全第一"的原则,加上我国市场经济体制的不完善,养老保险基金原先只允许用于购买利率较低的国债或存入银行,导致养老金收益率低,难以填补个人账户"空账"的空缺。现在虽然已开始尝试投资股票、基金等风险较大的领域,但仍然需要很长的一段路要走。

2. 空账问题的应对。

面对个人账户的"空账"运行问题,学界有两种主流的解决方案。一是引入"名义账户制",二是对养老保险转制成本进行清算和补偿。

中国社会科学院郑秉文教授认为,可以通过"名义账户"的过渡性方案来解决空账问题。在养老保险制度走向可持续长效运行的过渡期内,"名义账户"可以成为走向真正"实账积累"的一个过渡性方案。他认为,统账结合的本质就是部分积累制,即现收现付制和完全积累制构成的一种混合制。而名义账户制也是一种新形式的混合制,具有融资功能的现收现付性质和缴费功能的部分积累性质。但与统账结合模式不同的是,名义账户制是模拟积累制,在承认养老缴费记录和承诺养老待遇权益前提下的一种"模拟做实",而非"真正做实",不是真正意义上的资本化积累制,不需要实际存入资金,可以避免当前遇到的做实阻力、投资风险、增值压力等问题。[①] 简单地讲,名义账户制实质上就是把个人账户变成一个银行账户,有清楚的个人缴费记录。国家做不做实个人账户与个人无关,只需要保证个人退休后能按时领取足额的养老金即可。

但是中国人民大学李珍教授认为,个人账户不是保险,更不是社会保险,个人账户的激励机制必须以产权独立和收益率优势为前提,强制性个人账户必须以更高的制度回报率为存在基础。同时,她认为名义账户制实质上是统账结合模式的变形,并无实质突破,在无法解决现行问题的同时,还会产生破坏制度的预算约束、计息困难等新问题。李珍教授给出的建议是将个人账户从基本养老保险制度中剥离出来,建立为个人自愿性的养老储蓄。[②]

本书认为,未来需要采取积极有效的措施解决个人账户"空账"问题:一是严格实施统筹账户和个人账户的分账管理。我国养老保险制度模式是"统账结合",但是社会统筹和个人账户设计的目标完全不同,混账管理的模式,为个人账户基金的挪用、

---

① 郑秉文:《建立社会保障"长效机制"的12点思考——国际比较的角度》,载于《管理世界》2005年第10期。
② 李珍、黄万丁:《城镇职工基本养老保险个人账户向何处去》,载于《国家行政学院学报》2016年第5期。

挤占提供了条件。因此，两个账户必须要彻底分离，单独核算，独立经营，切断通道，避免养老保险社会统筹账户对个人账户的挤占。二是加强养老保险基金的投资，提高养老金的投资回报率。由于我国养老保险基金投资注重安全性，一般投资于政府债券或银行存款，收益低。因此，要放宽养老保险基金投资渠道，增强基金的保值增值能力，实现投资方式的多样化，提高养老保险基金的投资收益率。三是建立高效、严密的监督体系。在养老保险基金监管的相关法律法规中，要明确规定社会统筹与个人账户的分开管理，并严格加强行政监管、司法监督和社会监督。

国家"十三五"规划建议明确指出，要求"完善职工养老保险个人账户制度"。为了更好地发挥个人账户的功能作用，使统账结合养老模式得以定型、稳定、可持续发展，未来需要对个人账户"做实还是名义""规模是大还是小""制度中的性质定位"和"分担转制成本"等关键问题做进一步明确。本书主张个人账户继续做实，并逐步降低个人账户规模，这样有利于减轻职工个人的负担和保值增值压力，同时建议政府要列出明确的具体的偿还转投成本的时间表，有步骤有计划地落实执行到位。

四、企业年金制度的建立与发展

市场化改革以来，中国建立了"统账结合"模式的基本养老保险制度。作为重要的补充性养老保障制度，企业年金制度是企业为其职工提供的补充性养老保障，主要用于保障职工退休后能达到一定生活水平，体现了用人单位的"雇主责任"。具体来说，企业年金是指在政府强制实施的基本养老保险制度之外，企业根据自身的经营状况和员工需求，依法为员工提供一定程度退休收入保障的企业补充养老保险。①

从基本定义我们可以看到,企业年金制度的建立有两个逻辑要点,一是"依法参加基本养老保险制度"为基本前提;二是"企业根据自身经营情况"自愿性建立。也就是说,企业年金制度没有强制性的规定和要求,是依据企业自身情况自主建立起来的,充分体现了企业年金制度是在基本养老保险制度功能上的补充。从世界银行指导发展中国家要建立"多支柱"的养老保障体系要求出发,企业年金显然是属于"第二支柱"——职业性补充养老保障,且与"第一支柱"的基本养老保障制度相辅相成、相得益彰,在基本养老保障制度不断扩张完善的基础上也实现了较大发展。二十多年以来,企业年金制度先从理论探讨中兴起,再到大型企业、行业试点,再推广至中小企业和各行业领域,探索出了一条不断繁荣的实践路径,在制度设计、管理规范、覆盖群体、资金规模、保障效果等方面都较大程度地实现了科学化和效率性的改进。

但目前,我国企业年金制度的建设发展过程中仍然存在一些问题,如国企、外企、民企加入的差异性较大;员工激励功能发挥有限;税收优惠政策不到位;投资运营环境不够健全;运作主体和流程复杂烦琐等,这些都严重影响企业年金制度的公平性和有效性。鉴于此,需在全民参加社会基本养老保险制度的前提下,加强对企业年金的理论和实践研究,正确认知企业年金制度在运行过程中遇到的困难与阻力,培育企业年金的运作主体、简化流程、降低准入"门槛",同时又要加强监管,实现政府与市场合作的"最佳平衡点"。

(一) 企业年金的来龙去脉

正如社会化养老保障模式的兴起,进入工业化社会以来,越

---

① 韩克庆:《养老保险中的市场力量:中国企业年金的发展》,载于《中国人民大学学报》2016 年第 1 期。

来越多以"出卖"劳动力获取稳定收入来源来维持生活的城镇劳动者，都期望有一项"保障制度"来保障其晚年丧失劳动力、失去稳定收入来源时的生活。政府作为最首要的责任主体，在深刻的社会经济变革背景下，从上到下建立起了突出公共责任主体的基本养老保险制度。同时，作为直接使用"劳动力"的企业方（即用人单位、雇主），对职工的老年收入保障也有"不可推卸"的责任。从劳动经济学来看，企业用工方应该为劳动力的"折旧"承担直接责任，从而突出了企业作为主体的职业性补充养老保障的诉求。我国企业年金制度建设始于20世纪90年代，起步较晚，且滞后于基本养老保险制度的改革，可分为三个分阶段来论述不同时期企业年金发展的侧重点及取得的成效。

1. 政策提出阶段。

企业年金的最早政策性规划意义提法，来源于1991年国务院发布的《关于企业职工养老保险制度改革的决定》。该文件明确提出了"逐步建立起基本养老保险与企业补充养老保险和职工个人储蓄性养老保险相结合的制度"的要求。值得注意的是，在规划初期，企业年金并没有作为正式的官方用语来提出，而是用"企业补充养老保险"这一概念来表达的。具体对"企业补充养老保险"制度建设的规定为，"企业补充养老保险由企业根据自身经济能力，为本企业职工建立，所需费用从企业自有资金中的奖励、福利基金内提取；补充养老保险基金，由社会保险管理机构按国家技术监督局发布的社会保障号码记入职工个人账户。"[①]

我国对劳动人事关系方面进行了深刻的改革，进一步规范了劳动关系，突破了"终身用工"的定式思维及壁垒。1994年《中华人民共和国劳动法》出台，理顺了用工关系，规范了用工形式，同时也明确了用工责任，特别是在国有企业中的实施，为国有企业的改制转轨奠定了基础。《劳动法》明确规定，"国家

---

① 国务院：《关于企业职工养老保险制度改革的决定》，1991年6月26日。

鼓励用人单位根据本单位实际情况为劳动者建立补充养老保险"，这为补充养老保险制度的建立提供了法律支持，营造了改革氛围。

继而在1995年，国务院发布《关于深化企业职工养老保险制度改革的通知》，又具体提出，"国家在建立基本养老保险、保障离退休人员基本生活的同时，鼓励建立企业补充养老保险和个人储蓄性养老保险。企业按规定缴纳基本养老保险费后，可以在国家政策指导下，根据本单位经济效益情况，为职工建立补充养老保险。企业补充养老保险和个人储蓄性养老保险，由企业和个人自主选择经办机构。"

1995年12月，原劳动部《关于印发〈关于建立企业补充养老保险制度的意见〉的通知》（现已废止）中，对企业年金建设的企业范围和类型做出了一定的限制规定，即企业补充养老保险的实施范围限于城镇各类企业、外商投资企业可以限于中方职工。该文件还提出了包括实施条件、决策程序、资金来源、计发办法和经办机构等建立规范企业补充养老保险的若干具体政策性意见，并明确了"个人账户"管理方式，意味着我国的补充养老保险定位为"缴费确定型"的DC模式。至此，我国"补充养老保险"的制度框架基本形成，"缴费确定型"的养老保险方式有利于激励职工缴费，建立起与"贡献值"匹配度较高的老年经济分配机制。

在制度整体框架初步建成的基础上，依据社会经济发展的实际状况，我国对企业补充养老保险制度又适时进行了微调和改进。1998年，国务院新组建成立"劳动和社会保障部"，明确该部门对企业补充养老保险制度具有制定政策、核定标准和实施监督的职能。2000年开始，国务院、财政部、国家税务总局等职能部门更是从全局建设发展的现状和需求出发，出台了一系列关于补充养老保险制度发展完善的方案，体现了国家对补充养老保险制度的高度关注。2000年，国务院颁布了《关于完善城镇社会保障体系的试点方案》，"企业年金"作为"企业补充养老保险"的替代用语,首次正式出现在国家层面的政策文件中,标志着企业年金制度正式成为养老保障制度的重要组成部分,具有里程碑式的改革意义。

《关于完善城镇社会保障体系的试点方案》还对企业年金的相关制度和政策进行了明确规定,"有条件的企业可以为职工建立企业年金",鼓励企业委托有关机构经办企业年金;"企业年金实行市场化的运营和管理",但是运营和管理企业年金的金融机构及服务机构要经过国家劳动保障行政部门会同财政部门的认定和批准;"企业年金实行完全基金积累,采用个人账户方式进行管理,费用由企业和职工个人缴纳,企业缴费在工资总额4%以内的部分,可从成本中列支。"

总的来说,在政策提出阶段,一方面,我国注重在政策层面对企业年金制度建设进行引导,积极鼓励有条件的企业率先建立起补充养老保险制度。在政策的推动下,企业年金制度的内容框架得以基本确立,包括企业年金的筹资来源、缴费水平、待遇计发、投资运营、监督管理等各方面和各环节的具体规定及实际操作要求。另一方面,以法律为基础的企业年金制度,在推广建设中更具可行性和规范性,避免在实践操作中的混乱和违规情况,营造了企业年金制度建设"受重视""有实效"的良好社会氛围。

2. 试点探索阶段。

在企业年金初创时期,国家出台了一系列的相关法规政策,对企业年金制度进行引导和扶持。其中有关于企业年金的具体制度设计和标准的规定,也有关于对实施企业年金制度的企业进行优惠补贴的政策探讨。随着市场经济的发展,社会建设和资源配置越来越讲究效率,由于企业年金制度具有较强的"生命力"和"适应性",在经济蓬勃发展、竞争日益激烈的生存背景下,越来越多的企业开始着手建立该制度,为自己争取竞争"筹码"。基于此,企业年金制度进入了试点探索阶段,从政策层面落到了具体操作的实处。

2004年1月，劳动和社会保障部颁布第20号令，出台《企业年金试行办法》（2004年5月1日正式实施），进一步明确"企业年金实行完全积累，采取个人账户方式进行管理"，要求企业年金基金投资运营收益并入企业年金基金；明确企业年金所需费用由企业和职工个人共同缴纳，其中"企业缴费每年不超过本企业上年度职工工资总额的十二分之一。企业和职工个人缴费合计一般不超过本企业上年度职工工资总额的六分之一。"[①] 2004年2月，原劳动和社会保障部会同中国银行业监督管理委员会、中国证券监督管理委员会、中国保险监督管理委员会联合颁布的劳动保障部第23号令，出台《企业年金基金管理试行办法》（2004年5月1日正式实施），明确了对企业年金的受托管理、账户管理、托管以及投资管理、中介服务机构、基金投资、收益分配及费用、信息披露和监督检查等办法、政策和机制。[②] 两个《试行办法》奠定了中国企业年金制度的基本框架，即"缴费确定型"DC模式的完全积累制。为了指导和规范中央企业试行企业年金，2005年8月，国务院国有资产监督管理委员会颁布实行《关于中央企业试行企业年金制度的指导意见》，明确了中央企业试行企业年金的重要意义、原则、基本条件、方案、市场化管理运营和组织管理等问题。

在这些具体政策的指导和推动下，企业年金制度逐渐落地实施。首先在经济实力比较雄厚的一些大型企业、优势行业中开始试点。这些企业充分发挥自身的优势资源，建立起规范的企业年金制度，为本企业职工提供了一定水平的补充性养老保险。其中，联想集团公司于2006年7月正式确定实施企业年金计划，并得到原劳动和社会保障部的正式确认函[③]，标志着我国首个企

[①] 2004年劳动和社会保障部颁布第20号令《企业年金试行办法》。
[②] 2004年劳动和社会保障部颁布第23号令《企业年金基金管理试行办法》。
[③] 齐轶：《首个企业年金计划成立 联想5000万年金将入市》，载于《中国证券报》2006年7月5日。

业年金计划正式建立,是我国企业年金制度迈向规范化和市场化的关键一步。在市场经济和深化改革的大背景下,中小企业不断兴起,科技创新型企业日益增多,它们更加重视利用企业补充养老保险对人力资源的吸引优势,开始建立企业年金制度以增强企业的竞争力。

为了进一步细化和规范企业年金基金管理运作流程,相关部门又陆续出台了企业年金基金证券投资、银行账户管理、合同备案、进入债券市场等诸多配套办法和措施。[①] 在不断试点的实施阶段,我国企业年金制度逐渐从大型企业、优势行业向中小企业及各行业领域中逐渐铺展开来,渐渐走上正轨,形成规模。由此,企业年金制度的覆盖范围更为广泛,实践的形式也更为多样。

3. 调整完善阶段。

老龄化带来的人口结构变化给基本养老保险制度带来了严重的冲击,这种冲击直接体现在基本养老保险制度的赡养比[②]中,"在职缴费"一代需要承担更多的"退休养老"一代的养老保险待遇。基于制度的财务可持续性和收入再分配公平性的考量,降低基本养老保险替代率是大势所趋,这从世界范围内各个国家的养老保障制度改革中可以总结出来。在适应老龄化的宏观背景下,作为补充养老保险制度建设的企业年金要配合好基本养老保险制度的改革,与之形成良好的"互动补偿"关系,完成企业年金制度的自我完善。基于此,企业年金制度进入调整完善阶段,一直持续到现今,体现了制度与时俱进的科学时效性。

在《企业年金基金管理试行办法》实施7年的基础上,总结问题经验,2011年2月,人力资源和社会保障部联合中国银行

[①] 郑秉文:《论我国企业年金的改革》,载于《开放导报》2007年第4期。
[②] 赡养比是指总人口中非劳动年龄人数与劳动年龄人数之比。它是衡量人口老龄化的重要标准,即劳动年龄人口对老龄人口的赡养比。

业监督管理委员会、中国证券监督管理委员会、中国保险监督管理委员会颁布第 11 号令,出台《企业年金基金管理办法》(2011 年 5 月 1 日施行),同时废止了原有的试运办法,并于 2015 年进行了修订。目前,我国企业年金制度的政策框架已基本上形成了以"委托人—受托人—账户管理人—托管人—投资管理人"为主体的管理运作模式,如图 6-2 所示,吸引了越来越多的企业加入企业年金计划,惠及了越来越多的职工。根据《2016 年度人力资源和社会保障事业发展统计公报》披露,截至 2016 年底,全国有 7.63 万户企业建立了企业年金,比上年增长 1.1%;参加企业年金职工人数 2 325 万人,比上年增长 0.4%;企业年金基金累计结存 11 075 亿元。

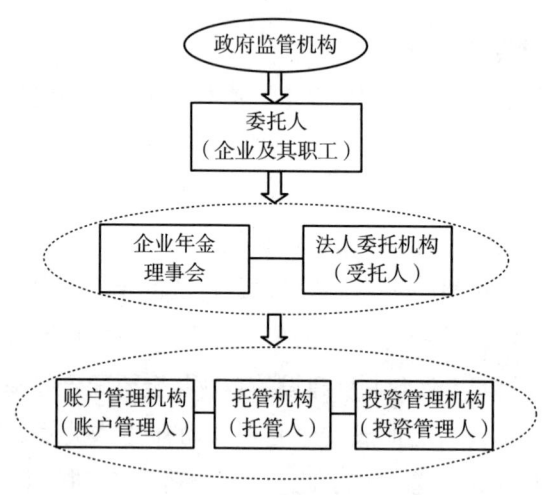

图 6-2 企业年金运作示意

此后,一系列与企业年金相关政策相继出台,例如,2011 年 5 月,人力资源和社会保障部《关于企业年金集合计划试点有关问题的通知》;2013 年 7 月,人力资源和社会保障部、民政部《关于鼓励社会团体、基金会和民办非企业单位建立企业年金有关问题的通知》；2013 年 12 月，财政部、人力资源和社会保障部、国家税务总局《关于企业年金、职业年金个人所得税有关问题的通知》等，都进一步完善了企业年金制度。①

(二) 企业年金存在的问题

企业年金作为基本养老保险制度的一种补充形式，背后体现的正是企业福利对国家福利不足的一种补充。② 建立企业年金制度被视为养老保障制度改革的一条重要路径，为企业年金的发展创造了巨大的空间。但同时也应注意到，只有不断通过"抗压测试"完善制度建设，认真解决企业年金制度在运行中存在的问题，突破发展"瓶颈"，才能更好地发挥其补充养老的功能作用。本书将主要问题概括为以下四个方面。

1. 参与主体的差异性比较大。

在国有企业、外资企业、民营企业等不同类型的所有制企业中，企业主体建立企业年金制度的差异性较大，表现出不合理的"非均衡性"和"集中性"。虽然，我国探索建立企业年金制度最早是从民营企业开始着手的，但在制度的推进过程中，具有较好财力保障和民主管理基础的国有企业却"拔得头筹"，在总体实施企业年金计划的企业中占比最高。由于企业和行业的差异，致使年金计划落得"富人俱乐部"的诟病。这一现象的造成，一方面是因为国有企业和优势行业能够积极践行企业年金制度，在提高职工整体福利的同时还能享受相关的优惠政策，具有较大的"福利空间"。另一方面则是因为外资企业和民营企业主观加入企业年金计划的意愿并不强烈，对我国企业年金的政策方向把

---

① 韩克庆：《养老保险中的市场力量：中国企业年金的发展》，载于《中国人民大学学报》2016 年第 1 期。
② 郝大为：《关于完善企业年金运行机制的研究》，载于《社会保障研究》2014 年第 2 期。

握不准，信心不足，担心投资收益和基金安全等风险。[①]

2. 激励职工的功能发挥有限。

企业年金计划是一项"未来"的预期收益，是"截留"现时年轻劳动者的一部分权益，积累"延期"成为年老退休职工的收入保障。从现实消费的角度来说，企业年金计划对员工的激励性不大，比起现金福利计划、健康福利计划等，员工更倾向于"即期"的权益享受。因此，在企业根据自身情况自主决定是否建立企业年金制度的"软约束"下，作为制度"受众"的职工，缺乏主动督促和要求企业加入企业年金计划的动力。职工往往在"劳资双方"的讨价还价或者利益补偿下妥协放弃，而企业则会通过其他一些激励措施和手段来代替企业年金制度对职工的利益进行补偿。这种情况普遍存在于中小规模的民营企业、劳动密集型企业等。由于行业和职位的限制，职工在"低报酬"的工资收入维持生计的情况下能够购买基本养老保险已实属不易，若再要求压缩现实消费去参加企业年金计划，更是"捉襟见肘"，可行性不大。因此，在进一步推进扩面的过程中，需要通过完善制度设计来增强企业和职工双方的积极性，使人们对企业年金的收益形成稳定和积极的预期。

3. 投资运营的环境不够健全。

企业年金的成功投资运营依赖于资本市场的完善健全机制。健康有序、机制健全的资本市场能为企业年金基金的投资运营提供更为广泛的选择范围、更为多元的投资组合。目前，我国企业年金基金可以投资于银行理财、信托计划、特定资产管理计划和其他的债券计划，以及股票等一些收益高、风险高的项目，通过不同形式的资产组合最大限度地实现企业年金基金的保值增值。但是我国资本市场存在的结构失衡、机制不完善、市场效率不

[①] 韩克庆：《养老保险中的市场力量：中国企业年金的发展》，载于《中国人民大学学报》2016年第1期。

高、投资管理水平较低、法律规范不足、竞争力较弱、市场波动较大等问题,使得企业的投资收益并不可观。除此之外,税收优惠政策仍然没有落实到位,这也是投资运营环境不健全的表现之一。这些税收优惠政策既包括缴纳企业年金和领取企业年金待遇时的免税优惠,也包括投资运营收入方面的税收政策优惠。目前无论是政府方还是企业方,对于现行税收优惠政策都未形成共识。[1]

4. 运作主体和流程复杂烦琐。

我国企业年金实行市场化的运作管理方式,涉及五大责任主体,即委托人、受托人、账户管理人、托管人、投资管理人;形成了两种法律关系,一种是委托人与受托人之间的委托关系,另一种是受托人与投资管理人之间的信托关系。在实际运作中,因为市场参与主体过多和运作流程复杂烦琐等不可调和的矛盾,再加上我国政府的监督控制特色,导致企业年金的运行效率和投资收益均不理想。例如,为了限制企业年金管理机构之间的恶性竞争,政府审批监管部门就会限制管理机构的业务范围和业务数量,规定一个有企业年金管理资质的公司只能接管一个方面的业务服务。即尽管该公司有受托人、账户管理人、投资管理人的资格,但只要有一家企业年金选择他们作为受托人,就不能继续选择该公司做账户管理人或投资管理人了,这对有综合资质和丰富经验的大型企业年金业务管理公司来说是一个很大的限制,没有充分发挥市场在资源配置方面的决定性作用。

为了更好地发挥企业年金的补充性养老功能,建议在政策层面上,在界定明确企业年金的功能定位的同时,尽快处理好企业年金与基本养老保险的关系,即"基本和补充""政府和市场"

---

[1] "财政部税政司 人力资源社会保障部养老保险司 国家税务总局所得税司有关负责人就企业年金 职业年金个人所得税问题答记者问",中华人民共和国财政部网站,2013年12月6日。

"公共与互益"的关系,在实现基本养老保险"保基本"功能的基础上,为企业年金的健康发展释放更大的空间和更多的活力。另外,还需要在政策上简化企业年金的运作管理程序、降低企业年金的参加计划"门槛"、落实企业年金的各项优惠政策,尤其重要的是,要加大企业年金的宣传力度,让更多的企业和职工,尤其是中小企业和职工,深入了解企业年金的功能作用和优惠政策,提升企业年金的投资预期和制度公信力,进而积极参与企业年金计划。当然,健全和完善资本市场机制和环境,加强企业年金的理论研究和实践总结也是十分重要的,尽管投入的精力大、见效的周期长,但仍间接地推动企业年金制度的健康发展,对于整个养老保障制度的改革发展具有重要的理论意义。

第七章

机关事业单位工作人员养老保险制度改革

新中国成立之后,借鉴苏联的经济运行模式,我国建立了计划经济体制,与之相配套,也在城镇地区的企业、机关事业单位中建立了养老保险制度。我国养老保险制度的建立、改革、完善和发展,与经济社会发展水平密切相关,与人口老龄化发展趋势紧密相连。我国机关事业单位养老保险制度和城镇企业职工养老保险制度的建设,历经了"分立"到"统一",再到"双轨"后又"并轨"的发展改革轨迹,是适应市场经济发展变化的不断调整和改革,是对养老保障制度的丰富、完善和发展。

一、"双轨制"的权益割裂

20世纪80年代以前,机关事业单位与企业实行统一的退休养老制度。80年代之后,按照建立社会主义市场经济体制的要求,率先进行了企业职工养老保险制度的改革,逐步建立了"社会统筹和个人账户相结合"的基本养老保险制度,基本养老保险金的待遇计发水平与缴费年限、缴费基数、退休时间等因素挂钩。[①] 而机关事业单位仍然实行退休养老制度,退休金由财政拨

---

① 刘慧娴:《养老金"双轨制"兴废》,载于《中国财政》2015年第5期。

款或者单位自筹解决,按不同的工作年限分段计发。这样,由于机关事业单位的退休养老金的计发办法没有改革,导致机关事业单位与企业的养老保险制度模式与计发办法存在较大的差异,造成养老权益割裂,阻碍了劳动力的正常流动。随着两种制度下养老待遇的不断扩大,落差甚至达数倍,这种"双轨制"的弊端日益引起社会的强烈关注和热议,"并轨"的呼声多次成为每年"两会"提案时的焦点议题,十分不利于社会的和谐稳定发展。因此,很有必要深入了解导致养老"双轨制"的机关事业单位工作人员养老保险制度从产生到发展的来龙去脉。

(一)养老金"双轨制"产生

1951年2月颁布的《中华人民共和国劳动保险条例》,于1953年正式实施,拉开了我国养老保险制度建设的序幕。这一时期的养老保险制度主要是为了适应计划经济体制的需要,是以城镇国营企业职工为对象的低工资薪酬体制下的国家养老保障制度。[1]

1. "双轨制"雏形。

1955年12月,以《国家机关工作人员退休处理暂行办法》(1956年1月1日正式施行,已失效)的颁布实施为标志,国务院对机关及所属事业单位工作人员的退休养老事宜做了相关规定。由于当时国家机关工作人员与企业部门职工的工龄计算办法不同,国家机关和企业部门的工资标准也有差异,在国家机关工作人员中实行劳动保险条例还存在一定的困难,因此,国家建立了与企业部门劳动保险制度大致相同的机关工作人员退休养老制度。机关工作人员退休养老制度与企业劳动保险制度分开实施,由退休机关工作人员所在地的政府(即县级人民委员会)负责。

---

[1] 郭磊、潘锦棠:《养老保险"双轨制"的起源与改革》,载于《探索与争鸣》2015年第5期。

该办法也对退休条件和退休待遇做了规定，如工作人员退休后，逐月发给退休金；男子年满60岁，女子年满55岁，有一定的工作年限即可退休；根据工作年限的长短，每月退休金的标准为本人退休前工资的50%~80%，有重大功绩和特殊贡献的工作人员经批准可以酌量提高，退休金经费来源于国家财政等。

《中华人民共和国劳动保险条例》的出台实施，建立了城镇国营企业职工的劳动保险养老制度；《国家机关工作人员退休处理暂行办法》的出台实施，建立了国家机关工作及所属事业单位工作人员的退休养老制度。这两种分开设立的不同养老制度安排，共同构成了养老"双轨制"的雏形。

上述两种养老制度安排，虽然是根据职工身份的不同而分别设立的，但两者也有着相同的基本特征，即都以机关或企业为依托，退休费（退休金）都由国家负担，来源于政府财政或企业利润，与工龄、退休前工资水平挂钩，职工个人完全不用缴纳养老费用，这体现了计划经济时期高度的国家福利色彩。

2."双轨制"修正。

鉴于企业和机关单位的退休养老制度不统一，在胜利完成国民经济发展的第一个五年计划和1958年开始实施的第二个五年计划后，经全国人大常委会原则批准，1957年11月，国务院正式颁布了《关于工人、职员退休处理的暂行规定》（1958年2月9日正式实施，2011年10月失效），对国营、公私合营的企业、事业单位和国家机关、人民团体（以下简称企业、机关）的工人、职员的退休做了明确规定。当时所谓的职员，即国家机关工作人员。该文件做了如下规定：工人、职员退休以后，按月发给退休费，直至本人去世的时候为止；工人、职员年满60周岁，女工人年满50周岁、女职员年满55周岁，具有一定工作年限即可退休；根据工作年限长短，每月退休费的标准分别为本人工资的40%~70%，对社会有特殊贡献的工作人员经批准可以酌量提高退休费，但最高不超过本人工资的15%。

该文件对退休费的经费来源规定如下：在实行劳动保险的企业单位，由劳动保险基金中支付，不足时可以在本省、自治区、直辖市或者本产业系统内进行调剂，仍然不足时差额部分由单位行政支付；在没有实行劳动保险的企业单位，由企业行政支付；在事业单位、国家机关和人民团体，由退休人员居住地方的县级民政部门另列预算支付。

在1958年4月颁布的《国务院关于工人职员退休处理暂行规定实施细则（草案）》中，又对退休费的来源做了详细的补充规定，"实行劳动保险条例企业单位的退休费用开支和调剂，按照中华全国总工会有关规定办理。没有实行劳动保险条例的企业单位的退休人员的退休费用，由企业行政直接支付。事业单位、国家机关、人民团体、民主党派和军事系统的退休人员退休当年的退休费用，由原单位在办理退休手续时一次拨给退休人员居住地点的县（市）、市辖区的民政部门，从下一年起，其退休费用由民政部门列入预算。"

虽然此时间段企业和机关事业单位的退休费用来源不尽相同，但这是国家对机关、事业单位企业的工作人员退休首次实行大体相同的统一养老保险制度，两者在养老退休待遇标准上基本一致，差距较小。实际上是将工人、职员的退休养老保险统一化，即实现了养老保险的社会统筹。①

3. "双轨制"成型。

始于1966年的"文化大革命"，对我国各项工作造成了灾难性的损失，社会保险制度也未能幸免。在机构被撤、资料散失、人员散乱、政令不通的情况下，劳动保险制度无以为继，1969年2月，财政部发布《关于国营企业财务工作中几项制度的改革意见（草案）》，明确规定"国营企业一律停止提取劳动保险金，企业的退休职工、长期病号工资和其他劳保开支，改在营业外列

---

① 郑功成：《中国社会保障制度变迁与评估》，中国人民大学出版社2002年版。

支"。这些规定实际上表明，国家将过去实行的养老保险社会统筹的做法又变成了企业保险，将国家承担的养老保险事业又变成企业的内部事务。退休人员的退休费发放退回到各个单位，由各单位具体负责实施。由于企业的规模大小和财务水平的不同，导致不同企业在养老保险退休费上的负担也不同，存在畸轻畸重的失衡现象。养老保险从社会统筹的统一到各单位实施的分立，这不仅是我国养老保险制度发展过程中的一次倒退，也为养老保险制度的社会化改革设置了障碍。

1978年，党的十一届三中全会顺利召开，重新确立了"解放思想、实事求是"的思想路线，我国迈进了改革开放的新阶段。1978年6月，国务院颁布了《关于颁发国务院关于安置老弱病残干部的暂行办法和国务院关于工人退休、退职的暂行办法的通知》（国发〔1978〕104号）。104号文件包括《国务院关于安置老弱病残干部的暂行办法》和《国务院关于工人退休、退职的暂行办法》两个实施办法。《国务院关于工人退休、退职的暂行办法》在原有退休费标准的基础上提高了工人的退休待遇，明确规定："全民所有制企业、事业单位和党政机关、群众团体的工人退休后，根据工作年限长短，每月退休费的标准分别为本人工资的60%至90%；获得政策优惠的工人，其退休费可以酌情高于本办法所定标准的5%至15%，但提高标准后的退休费，不得超过本人原标准工资。"《国务院关于安置老弱病残干部的暂行办法》则重新规定了党政机关、群众团体、企业、事业单位干部退休的条件及待遇标准。104号文件的出台实施，标志着机关事业单位和企业正式建立了改革开放时期的两个不同养老退休制度。在解决"文革"时期养老退休历史遗留问题的同时，也为养老保险"双轨制"的正式确立提供了最早的政策依据。

我国企业职工的养老保险制度于20世纪50年代初期建立，后经1958年、1978年两次修改。为了适应经济体制改革的需要，

1991年6月，国务院颁布了《国务院关于企业职工养老保险制度改革的决定》，文件规定："随着经济的发展，逐步建立起基本养老保险与企业补充养老保险和职工个人储蓄性养老保险相结合的制度。改变养老保险完全由国家、企业包下来的办法，实行国家、企业、个人三方共同负担，职工个人也要缴纳一定的费用。"

与企业职工养老保险制度大刀阔斧进行社会统筹和个人账户相结合的改革对比，机关事业单位仍沿用着1978年104号文件规定的国家财政供养的退休养老制度。推进改革的不同步、筹资方式的不一致、管理方式的不一致导致了退休待遇计发调整的不一致，最终形成了机关事业单位和企业的养老金"双轨制"。随着1993年、1995年、1997年和2005年国家陆续制定、出台和实施企业基本养老保险的新政策、新规定，社会统筹和个人账户相结合模式的企业职工基本养老保险制度逐步得到定型和发展，如影随行的养老金"双轨制"也愈加稳固，并呈现差距不断扩大的趋势。

（二）养老金"双轨制"弊端

养老金"双轨制"是养老保险制度"碎片化"的典型表现，而"碎片化"直接影响着我国基本养老保险的收入分配效应，不仅公平性、互济性相对欠缺，而且也不利于构建"横向基本统一、纵向多层发展"的养老保障体系。诚然，正如前面梳理分析的我国养老保险制度发展历程所体现的一样，一项社会政策一定是以客观现实为基础的。在计划经济时期，由于政治经济体制的特殊性，在高度强调国家责任的背景下，机关事业单位的"特殊性"退休养老制度安排有其一定的合理性：有利于巩固刚成立不久的新政权，维护政治稳定；解决养老后顾之忧，保障退休人员的生活；刺激当期消费，促进经济发展；践行国家保障的"承诺"，稳定干部队伍，凝聚人心和信任等。

但是，伴随着改革开放的深入推进，市场经济的不断发展，尤其是企业职工养老保险中有关责任分担的社会保障意识的深入人心，机关事业单位的工资制度和退休养老制度并没有随之转型，与现行的企业工资制度和养老保险制度相比存在很大的差别，已无法适应现实情况的需要。诸如养老金差距不断拉大的"双轨制"等矛盾也就暴露出来了。客观评价养老金"双轨制"的弊端，要从实施机关事业单位退休养老制度的体制内部和体制外部两个方面进行分析。

从体制内部来看，机关事业单位作为实施财政供养的退休养老制度的主体，公职人员的退休费用均由国家财政全部承担，个人不用缴费，这在加重财政压力的同时，也会发生不同地区和单位之间的财政负担畸轻畸重、大小不一的问题，尤其是对自筹自支的事业单位来说更是不小的压力和挑战。另外，机关事业单位的工资制度和退休制度在待遇兑现方面，存在级别差距小、相对平均分配的问题，无法充分体现公职人员的真实劳动价值和贡献，不利于激发公职人员的工作积极性和创造力，极易形成人浮于事的低效率恶性循环。

从体制外部来看，由于机关事业单位和企业实行不同的养老保险制度，养老权益的记录管理方式不一致，导致两种制度下的劳动者的养老保险关系无法衔接互认，制约和阻碍了劳动者的合理流动，不利于人力资源在不同工作领域的优化配置。再者，机关事业单位工作人员退休费的待遇确定方法以及调整机制，与企业职工的养老金的待遇确定方法和调整机制完全不一致，两种制度下的退休人员的退休养老金无法实现统筹协调。随着时间的推移，同类退休人员的退休养老费用标准的差距不断扩大，产生了严重的不公平和不平衡，无法体现劳动时期的价值贡献，引发社会广泛的争议。

在两种不同的工资增长制度和养老保险制度下，企业职工和机关事业单位工作人员在"劳动报酬"和"养老保障"两方面都产生较大的差距，具体如表7-1所示。通过对两者的比较可以发现，从时间维度来看，虽然企业职工和机关事业工作人员的退休金之比从2002年的1∶1.74缩小到2013年的1∶1.38，但两者的退休金差距的绝对值在不断扩大，机关事业单位工作人员的退休金比企业职工的养老金要多30%左右。这种差距不断扩大的"双轨制"养老制度，一度被认为是"最大的分配不公"。

表7-1　　　　2002~2013年企业和机关在岗职工工资及退休工资比　　　　单位：元/月

年份	在岗职工工资比较			退休金比较		
	企业	机关	企业∶机关	企业	机关	企业∶机关
2002	989	1 167	1∶1.18	618	1 077	1∶1.74
2003	1 132	1 311	1∶1.16	640	1 124	1∶1.76
2004	1 297	1 489	1∶1.15	667	1 223	1∶1.83
2005	1 488	1 736	1∶1.17	716	1 257	1∶1.76
2006	1 713	1 947	1∶1.14	832	1 364	1∶1.64
2007	2 004	2 397	1∶1.20	947	1 711	1∶1.81
2008	2 363	2 822	1∶1.19	1 121	1 822	1∶1.63
2009	2 635	3 116	1∶1.18	1 246	1 959	1∶1.57
2010	3 021	3 376	1∶1.12	1 380	2 055	1∶1.49
2011	3 502	3 692	1∶1.05	1 528	2 241	1∶1.47
2012	3 940	4 043	1∶1.03	1 700	2 352	1∶1.38
2013	4 356	4 325	1∶0.99	1 869	2 587	1∶1.38

资料来源：根据《中国人力资源和社会保障年鉴2014》整理计算。《中国人力资源和社会保障年鉴2014》，中国劳动社会保障出版社、中国人事出版社2014年版。

实际上，养老保险作为一个促进社会公平的收入再分配手段，本身就应该是公平的，如果不同群体实行不同的养老保险制度,肯定会引起严重的社会矛盾,进而影响整个制度的可持续发展。从另一个角度看,在人口老龄化不断加剧的大趋势下,机关事业单位仍然维持原来的养老保险制度,其本身也是不可持续的。近些年来,随着机关事业单位在职人员实行阳光工资,已退休的养老金水平大幅增加,加之自身退休人数不断攀升,财政负担越来越重,长此以往,势必难以持续。

(三)并轨改革的曲折探索历程

在中国养老保险"碎片化"制度中,机关事业单位是最大的"碎片"。机关事业单位养老保险的改革不是一蹴而就的,它融于整个经济社会深刻变革的背景中,是以"摸着石头过河"的渐进方式展开的。1992年1月,原人事部下发《关于机关、事业单位养老保险制度改革有关问题的通知》,明确规定"机关、事业单位养老保险制度的改革,要贯彻党中央、国务院关于'按照国家、集体、个人共同合理负担的原则,在城镇各类职工中逐步建立社会养老保险制度'的决定精神,逐步改变退休金实行现收现付、全部由国家统揽统包的做法。"[1] 该文件指导着各地区机关事业单位养老保险制度的改革探索。

1994年至1997年的短短三年时间,全国多达28个省份开展了机关事业单位养老保险制度的第一轮试点改革工作,其中19个省份还出台了省级试点方案,全国约1/3的机关事业单位工作人员参加了试点,参保人数超过1 000万人。尽管各地的方案适用范围和实施细节不尽相同,但试点积极性高,积累了丰富的有益经验,部分地区试点具体情况如表7-2所示。[2]

---

[1]《人事部关于机关、事业单位养老保险制度改革有关问题的通知》,1992年1月27日。

[2] 财政部财政科学研究所课题组:《我国事业单位养老保险制度改革研究》,载于《经济研究参考》2012年第52期。

表 7-2　我国部分地区机关事业单位养老保险改革试点情况

内容		广东省	江苏省	湖南省	四川省成都市	重庆市
适用范围		全省党政机关、事业单位、社会团体（含中央和军队驻粤单位）人员	公务员、事业单位人员及其劳动合同制职工，人事代理人员	全部机关事业单位人员（含挂靠和中央在湘单位）	自收自支事业单位、机关事业单位劳动合同制工人，乡镇聘用制干部	自收自支事业单位所有人员；机关、事业单位合同制工人；经批准的其他单位人员
缴费主体		单位和个人	单位和个人	单位和个人	单位和个人	单位和个人
计费基数	单位	工资总额	工资总额	月平均工资总额	月工资收入	工资总额
	个人	月工资	工资收入	月平均工资	本人缴费工资	本人月工资
缴费比例	单位	2%	固定费率	24%	22%	23%~30%
	个人	3%	3%~8%	3%	4%	3%
账户比例		个人账户3%	—	个人账户11%（聘用制16%）	个人账户4%	—
待遇计发		基础养老金+附加养老金+个人专户养老金	离退休费+综合补贴+职岗津贴	基础养老金（单位和个人均缴费满20年，本人退休前工资总额的60%，每少一年降低一定百分点）+个人账户的储存额除以应缴月数	离退休费+退职生活费+部分津贴+个人储蓄额除以120的金额	投保满35年，按固定工资部分90%计发；30~35年的85%；20~30年的80%；10~20年的70%；不满10年的50%

资料来源：由编者汇编而得。参见财政部财政科学研究所课题组：《我国事业单位养老保险制度改革研究》，载于《经济研究参考》2012 年第 52 期。

从表 7-2 统计的我国部分省市机关事业单位养老保险制度改革的试点情况来看,广东、江苏、湖南、四川成都和重庆五个试点省市在实践操作中既有一定相似的举措,也有独具一格的创新之处。其中,缴费主体和缴费基数相对一致,均由"单位+个人"双方负担,以单位工资总额和个人月平均工资为缴费基数。不同之处主要表现在以下方面:适用范围方面,广东、江苏和湖南将机关事业单位所有人员都纳入到养老保险制度改革的覆盖范围,而四川成都、重庆则以事业单位为主;缴费比例上也不尽相同,甚至还出现"悬殊"差距,如广东省的单位缴费仅为 2%,而湖南、四川成都和重庆规定的单位缴费率高达 22% 以上,足有 10 倍的差距;养老保险待遇计发方面,广东省和湖南省基本上实现了与企业职工相类似的计发办法,即由基础养老金和个人账户养老金组成,还有体现职业补偿的附加养老金等,而其他试点省市还是以"离退休费+津贴"为主的计发方式。各地复杂多样的实践情况表明,机关事业单位养老保险的改革是一项非常复杂的制度设计,涉及千千万万"体制内"人员的切身既得利益,改革阻力大,进度缓慢。

在第一轮改革中,机关事业单位养老保险制度的改革试点基本实现了"前端缴费"的制度要求,改变了过去由国家统包统管,财政独立承担负担的方式,确立了"单位+个人"的缴费模式,把责任分担机制引入机关事业单位养老保险制度中,减轻了国家的财政压力。然而,在"后端计发"方面则未真正落实与企业养老保险制度运行相似的养老待遇计发办法。由于"路径依赖"的弊病,多数省市还是采取以"退休费用"为主的待遇方式和标准,在制度"落地"方面执行力不足。

虽然,有关主管部门曾强调要继续做好机关事业单位养老保险试点工作,要求进一步巩固改革试点成果,不能退保,要继续探索个人缴费与待遇计发适当挂钩的办法,但始终没有实质性进展。此后,2001 年,中共中央"十五"计划纲要明确提出"适时改革并完善机关事业单位职工养老保险制度";2003年10月，党的十六届三中全会明确提出"积极探索机关和事业单位社会保障制度改革";2007年10月，党的十七大报告明确要求"促进机关和企事业单位的养老保险制度改革"。但由于缺乏养老保险制度的顶层设计，政策的不统一导致执行效果不理想，因而仍处于"雷声大雨点小"的尴尬境地，未从根本上改变一直实行的机关事业单位退休养老制度，也未撼动养老金"双轨制"的固有现状。

2008年3月，国务院出台《关于印发事业单位工作人员养老保险制度改革试点方案的通知》，拉开了事业单位养老保险第二轮试点改革的序幕，未包括党政机关单位。文件决定，在山西省、上海市、浙江省、广东省、重庆市先期开展试点，与事业单位分类改革试点配套推进。改革的主要内容包括：实行社会统筹与个人账户相结合的基本养老保险制度、退休待遇与缴费相联系、建立基本养老金正常调整机制、建立职业年金制度、逐步实行省级统筹等。第二轮试点改革没有包括党政机关，导致机关和事业单位的内部波动不平衡，而事业单位改革因利益协调平衡阻力大，未有实质动作，成效不明显。连续两轮机关事业单位养老保险制度试点的失败，使得养老金"并轨"的意图成为泡影，短时期内无法实现。

二、并轨的"破冰"之举

党的十八届三中全会以来，国家攻坚克难的力度空前加大。我国已经进入全面深化改革的深水期和全面建成小康社会的冲刺期，养老保障作为改革的重点关键领域，应当敢于直面日益激化的养老金"双轨制"矛盾，有的放矢地彻底改革，为建立成熟、定型、稳定的养老保障制度迈出至关重要的一步。在这个大背景和大趋势下，机关事业单位养老保险制度改革的议题再次被提上了议程。2015年1月14日，国务院发布《国务院关于机关事业单位工作人员养老保险制度改革的决定》，标志着在我国存续了60多年的养老金"双轨制"终于在制度政策层面上完成了"并轨"，实现了机关事业单位工作人员和企业职工养老金的"破冰"统一。

（一）并轨的政策出台

2013年11月，党的十八届三中全会报告提出，要"建立更加公平可持续的社会保障制度""推进机关事业单位养老保险改革"，备受争议的养老金"双轨制"肯定首当其冲。2014年5月，国务院发布《事业单位人事管理条例》，明确提出"事业单位及其工作人员依法参加社会保险，工作人员依法享受社会保险待遇。"这是国家从法律层面上，再次释放出养老金"并轨"即将启动的信号，改革已经箭在弦上，整装待发。2014年12月，国务院副总理马凯代表国务院在第十二届全国人民代表大会常务委员会第十二次会议上做报告时指出，"我国将推进机关事业单位养老保险制度改革，建立与城镇职工统一的养老保险制度""改革的基本思路是一个统一，五个同步"。这意味着，我国养老金的"并轨"改革方案已经国务院常务会议和中央政治局常委会审议通过，马上即可颁布实施。

2015年1月，国务院正式发布《国务院关于机关事业单位工作人员养老保险制度改革的决定》（国发〔2015〕2号），对机关事业单位工作人员参加基本养老保险制度做出明确规定，"改革现行机关事业单位工作人员退休保障制度，逐步建立独立于机关事业单位之外、资金来源多渠道、保障方式多层次、管理服务社会化的养老保险体系"。2号文件对改革的范围、实行社会统筹与个人账户相结合的基本养老保险制度、改革基本养老金计发办法、建立基本养老金正常调整机制、加强基金管理和监督、做好养老保险关系转移接续工作、建立职业年金制度、建立健全确保养老金发放的筹资机制、逐步实行社会化管理服务、提高社会保险经办管理水平等一系列事项做出了明确的规定和要求。改革后的机关事业单位养老保险制度与企业职工基本养老保险制度，两者在缴费主体、缴费基数、缴费比例和待遇计发办法等方面基本上保持了一致。机关事业单位工作人员与企业职工采取相同模式的基本养老保险制度，宣告了中国养老保险制度完成了实质意义上的"并轨"，迈出了从"碎片化"向"大一统"的关键一步。

郑功成教授认为，关于政策出台具体的时间节点问题，应该置身于宏观的背景和深刻的现实下来考量。[①] 国家选择在这个时点出台机关事业单位养老保险改革的方案，除了全面深化改革和全面建成小康社会的大背景，还有许多已经成熟的深刻现实影响因素。一是经过多次的试点和多年的论证，官方、学界以及社会对养老保险制度的"大统一"发展方向已达成共识，认识到养老金制度"并轨"的利肯定远大于弊。二是十八大以来全国从上到下全面从严治党的改革落实，使得各级政府的政策执行力和改革积极性空前提高，为改革的落地提供了重要保障。三是庞大公务员队伍和事业单位工作人员的切身利益是否得到妥善解决，是决定改革成败至关重要的一环。正是由于科学设计了"五个同步"的改革基本思路，特别是实施了机关事业单位养老保险改革，与工资改革、建立职业年金制度同步推进的改革办法，未对改革过程中的"老人""中人"和"新人"的当期损益造成过大的冲击，才大大减少了制度改革的阻力。正是出于上述宏观背景和深刻现实的通盘考量和统筹谋划，我国才在"十二五"规划

---

① 胡秀荣：《养老保险并轨改革：让养老保险向更公平方向迈进——访全国人大常委会委员、中国人民大学教授郑功成》，载于《中国党政干部论坛》2015年第2期。

的最后关键一年做出"并轨"改革的重要决定。

(二) 并轨的政策解读

1. 改革的基本思路。

2号文件明确了"一个统一、五个同步"的基本思路。① "一个统一",即机关事业单位与企业等城镇从业人员统一实行统账结合的基本养老保险制度,实行单位和个人缴费,按照多缴多得原则改革退休费计发办法,从制度和机制上化解"双轨制"矛盾。"五个同步",即机关与事业单位同步改革,职业年金与基本养老保险制度同步建立,养老保险制度改革与完善工资制度同步推进,待遇确定机制与调待机制同步完善,全国范围同步实施改革,不再搞局部试点,突出了改革的系统性、平衡性和协调性。

2. 缴费基数和比例。

2号文件明确规定,"基本养老保险费由单位和个人共同负担。单位缴纳基本养老保险费的比例为本单位工资总额的20%,个人缴纳基本养老保险费的比例为本人缴费工资的8%,由单位代扣。按本人缴费工资的数额建立基本养老保险个人账户,全部由个人缴费形成。个人工资超过当地上年度在岗职工平均工资300%以上的部分,不计入个人缴费工资基数;低于当地上年度在岗职工平均工资60%的,按当地在岗职工平均工资的60%计算个人缴费工资基数。"这与企业职工基本养老保险制度基本上保持了一致,采取了相同的基本养老保险缴费模式。同时,机关事业单位在参加基本养老保险的基础上,为其工作人员建立了职业年金,"单位按本单位工资总额的8%缴费,个人按本人缴费工资的4%缴费。工作人员退休后,按月领取职业年金待遇。"

---

① 第十二届全国人大常委会第十二次会议:《专题询问统筹推进城乡社会保障体系建设工作情况报告》,中国人大网,2014年12月28日。

3. 基本养老金计发。

基本养老金计发遵循"老人老办法、新人新办法、中人逐步过渡"的原则。为了更好地理解改革后机关事业单位退休人员的养老金如何计算和发放，本书结合改革文件的相关规定，模拟具体的典型示例，做出简要说明。

第一，"新人"的基本养老金计发办法。

2号文件对"新人"的规定如下："本决定实施后参加工作、个人缴费年限累计满15年的人员，退休后按月发给基本养老金。基本养老金由基础养老金和个人账户养老金组成。退休时的基础养老金月标准以当地上年度在岗职工月平均工资和本人指数化月平均缴费工资的平均值为基数，缴费每满1年发给1%。个人账户养老金月标准为个人账户储存额除以计发月数，计发月数根据本人退休时城镇人口平均预期寿命、本人退休年龄、利息等因素确定。"

"新人"即2014年10月1日后参加工作的机关事业单位工作人员（无视同缴费年限的参保人员）。这类群体退休后的月基本养老金＝基础养老金＋个人账户养老金；改革后的新办法的月待遇标准＝月基本养老金＋职业年金。

其中，基础养老金＝退休时全省在岗职工月平均工资×（1＋本人平均缴费工资指数）÷2×缴费年限×1%；个人账户养老金＝退休时本人个人账户累计储存额÷计发月数。按目前政策规定，50岁、55岁、60岁退休的职工，其计发月数分别为195个月、170个月、139个月（下同）；职业年金＝职业年金个人账户累计储存额÷计发月数。

典型示例如下：

王某，男，1989年10月出生，2014年10月（25岁）在某省直某厅参加工作，2049年10月（60岁）退休，退休时职务县处级正职。

假定：月缴费工资基数5万元（月4 167元），为便于测算，不考虑工资基数增长率和记账利息,退休时:个人账户累计额14万元;上年度全省在岗职工月平均工资4 000元;本人平均缴费工资指数为1.04;职业年金个人账户21万元。

据此,月基本养老金 = 4 000 × (1 + 1.04) ÷ 2 × 35 × 1% + 140 000 ÷ 139 ≈ 2 435(元);职业年金 = 210 000 ÷ 139 ≈ 1 511(元),即"新人"王某按改革后的月待遇标准为3 946元。

第二,"中人"的基本养老金计发办法。

2号文件对"中人"的规定如下,"本决定实施前参加工作、实施后退休且缴费年限(含视同缴费年限)累计满15年的人员,按照合理衔接、平稳过渡的原则,在发给基础养老金和个人账户养老金的基础上,再依据视同缴费年限长短发给过渡性养老金。"

"中人"即2014年10月1日前参加工作,2014年10月1日后退休的机关事业单位工作人员。这类群体退休后的月基本养老金 = 基础养老金 + 过渡性养老金 + 个人账户养老金;改革后的新办法的月待遇标准 = 月基本养老金 + 职业年金。

其中,基础养老金 = 退休时全省在岗职工月平均工资 × (1 + 本人平均缴费工资指数) ÷ 2 × 缴费年限 × 1%;过渡性养老金 = 退休时当地上年度在岗职工月平均工资 × 本人视同缴费指数 × 视同缴费年限 × 过渡系数;个人账户养老金 = 退休时本人个人账户累计储存额 ÷ 计发月数。

另外,本人平均缴费工资指数 = (视同缴费指数 × 视同缴费年限 + 实际平均缴费工资指数 × 实际缴费年限) ÷ 缴费年限(含视同缴费年限)。各省统一测定视同缴费指数表。参保人员退休,根据本人退休时的职务职级(技术职称)等确定本人视同缴费指数。实际平均缴费指数 = ($X_n/C_{n-1} + X_{n-1}/C_{n-2} + \cdots + X_{2016}/C_{2015} + X_{2015}/C_{2014} + X_{2014}/C_{2013}$)/N 实缴;$X_n$,$X_{n-1}$,$\cdots$,$X_{2014}$为参保人员退休当年至2014年相应年度本人各月缴费工资基数之和,C_{n-1},C_{n-2},$\cdots$,C_{2013}为参保人员退休上一年至 2013 年相应年度全省在岗职工年平均工资；N 实缴为参保人员实际缴纳养老保险费年限。

为了保证"中人"的退休待遇不降低，设置计发基本养老金的 10 年过渡期（2014 年 10 月 1 日~2024 年 9 月 30 日），参保人员在过渡期内退休，实行新老待遇计发办法对比，保低限高。新老待遇计发办法对比具体如下：新办法低于老办法的，按老办法执行；新办法高于老办法的，在老办法的基础上，改革后第一年退休的发放超出部分的 10%，改革后第二年退休的发放超出部分的 20%，依次类推，改革后第十年退休的发放超出部分的 100%。改革后第十一年退休的按新办法标准发放。

$$过渡期内的老办法待遇标准 = (A \times M + B + C) \times \prod_{n=2015}^{N}(1 + G_{n-1})$$

其中：A：2014 年 9 月工作人员本人的基本工资标准；

B：2014 年 9 月工作人员本人的职务职级（技术职称）等对应的退休补贴标准；

C：按国办发〔2015〕3 号文件规定相应增加的退休费标准；

M：工作人员退休时工作年限对应的老办法计发比例；

G_{n-1}：参考第 $n-1$ 年在岗职工工资增长等因素确定的工资增长率，$n \in (2015, N)$，且 $G_{2014} = 0$；

N：过渡期内退休人员的退休年度，$N \in (2015, 2024)$。2014 年 10 月 1 日至 2014 年 12 月 31 日期间退休的，其退休年度视同为 2015 年。

典型示例：

杨某，男，1955 年 8 月出生，1980 年 7 月参加工作，2015 年 8 月退休。退休时：职务是县处级副职，级别是十六级 9 档。缴费年限 35.17 年（视同 34.25 年，实际 0.92 年）。

工资：2014 年 9 月基本工资 1 914 元，津补贴 3 050 元。

缴费：在新制度下实际缴费 11 个月，个人账户累计储存额

4 740.48 元，职业年金个人账户 7 110.72 元。

参数：本人视同缴费指数 1.683，实际平均缴费指数 1.3678；2014 年全省在岗职工月工资 4 044 元；2014 年 9 月县处级副职退休人员退休补贴 2 812 元，相应增加的退休费标准 460 元。

按照新办法待遇计发标准 = 月基本养老金 + 职业年金 = 4 966.64 + 51.16 = 5 017.8（元）

月基本养老金 = 基础养老金 + 过渡性养老金 + 个人账户养老金 = 1 902.15 + 3 030.39 + 34.10 = 4 966.64（元）

基础养老金 = 4 044 × [1 + (1.683 × 34.25 + 1.3678 × 0.92) ÷ 35.17] ÷ 2 × 35.17 × 1% ≈ 1 902.15（元）

过渡性养老金 = 4 044 × 1.683 × 34.25 × 1.3% ≈ 3 030.39（元）

个人账户养老金 = 4 740.48 ÷ 139 ≈ 34.10（元）

职业年金 = 7 110.72 ÷ 139 ≈ 51.16（元）

按照老办法待遇计发标准 = (1 914 × 90% + 2 812 + 460) × 1 + G_{2014} = 4 994.6（元）

其中，G_{2014} 为 0。

新老办法对比后，"中人"杨某的月待遇标准 = 4 994.6 + (5 017.8 − 4 994.6) × 10% = 4 996.92（元）。

第三，"老人"的基本养老金计发办法。

2 号文件对"老人"的规定如下，"本决定实施前已经退休的人员，继续按照国家规定的原待遇标准发放基本养老金，同时执行基本养老金调整办法。"

"老人"即 2014 年 10 月 1 日前已经退休的机关事业单位工作人员。这类群体没有受到改革的影响，退休后仍按原有的退休养老标准发放待遇。即月基本养老金 = 基本退休（退职）费 + 退休补贴 + 退休后按国家和省规定纳入原退休费基数和继续发放的项目。

(三) 并轨的后续问题

目前，我国基本养老保险制度模式已基本定型，根据社会经济的变革情况适时地推进制度的优化和并轨，打破既有利益的阻碍，对碎片化的制度按照循序渐进、分类处理的方式，逐步走向基本统一的"统账结合"模式。机关事业单位养老保险制度改革就是其中最为关键的一步。

但是，机关事业单位工作人员和城镇职工实施相同模式的基本养老保险制度，在制度层面完成了统一，是不是就能就真正地解决"双轨制"问题呢？答案肯定有待商榷。正如原人力资源和社会保障部副部长胡晓义所言，"所谓'并轨'并不是简单地把机关事业单位退休制度'并入'企业养老保险制度，而是朝着一个共同的方向改革和推进，最终取消'双轨制'。"

任何改革都是一个不断深化和完善的过程，没有哪项改革是一蹴而就圆满完成的。虽然机关事业单位养老保险制度的改革政策已经落地实施，但贯彻执行过程中肯定会遇到这样或那样的现实难题和困境，需要不断地对症下药，调适政策，以保证改革的初衷顺利实现。本书认为，在我国养老金"双轨制"的并轨过程中，需要重点关注机关事业单位工作人员和城镇企业职工之间的初次分配和再次分配的公平问题，以及养老金正常调整机制和管理运行监督机制。

尤其要重视两者的初次分配和再次分配的公平问题，这是真正解决养老金"双轨制"的关键。例如，两部门的工资构成和收入如何平衡，是否存在一个合理的比值范围？机关事业单位已经强制性地建立起了职业年金制度，注重自愿性参与的企业年金制度如何改革完善才能更好地发挥其补充养老保障的功能？等等。这样重点问题的妥善解决，不仅能够维护公职人员和企业职工的合法权益，还能为推进养老保险制度的"大统一"提供坚实的保障。

三、职业年金补充发展

2015年3月,国务院办公厅下发《关于印发机关事业单位职业年金办法的通知》,其中对机关事业单位职业年金办法做出了具体规定:"职业年金是机关事业单位及其工作人员在参加机关事业单位基本养老保险的基础上,建立的补充养老保险制度;职业年金所需费用由单位和工作人员个人共同承担;单位缴纳职业年金费用的比例为本单位工资总额的8%,个人缴费比例为本人缴费工资的4%,由单位代扣。"

(一)职业年金的功能效应

1. 职业年金的制度效应。

职业年金具有显著的强制性特征:一方面,强制性有利于提高机关事业单位退休养老待遇的水平与稳定性,保障其权益;另一方面,强制性有助于提高制度的覆盖率,体现制度的普惠性,促进社会的公平正义。如果采取类似企业年金的自愿性计划,受经济能力的影响,覆盖率会存在地域间、城乡间、单位间的较大差异。尤其是在财政收入薄弱的地区,机关事业单位可能没有太大意愿为职工的额外福利计划买单。正是由于职业年金显著的强制性特征,保证了该制度的高覆盖率,使得目前我国机关事业单位将近4 000万人的大口径人数(其中机关单位700余万人,事业单位3 100余万人)[①]都可以纳入职业年金的覆盖范围,且短期内参保人数只会逐年增加,不会减少。这一规模将远远超过企

[①]《养老金替代率逐年下降 职业年金能否力挽狂澜》,中金在线,2014年2月14日。

业年金 2014 年年底所覆盖的 2 293 万人的规模①。

2. 职业年金的替代效应。

职业年金的筹资模式是完全积累制,其费率厘定的基本原理是,根据整个生命周期的平衡原则,在对人口、工资、物价、利息等社会经济指标进行宏观测算后,将被保险人在享受保障期间的总费用按一定的提取比例分摊到整个投保期间。按照这一原理,提取的基金总额与积累期间产生的投资收益的总和应该等于养老金给付数额,这是完全积累模式应遵循的一个基本等式。可见,职业年金的替代率会受到费率、缴费年限以及期间工资增长水平、待遇领取年限以及待遇年均调整水平、基金投资收益水平等指标的共同影响。② 因此,随着职业年金制度的不断完善与发展,以及投资收益率的提高,完全可以成为机关事业单位养老金的重要补充,替代效应非常明显。

(二) 职业年金存在的问题

职业年金制度扩充了我国多层次的养老保障体系,作为养老保障体系中的第二支柱,对第一支柱的基本养老保险制度起到了很好的补充作用,能够有力地保障机关事业单位工作人员退休后的生活待遇水平不下降。尽管如此,我国的职业年金政策依然存在以下问题。③

1. 职业年金的运行机制欠规范。

目前我国职业年金的主要投资渠道是购买银行存款和国债,较低的投资收益难以满足职业年金的保值增值需求,制约了职业年金制度的发展。我国职业年金基金交由受托人选择的专业机构

---

① 《事业单位养老改革可能不搞试点 三年内或全面推开》,中国新闻网,2014年8月6日。
② 郭剑平、黄健元、缪俊花:《职业年金倒逼企业年金发展效应分析》,载于《河海大学学报(哲学社会科学版)》2016 年第 5 期。
③ 张留禄、姜柯戎:《职业年金问题研究》,载于《上海金融》2016 年第 4 期。

进行投资管理，实行市场化运作，因而职业年金的运行理应涉及单位缴费和职业年金基金运营两个部分。当前基金运营机构由于自身缺乏相关的理论指导等原因，职业年金基金的投资运营不规范，亟须统一。即使《机关事业单位职业年金办法》中规定了职业年金基金全部实行市场化投资管理，但也会因为国内资本市场的投机行为以及国家对职业年金的定位不明确导致职业年金基金投资的渠道受到严格的限制。

2. 单位缴费的增值空间不确定。

《机关事业单位职业年金办法》中规定，"职业年金基金采用个人账户方式管理。个人缴费实行实账积累。对财政全额供款的单位，单位缴费根据单位提供的信息采取记账方式，每年按照国家统一公布的记账利率计算利息，工作人员退休前，本人职业年金账户的累计储存额由同级财政拨付资金记实；对非财政全额供款的单位，单位缴费实行实账积累。实账积累形成的职业年金基金，实行市场化投资运营，按实际收益计息。"因此对于财政全额供款的单位来讲，其职工的个人账户中只有个人缴纳的资金参与基金的运营和管理，而单位缴纳的资金不参与，增值大小取决于国家统一公布的记账利率计算利息。

3. 违法运营行为处罚力度不够。

针对职业年金基金运营过程中可能出现的违法操作行为，目前的办法是要求各级社保和财政机构要视情节给予相应处罚。根据我国的《行政处罚法》，行政处罚的种类包括警告、罚款、没收违法所得、责令停产停业、暂扣或者吊销许可证、行政拘留以及法律和行政法规规定的其他行政处罚。对于一些尚未造成资金损失的基金违法运营行为，行政机关通常也只能通过吊销营业许可的方式来剥夺其继续实施违法行为的物质条件，而违法人员本身却很难得到具有威慑力的惩罚。因此，除非基金的托管方或者运营方由于非法操作造成了基金投资的严重亏损，否则上述行政部门只能根据相关的行政法规给予违法运营者一定的行政处罚。

4. 参保群体将面临新的利益失衡。

由于机关事业单位财政供款方式的不同，对职业年金的筹资能力也有一定的影响，致使出现新的利益失衡。就各级公务员和全额财政供款的事业单位人员来说，其职业年金的建立有着可靠的国家财政做支撑，基本上不存在单位无力缴费的情况。但是对于非全额财政供款的事业单位和工作人员来说，收入取决于自身的盈利状况，这类单位的缴费能力可能无法得到稳定持续的保证。此外，我国东部地区机关事业单位的人均年收入明显高于东北地区和中西部地区，不同地区间机关事业单位职工的收入差距直接导致了地区间职业年金的分布严重失衡，而这又将进一步拉大地区间的贫富差距。

（三）职业年金发展的建议

针对职业年金在制度设计和实践操作层面存在的问题，拟提出以下建议。

1. 建议职业年金逐步实现单独管理。

单独管理是"独立性"的最佳体现。在改革初期阶段，企业年金制度作为推进"并轨"改革的助力举措，减少了改革的阻力，是机关事业单位除基本养老保险以外的养老保障制度附加安排，不可避免具有一定的"依附性"。在改革的过渡阶段，职业年金应该以弥补改革后基本养老金与改革前退休金之间的缺口为首要目标，并长时间坚持这一目标不改变。在未来的发展过程中，职业年金要充分发挥好第二层次补充性养老保障的独特功能，实现单独管理，不断地进行动态化调整，促使利益平衡与社会公平，调整不同群体之间的待遇给付落差，逐渐使各类群体的养老待遇落入有差异化均衡的合理范围内。

多元化的投资领域应成为职业年金的投资趋势。就境外而言，以欧美为例，欧美国家职业年金制度之所以能顺利推行，其重要原因在于职业年金能够在发达的资本市场中合理配置风险，获取稳定且较高的收益回报。就国内来说，全国社会保障基金允许进入多元化投资领域进行操作，自成立以来年均投资收益高达8.4%。① 但需要考虑到公务员、事业单位工作人员的岗位特殊性，机关事业单位职业年金的管理应当与社会基本养老保险相分离，独立运营。为此，应设立专业管理机构或委托第三方专业机构负责，采取市场化的投资运作方式。

要加强职业年金的投资运作管理，就必须扩大职业年金的投资渠道，并最大程度地分散基金风险。首先，国家要制定相关的法律法规，出台明确的职业年金投资政策，引导职业年金基金的投资方向，为基金进入资本市场搭建渠道；其次，开发与职业年金基金相匹配的金融产品，放宽投资产品的界限，加强监管披露力度；最后，在总结经验的基础上，为避免非系统性风险，可适当向海外资本市场投资，在全世界范围内分散投资风险，实现基金的保值、增值。但同时要建立基金投资监督管理机制，确保基金的安全性和增值性。

2. 处理好职业年金和企业年金的关系。

《机关事业单位职业年金办法》的出台，为企业年金的未来规范发展提供了重要参照依据。针对中国年金市场受托人"空壳化"与市场角色"分散化"的矛盾②，《机关事业单位职业年金办法》不但对缴费比例、账户管理方式、资金转移、年金领取、经办管理、投资运营等做出明确规定，而且简化了运作主体，减少了操作层级，使职业年金更容易操作。职业年金的发展必然与企业年金形成横向比较和互动发展。职业年金制度的建立，将会形成新的"倒逼"改革，让社会各界把目光聚焦到企业年金制度上，从而促进企业年金在立法层次、税收政策、管理运行体系

---

① 《全国社会保障基金投资管理暂行办法》规定社保基金可用于投资"银行存款、买卖国债和其他具有良好流动性的金融工具，包括上市流通的证券投资基金、股票、信用等级在投资级以上的企业债、金融债等有价证券"。

② 郑秉文：《论我国企业年金的改革》，载于《开放导报》2007年第4期。

等方面的发展和完善。进一步讲,企业年金的未来发展,必须考虑与职业年金的关系,并在成熟的时机对两者进行进一步整合,实现职业年金与企业年金的有效衔接,并最终达到"并轨"。而企业年金的发展也将会倒逼养老保障体系的不断完善。为此,国家有必要尽快完成养老保障的顶层设计和制度定型,加快全国统筹的步伐,合理界定政府与市场责任,为企业降负,只有这样,现阶段出于自愿的企业年金制度才有更大的发展空间。[1]

---

[1] 郭剑平、黄健元、缪俊花:《职业年金倒逼企业年金发展效应分析》,载于《河海大学学报(哲学社会科学版)》2016年第5期。

第八章

统一城乡居民基本养老保险

责任共担原则是社会养老保险制度区别于其他养老保险制度的一个最大特点。在 2009 年 9 月开展新型农村社会养老保险（以下简称"新农保"）试点、2011 年 7 月开展城镇居民社会养老保险（以下简称"城居保"）试点之前，中国广大的农村居民和城镇居民几乎都单独依靠个人和家庭的力量来满足养老为老的需求，集体和政府的资金补助几乎处于缺位状态。随着新农保和城居保试点范围的全面推开，个人缴费、集体补贴和国家补贴的责任共担机制得到了广泛的认可，发挥了重要的养老作用。在总结两项制度试点经验的基础上，2014 年 2 月，《国务院关于建立统一的城乡居民基本养老保险制度的意见》出台，国务院决定将两项制度合并实施，在全国范围内建立统一的城乡居民基本养老保险（以下简称"城乡居民养老保险"）制度。该文件的正式实施，标志着新农合和城居保两项制度在制度保障和待遇落实上实现并轨，对充分发挥社会养老保险对保障人民基本生活、调节城乡居民收入分配、促进城乡经济社会协调发展和全面建成小康社会具有重要的推动作用。

一、农村居民养老保险制度的变迁

长期以来，我国广大农村地区主要依靠家庭养儿防老、土地养老两种传统模式来实现养老功能。要了解中国农村养老保障制度的变迁历史，追根溯源，有必要先回溯到新中国成立初期的农村"五保"制度。之后，民政部在1991年以县为基本单位，选择在山东、湖北、江苏等省开展了大范围的农村社会养老保险试点工作，但强调农民个人缴费为主，国家财政缺位，最后以失败告终。直到2009年9月，国务院开始在全国范围内推进新型农村社会养老保险制度的试点工作，实行"个人缴费、集体补助、政府补贴"相结合的筹资办法，充分强调了国家责任，大大调动了农民的参保积极性，农村养老成效明显。为了便于区分，人们称1991年的养老试点为"老农保"，2009年的养老试点为"新农保"，两者的主要区别在于是否体现了国家的养老责任。

（一）五保制：农村孤寡老人的养老保障

新中国成立初期，随着企业职工养老保险制度、机关事业单位退休制度的初步建立，国家开始从农村的孤寡老人着手关注农民的养老问题，农村"五保"制度便在此背景下产生了。

农村"五保"制度的内容体系在国家层面的首次提出，始于1956年6月第一届全国人民代表大会第三次会议通过的《高级农业合作社示范章程》。该章程将农村孤寡老人的生活保障问题纳入到农村的发展整体规划来统筹考虑，明确规定，"农业生产合作社对于缺乏劳动力或者完全丧失劳动力、生活没有依靠的老、弱、孤、寡、残疾的社员，在生产和生活上给以适当的安排和照顾，保证他们的吃、穿和柴火的供应，保证年幼的受到教育和年老的死后安葬，使他们的生养死葬都有依靠。"给予保吃、保穿、保烧、保教和保葬五个方面的保障，简称为"五保"，享受这种照顾的人和家庭被人们习惯地称为"五保户"，这也开启了"五保"供养制度化工作的历史进程。

随后，1960年4月，第二届全国人民代表大会第二次会议通过了《1956年到1976年全国农业发展纲要》，第30条明确规定,"对农村中的孤老残幼实行'五保'制度"。自此,针对企业职工、国家机关事业单位职工和农村孤寡老人等不同人群,我国形成了因人设制、相对独立的养老制度布局,这也是我国长期实行城乡二元体制的雏形。

为了做好农村"五保"供养工作,保障"五保"对象的正常生活,1994年1月,国务院颁布了《农村五保供养工作条例》规定,"无法定抚养义务人,或者虽有法定扶养义务人,但是扶养义务人无扶养能力的;无劳动能力的;无生活来源的"农村老年人、残疾人和未成年人,即"三无"人群,属于五保对象。农村集体经济给予五保对象经费和实物,主要包括"供给粮油和燃料;供给服装、被褥等用品和零用钱;提供符合基本条件的住房;及时治疗疾病,对生活不能自理者有人照料;妥善办理丧葬事宜"等保障内容。在各地的实践中,"保衣、保食、保住、保医、保葬"成为"五保"的主要内容。为了适应农村经济社会环境的新变化,2006年1月,国务院又颁布了新的《农村五保供养工作条例》,在1994年《农村五保供养工作条例》的基础上做了相应的调整和补充。至此,"五保"供养不再由集体经济供养,进入了由集体福利转向国家责任的新阶段。[①]

从历史比较角度来看,新中国成立初期的养老保障政策在不同群体、不同地区和不同行业之间存在明显差距,在保障内容和待遇水平方面有很大区别。这样的制度安排明显倾向于城市,在养老待遇上存在极大的不公平。农村"五保"制度已经历了60多年的发展,但其养老保障的对象一直限于农村的孤寡老人,而不是全体农村居民,庞大的"农村居民"群体被排挤到制度之外,农村居民养老还依然是以土地为依托的家庭传统养老方式。甚至可以说,从20世纪50年代一直到改革开放后的80年代,

---

① 吴晓林:《中国五保养老保障研究:制度沿革、权利保护与策略选择》,中国社会科学出版社2013年版。

国家针对农村居民的养老保障几乎处于真空状态，农民的养老保障措施完全是缺失的，根本就没有纳入到国家层面的政策中来。导致的严重后果是，农村和城市作为不同质的两个单元独立运行，致使城乡差距进一步扩大，社会不公平感不断上升。事实上，随着改革开放的深入推进和经济建设的飞速发展，广大农民群体为国家的工业化战略做出了巨大牺牲，但却在经济待遇和社会待遇等方面形成巨大的剪刀差，他们亟须国家提供养老保障的正式制度安排，解决他们养老的后顾之忧。

（二）老农保：县级农村社会养老保险试行

随着我国工业化进程的加快，越来越多的农村青壮年劳动力涌入城市务工，在农村地区形成了一支由妇女、儿童、老年人构成的极具"弱势"特色的"386199部队"，这加速了农村家庭规模的小型化趋势。同时，由于市场经济背景下家庭经济收入的不确定性，以及农村老年人口快速增多等因素，使得传统的家庭养老功能日益弱化。到20世纪90年代初期，作为"社会保障基点"的家庭养老走到了十字路口，家庭养老的"红利"逐步减小，亟须国家承担起应负的农村养老责任。[①] 以上各种综合因素的倒逼，迫使我国开始了对农村社会养老保险制度的探索。

1992年1月，民政部印发了《县级农村社会养老保险基本方案（试行）》，即所谓的"老农保"，以县级为基本单位，选择在山东、湖北、江苏等省开展了大范围的农村社会养老保险试点工作，并逐步向全国推广。该方案确定了"老农保"的一些基本原则，最重要的是"资金筹集坚持以个人交纳为主，集体补助为辅，国家给予政策扶持的原则。"多渠道筹资的责任共担原则，确定了解决农村养老问题的新思路：以县级为单位，在政府的组

---

① 汤兆云：《新中国成立以来我国养老保险制度的改革探索与发展方向》，载于《科学社会主义》2014年第6期。

织引导下，根据农民的自愿原则，从农村和农民的实际出发，建立养老保险基金。该基金以农民个人缴费为主体，集体补助为辅助，国家予以政策支持，农民个人缴费和集体补助全部记入个人账户，实行完全积累的模式，并根据个人账户的资金积累总额和预期的平均领取年限，计发养老金。

"老农保"的制度设计框架，实际上体现了以农民自我保障为主、互助互济为辅的原则，政府主要承担政策支持、组织指导和运行管理职责，而不参与出资给予财政补贴。但在实际运作过程中，大多数农村集体经济因能力有限无力承担或者根本就不愿补助养老保险，同时"国家政策支持"则主要体现在对农民参加养老所给予的政策优惠上，未直接给予财政补贴，导致多渠道资金筹集难以兑现，致使农村社会养老保险实际上变成了农民个人的资金储蓄，未体现社会养老保险的责任共担和风险分散原则。[1]

据统计，截至1997年底，全国30个省份的2 097个县级开展了农村社会养老保险工作，共计约8 288万农民参保，养老保险基金积累额接近140亿元。从这些参保数据上看，农村社会养老保险制度已经得以初步建立。[2] 然而，在农村社会养老保险全面推进之时，受1997年中国人民银行多次降息的影响，农村养老保险的个人账户利率不断下调，致使养老保险基金的保值增值压力骤然增加，再加上其他各种复杂因素的综合影响，导致农村社会养老保险基金的支付风险明显上升。经过统筹权衡考量，1999年7月，国务院决定对农村社会养老保险进行清理整顿，不再接受办理新业务。这一决定，直接导致了农村的养老保险制度改革陷入了停滞状态，一次覆盖了8 000多万参保农民的养老

---

[1] 汤兆云：《新中国成立以来我国养老保险制度的改革探索与发展方向》，载于《科学社会主义》2014年第6期。
[2] 安增龙：《中国农村社会养老保险制度研究》，中国农业出版社2006年版。

保险试验探索就这样以失败的结局退出了历史舞台。①"老农保"的终结既是意料之外，又在情理之中。诚然，"老农保"实际上是农民自己掏钱养自己，同时还要出钱维持农村社会养老保险经办机构的日常运转，支付工作人员的工资。与同时期其他群体的养老保险制度安排相比较，"老农保"不是一项公平的政策安排。

"老农保"的终结并不意味着所有农民的养老保障权益都被全面"叫停"，农民工群体的养老保障权益就是特例。为了解决农民工这个特殊群体的社会养老保险问题，党和政府做出了积极的努力与探索。2001年12月，原劳动和社会保障部印发的《关于完善城镇职工基本养老保险政策有关问题的通知》中明确规定，"参加养老保险的农民合同制职工，在与企业终止或解除劳动关系后，由社会保险经办机构保留其养老保险关系，保管其个人账户并计息，凡重新就业的，应接续或转移养老保险关系；也可按照省级政府的规定，根据农民合同制职工本人申请，将其个人账户个人缴费部分一次性支付给本人，同时终止养老保险关系，凡重新就业的，应重新参加养老保险。农民合同制职工在男年满60周岁、女年满55周岁时，累计缴费年限满15年以上的，可按规定领取基本养老金；累计缴费年限不满15年的，其个人账户全部储存额一次性支付给本人。"可见，参加城镇职工养老保险的农民工在参保缴费、关系转移、个账管理、待遇计发等方面与城镇职工实行相同的标准。

但是，由于面临着高缴费率、制度间转移接续难等问题，农民工普遍参保积极性不高，实施效果也并不理想。2009年2月，人力资源和社会保障部专门拟制了《农民工参加基本养老保险办法》面向社会公开征求意见。相对于此前的规定，充分考虑到了农民工的双重特性，该"办法"降低了缴费比例：用人单位缴费比例为工资的12%，农民工个人缴费比例为工资的4%～8%；

---

① 常红晓、何禹欣：《农保不相信乌托邦》，载于《财经》2006年第13期。

同时允许制度间的转移接续。但是，由于受到各种原因的影响，最后还是放弃了农民工社会养老保险制度的单独建制。

（三）新农保：新型农村社会养老保险试点

随着我国经济社会环境开始发生新的变化，社会保障被提升到前所未有的战略高度，养老保障制度进入了以统筹城乡为目标的全面发展和制度创新阶段。2007年，十七大报告中要求，"探索建立农村养老保险制度，鼓励各地开展农村养老保险试点"。

2009年9月，国务院印发《关于开展新型农村社会养老保险试点的指导意见》，决定从2009年起开始在全国范围内推进新型农村社会养老保险制度的试点工作。新型农村社会养老保险是相对于以前各地开展的农村养老保险而言的。文件规定，将"保基本、广覆盖、有弹性、可持续"作为"新农保"试点工作的基本原则，建立"个人缴费、集体补助、政府补贴"相结合的筹资办法，实行社会统筹与个人账户相结合，与家庭养老、土地保障等其他社会保障政策措施相配套，保障农村居民老年时的基本生活。

"新农保"主要包括以下四个方面的内容。一是三方筹资办法。新农保基金由个人缴费、集体补助、政府补贴构成。其中，参保人需个人缴费，按当地规定自主选择档次缴费，多缴多得；有条件的村集体应当对参保人缴费给予补助，鼓励其他经济组织、社会公益组织、个人为参保人缴费提供资助；政府对符合领取条件的参保人全额支付新农保基础养老金，中央政府和地方政府按规定给予补贴。二是建立个人账户。国家为每个新农保参保人建立终身记录的养老保险个人账户。个人、集体和政府三方的缴费、补助和补贴全部记入个人账户，并按规定利率计息，可以依法继承。三是养老金待遇水平。养老金待遇由基础养老金和个人账户养老金组成，决定养老金待遇水平，支付终身。基础养老金由中央政府确定标准，地方政府可适当提高。四是养老金待遇领取条件。具体规定如下,"年满 60 周岁、未享受城镇职工基本养老保险待遇的农村有户籍的老年人,可以按月领取养老金;新农保制度实施时,已年满 60 周岁、未享受城镇职工基本养老保险待遇的,不用缴费,可以按月领取基础养老金,但其符合参保条件的子女应当参保缴费;距领取年龄不足 15 年的,应按年缴费,也允许补缴,累计缴费不超过 15 年;距领取年龄超过 15 年的,应按年缴费,累计缴费不少于 15 年。"

与"老农保"相比,"新农保"充分强调了国家的主体责任,由国家财政全额支付基础养老金。按照国务院计划,2020 年之前基本上实现对农村适龄居民的全覆盖,这意味着"中国农民 60 岁以后都将享受到国家普惠式的养老金"。"新农保"具有保险和福利的双重特征,既能保障老年居民的生活,又在一定程度上调动了农村居民的参保积极性,还具有缓解农村人口老龄化加剧对社会及家庭带来的沉重负担的功能。所以,"新农保"是一项基本符合中国农村现实的社会养老保险制度,得到了广大农民的认可,取得了明显的成效,效果远远高于"老农保"。据人力资源和社会保障部披露,早在 2012 年 9 月底,全国所有县级行政区已全部开展了新型农村社会养老保险工作,比预定计划提早 8 年时间基本实现了全覆盖。

新型农村社会养老保险制度的建立和实现全覆盖,缓解了农民的养老保障难题,但是,新农保也存在着诸如地方财政负担过重、集体补助难以落实等问题。[①] 学者薛惠元（2012）认为中央财政对新农保的补贴基本不存在什么问题,或者问题不足以影响执行效果,而问题主要出现在地方财政,尤其是边缘的贫困地区的县级财政,可能无力承担对新农保的财政补贴,甚至也会出现个人账户空账问题和隐性债务突显问题,危及新农合制度的可持

---

① 睢党臣、董莉、张朔婷:《对城乡居民养老保险并轨问题的思考》,载于《北京社会科学》2014 年第 4 期。

续发展。因此，正确处理好中央与地方的财政补贴关系十分必要。此外，早在2009年学者郑风田就认为，在全国绝大部分农村地区，集体补助会是一句空话。现阶段，绝大部分地区村集体经济能力是较弱的，加上缺乏资金和技术的支持，集体经济的发展速度较慢，根本无法对新农保进行集体补助。

二、城镇居民社会养老保险制度的建立

长期以来，由于养老保险制度的缺失，我国的城镇老年居民几乎没有任何的养老保障。北京、上海、苏州等10多个城市曾率先探索对无社会保障的老年人建立低水平、政府补贴的养老保险制度，取得良好的社会反响，也为国家制定相关政策积累了宝贵经验。

2011年6月，国务院印发了《关于开展城镇居民社会养老保险试点的指导意见》，决定从2011年起开展城镇居民社会养老保险试点。文件规定，与"新农保"一样，同样采取"保基本、广覆盖、有弹性、可持续"作为"城居保"试点工作的基本原则，建立"个人缴费和政府补贴"相结合的筹资办法，实行社会统筹与个人账户相结合，与家庭养老、社会救助、社会福利等其他社会保障政策措施相配套，保障城镇居民老年时的基本生活。"城居保"的基金筹集、领取条件、养老金待遇与"新农保"基本上保持一致，但在基金筹集方面没有集体补助。

另外，该文件对与相关制度的衔接问题也做出了规定，"有条件的地方，城镇居民养老保险应与新农保合并实施。其他地方应积极创造条件将两项制度合并实施。城镇居民养老保险与职工基本养老保险等其他养老保险制度的衔接办法，由人力资源社会保障部会同财政部判定。要妥善做好城镇居民养老保险制度与城镇居民最低生活保障、社会优抚等政策制度的配套衔接工作"。

这一规定为城乡居民社会养老保险的有效衔接做了前期的铺垫性准备，降低了不同制度之间的整合与人员流动中养老保险关系转移接续的转型成本，保障各参保主体的利益不受损害。"城居保"于2011年7月1日启动试点工作，到2012年基本实现城镇居民养老保险制度全覆盖，实现了预期目标。

三、城乡居民基本养老保险制度的统一

2014年2月7日，国务院决定将新农保和城居保两项制度合并实施，在全国范围内建立统一的城乡居民基本养老保险制度，并于2月21日出台了《国务院关于建立统一的城乡居民基本养老保险制度的意见》（以下简称《意见》）。该意见强调，按照"全覆盖、保基本、有弹性、可持续"的方针，以"增强公平性、适应流动性、保证可持续性"为重点，全面推进和不断完善覆盖全体城乡居民的基本养老保险制度。在基金筹集、建立个人账户、养老金待遇及调整、领取条件等方面，结合城乡各自的特性，城乡居民养老保险制度与新农保、城居保的规定基本上一致，求同存异。同时，城乡居民养老保险制度还对制度的"转移接续与制度衔接"问题作了特别说明，这为将来城乡居民养老保险制度与其他社会养老保险制度进行衔接性做好了制度性准备。其实，城居保与新居保的功能定位基本吻合，两套体制班子重复做着基本相同的工作。故而，就目前发展背景下，两项制度的独立运行是弊大于利的。城乡居民社会养老保险制度的统一，有利于节约成本、提高效率，有利于提高养老保险基金给付水平，有利于建立公平的社会保障体系，有利于促进城镇化建设，有利于打破城乡二元结构，同时也表明了我国社会养老保险向着更加公平的目标迈进。

但需要指出的是，企业职工基本养老保险与城乡居民基本养

老保险并非一样，后者在缴费标准和养老待遇方面远远低于前者。在实际运作过程中，城乡居民基本养老保险的待遇水平无论是绝对值还是相对值，都不能与企业职工基本养老保险相比拟，与其说是养老保险的待遇，还不如说更像是一种来自政府的生计补贴。人力资源社会保障部和民政部公布的数据显示，2013年城乡居民基本养老金月人均只有81元，是城市最低生活保障金的七分之一还不到，是农村最低生活保障金的三分之一。[1] 显然，城乡居民基本养老保险待遇远低于城乡最低生活保障水平，对城乡老年居民的生活保障作用是十分有限的，这也进一步表明了现有的保障水平对我国"城乡分治、因身份而异"的社会养老政策体系难以带来实质性的改变。[2]

综上所述，目前我国社会养老保险制度建设的主要任务是实现对人群的全覆盖。因此，在国家财力许可的背景下，出台实施了针对农村居民、城镇居民的社会养老保险制度，实现了对所有人群的全覆盖。并在此基础上，适时地对农村居民与城镇居民的社会养老保险制度进行合并，建立了城乡居民基本养老保险制度。值得一提的是，城乡居民基本养老保险制度的成功合并实施，为以后各类社会养老保险制度间的整合积累了宝贵经验。[3] 然而，通过对城乡居民基本养老保险制度的研究发现，这项制度在政策设计和落实执行上都存在一些不足。那么，新农保与城居保的并轨的过程中会出现哪些新问题？

（一）城乡居民基本养老保险制度并轨过程的困境

早在2010年，我国就开始探索城乡居民养老保险制度的建

---

[1] 李唐宁：《居民养老金不及城市低保七分之一》，载于《经济参考报》2014年4月14日。
[2] 刘仁春、陈秋静：《政策变迁中的路径依赖：我国养老公平问题审视》，载于《中州学刊》2016年第6期。
[3] 汤兆云：《新中国成立以来我国养老保险制度的改革探索与发展方向》，载于《科学社会主义》2014年第6期。

设路径，当年出台的《社会保险法》中明确规定："省、自治区、直辖市人民政府可以根据实际情况，将城镇居民社会养老保险和新型农村社会养老保险合并实施。"自此，城乡居民养老保险制度得到了大力推广，至2013年底，有15个省份建立了该制度①，制度的覆盖范围得到进一步扩展，在取得成效的同时也不可避免地出现了一些问题。

第一，城居保与新农保政策在衔接过程中存在的问题。任何制度的有效运行都需要强有力的法律法规保障。目前，对于两者的衔接和融合，还没有具体的法律条例，只是出台了《意见》，而且《意见》中的部分条例内容不够明确。比如《意见》规定："有条件的村集体对参保人予以补助、个人账户储存额按国家规定计息、根据经济发展和物价变动等情况，适时调整全国基础养老金最低标准、地方人民政府可以根据实际情况适当提高基础养老金标准。"这些规定内容比较模糊，且操作性不强。正是因为没有非常明晰的标准，就导致一些地方政府为了发展经济，而忽略民生保障，即便有条件对参保人给予保险补助，也可能借口不实行，或者不补，或者补贴不够。同时，也正是没有统一的制度规范，各地各自为政，随意性较大。因此，城居保与新农保政策在整合过程中存在的制度失范问题，会直接影响到城乡居民养老保险制度的稳定和持续发展。

第二，城居保与新农保管理机构在整合过程中存在的问题。一方面，并轨带来了巨大的工作量。比如，《意见》中规定"要求建立城乡居民养老保险信息系统、推行全国统一的社会保障卡、每年应对待遇领取人员和领取记录进行核对、跨地区城乡居民养老关系的转移等工作。"信息录入和核对等工作本身就非常烦琐复杂，再加上参保人数规模的剧增，经办人员的数量和服务

---

① 蔡若愚：《统一城乡居民基本养老保险只是一小步》，载于《中国经济导报》2014年2月1日。

质量又难以及时跟进,导致了城乡居养老保险的服务需求和服务能力之间矛盾的出现。另外,由于经办主体的不同,其管理也存在"多龙治水"现象,无疑影响了经办效率。[①] 还有,地方信息平台建设滞后,而且因为民政、税务、银行等各部门独立运行,没有统一的接口,很多业务都无法顺利对接,影响了制度实施效果。

第三,城乡居民基本养老保险制度在监管过程中存在的问题。《意见》中虽然提到了制度执行的监管问题,但是并没有明确到底由哪个部门具体负责实施。我国各地的实际情况本身就存在巨大差异,没有统一的监督和管理,地方政府的责任比较模糊,具体违规成本也不明晰,因此,地方政府在推进过程中,遇到各种各样的利益博弈时,就可能会出现敷衍塞责,执行不到位等问题。

(二) 大力推进城乡居民基本养老保险制度的建议

基于以上分析,针对城乡居民养老保险制度中存在的问题,拟从制度建设、参保居民和政府责任三个维度提出相关建议。

第一,加强城乡居民基本养老保险制度的建设。首先,致力于扩大基础养老金的覆盖范围,增强制度的普惠力度。一方面减少或取消养老金的领取条件限制。条件的限制总会把一部分老人排除在制度之外,这样有损社会公平,还可能导致新的贫困现象。而减少或取消领取条件,不仅有利于减少老年贫困,还有利于拉动内需,促进经济的发展。最贫困群众生活水平的提高,会提高整个国家的社会福利水平,这也是社会保障的宗旨所在。另一方面,提高基础养老金水平。在设立养老金标准时,至少要考虑两个因素,一是通货膨胀率,二是经济发展水平,科学合理地

---

① 李放、黄阳涛:《农民对新农保满意度影响因素的实证研究——以江苏三县为例》,载于《晋阳学刊》2011年第6期。

设置养老金增长率，才能确保制度的公平和可持续运行。其次，致力于稳步推进养老基金运营市场化，提高养老金的"收益性"。提高统筹层次，有利于使养老金运营形成规模效应，降低管理和运营成本。打造多元投资渠道，有利于分散投资风险，保证收益的稳定性。委托专业投资机构负责运营，有利于降低管理成本，并能有效整合优质资源，提高基金的运营收益。最后，致力于信息系统的建设，打造统一的信息平台。一方面，对各地已经建立的信息系统进行有效整合，做到信息不泄露、不遗漏、不重叠，并实现信息在全国范围内的共享。另一方面，完善信息系统功能，包括缴费、领取养老金、养老金运营、信息发布以及自查终端系统等方面，做到工作的透明化和管理的科学化，为更全面地深入推进制度建设奠定基础。

第二，建立健全城乡居民基本养老保险制度缴费激励机制。首先，要加大宣传力度。居民对制度的认可和信任是制度能得以有效运行的关键因素。因此，在制度并轨的过程中，要加强宣传，让居民切实了解城乡居民基本养老保险制度的特色和参保的好处，打消参保的疑惑和顾虑，促进积极参保。其次，应该考虑逐步取消"捆绑式"缴费，这一政策确实能提高参保率，但是我们也必须重视两点：一是老年人有享受国家基本养老保障的权利，不能把这种权利的获得捆绑在其子女身上；二是这种"捆绑式"缴费，很大程度上会造成重复参保，进而又损害了缴纳者的权益。最后，遵循"多缴多得、长缴多得"原则，提高城乡居民的参保动力。《意见》规定："补贴标准不低于每人每年30元；对选择较高档次标准缴费的，适当增加补贴金额；对选择500元及以上档次标准缴费的，补贴标准不低于每人每年60元。"这种补贴水平过低，无法激发居民的参保意愿。建议考虑提高补贴水平，依照"多缴多得"原则，鼓励居民参保；考虑建立补贴的累进制，根据"长缴多得"原则，即其居民所获补贴会随着其缴费年限的增加而增加，确保其参保的持续性动力。

第三，充分发挥中央政府的主导作用。首先，合理调整中央和地方之间的关系，加大中央对地方城乡居民基本养老保险制度的转移支出力度。有不少学者指出，目前中央政府完全有足够的财力来承担对新农保的补助。一直以来，贫困地区的居民养老保险补贴因为当地财政困境难以得到持续保障，中央政府应当给予合理范围的财政支持。可以根据贫困地区的经济发展状况、财政收入水平以及农村居民占比等指标，科学量化，划分等级，据此对城乡居民养老保险给予专项补贴。同时，中央还应在政策、经济等方面提供更多的优惠和支持，推动贫困地区自身的经济发展，逐步实现居民养老保险的自给。其次，加强监督和管理。一方面，中央政府要做好顶层设计，统一规划和指导，并且要明确关键问题，细化具体问题。比如中央和地方责权如何划分，地方政府具体职责如何明确，相关管理部门如何衔接以及制度如何合并等方面，都要出台可操作性的实施办法。另一方面，需要建立一个自上而下的监督机构，及时发现问题，及时纠正错误，确保制度并轨顺利推进。在强化内部监督管理的同时，还要积极发展社会监督，保证制度执行的公开公正，提升社会公信力。

第九章

构建养老服务体系

养老是每一个人都必须面对的问题,养老保障制度是我国社会保障体系中最重要的支柱性制度。养老保障包括经济保障和服务保障,养老金制度建设主要解决的是老年人的经济保障问题,但是如果没有健全完善的养老服务保障,即使有充足的养老保险金也不可能保障老年人的生活质量。因此,养老保障建设必须要做到经济保障和服务保障相结合,只有这样才能全方位地满足老年群体的生活需求,才能真正地提高老年群体的生活质量。

一、养老服务的内涵

一般而言,宏观意义上的养老服务①,是指"一切为满足老年人特殊需要而提供产品和服务的行业的总称,其外延至少包括家政服务业、医疗护理业、保险业、老年理财业、老年休闲娱乐业、老年用品、老年旅游、老年教育、老年文化体育、老年心理咨询等行业"。② 湖南省第三产业领导小组办公室在其专题研究

---

① 在本文引用的文献中,有很多使用的是与养老服务称谓相似的养老服务保障、老年服务、为老服务、老年社会服务等概念,为了引用的真实性,文中在这些引用的地方除行文特殊需要外尽量遵照原文。

② 潘海生、曹小锋:《关于推进养老服务产业化的若干思考——以浙江省为例》,载于《中国城市化》2010年第8期。

报告《养老服务与产业发展》中也认为除传统意义的养老服务业外，养老服务还包括老年食品业、老年用品业、老年医疗保健业、老年保险业、老年旅游业、老年文化教育业等。①

中观意义上的养老服务是指养老保障正式制度的服务体系，主要包括养老保险金的筹集、运作、发放和具体养老服务的供给两部分。王石泉认为，养老保障制度的服务体系就是指支撑和维护养老保障制度运行和发展各环节与各阶段所需服务的总称，主要包括养老保障制度的上游——养老保险金的筹集、中游——养老保险金的积累与运作、下游——养老保险金的领取以及老年人群体的生活照料与服务。②郑功成所倡导的社会化的养老服务机制也是针对养老保障服务制度的下游而言，他认为社会化的养老服务机制是基本养老保障的核心长效机制之一，要求建立养老保险金的社会化发放机制和养老服务的社会化供给机制，以确保养老保险金按时足额发放和高质量养老服务的有效供给。③

微观意义上的养老服务则是指为老年人提供生活照料、医疗保健、精神慰藉等日常服务，即具体的服务性养老服务的供给。（1）生活照料服务，指的是为老人提供基本的生活护理和照顾，满足老年人的穿衣、吃饭、如厕、洗澡、日间看护、室内外活动等日常生活需求，即包括吃、穿、住、行等。在传统的养老概念中，老人的日常护理全部由独立的家庭承担，但是随着社会化进程的加快，家庭的主要劳动者长时间忙于紧张工作，家中缺乏足够的服务人员，因此出现了许多"空巢家庭"，居家老人的生活照料正日益成为社会问题。（2）医疗保健服务，老年是人生的必经阶段，步入老年后随之而来的是身体机能逐年衰退，各器官

---

① 国家发展改革委产业司：《养老服务——大市场、大产业、大契机》，载于《中国经贸导刊》2007年第10期。

② 王石泉：《老年社会保障制度与服务体系的重建》，复旦大学博士学位论文，2004年4月。

③ 郑功成：《中国社会保障改革与发展战略（养老保险卷）》，人民出版社2011年版。

功能逐渐出现障碍,免疫功能下降,抵抗力逐渐衰弱,活动能力降低,易患各种各样的老年疾病。为了提高老年人的生活质量,这就需要加大养老医疗保健服务的投入力度,为老年人提供疾病预防、治疗、护理、康复、心理健康和临终关怀等方面的服务。(3)精神慰藉服务,指的是在满足老年人最基本的物质和经济需求的前提下,必须设法让老年人的身心保持愉悦。主要涵盖两个方面:一是思想上敬重老年人,所有家庭成员应该充分尊重老年人,维护老年人的家庭重要地位。二是情感上慰藉老年人,家人和社会应当始终保持对老年人的关心,注重老年精神关怀和心理慰藉,充分发挥家庭成员的精神关爱和心理支持作用。本书所论及的养老服务是养老保障体系的重要组成部分,主要侧重于服务保障,与养老保障体系中的经济保障相对应。为了便于进行深入研究,本书采用微观意义上的养老服务概念。①

二、养老服务的模式

世界发达国家养老服务模式分为三类:一是以英国等福利国家为代表的统一主义的福利模式,注重通过机构为全体国民提供优质服务;二是以美国为代表的新自由主义福利模式,注重引入市场机制,减少政府责任,强调自立和互助;三是以日本为代表的政府主导型的"合作"模式,注重政府与企业、非营利组织的配合,强调政府宏观的强力调控与微观的民主渗透。② 国内关于养老服务的研究较为详细,主要集中在养老服务的对象、方式、供给主体和服务内容等方面。目前,我国城乡二元养老服务

---

① 姜耀辉:《城乡统筹养老服务中的非营利组织参与研究》,中南大学硕士学位论文,2012年5月。

② 杨武:《中国社会组织养老服务策论》,中国人口出版社2012年版。

体系和水平存在着较大差距,已有研究也多侧重于城市养老服务,对农村养老服务关注度低。在养老服务方式上,我国学者主要对居家养老、社区养老和机构养老等养老服务方式分别进行了分析。本书认为社区养老能够应对家庭养老功能弱化和未富先老的养老困境,同时具有不脱离家庭、成本低、效率高、促进就业的优势,更适合我国的养老国情。①

(一) 居家养老服务模式

居家养老指的是老年人居住在家中,而不是集中居住在公立或私营养老机构,但是却由社会来提供养老服务的一种养老方式。② 居家养老是在传统家庭养老的基础上发展起来的,是传统家庭养老功能的进一步延伸和扩展。传统家庭养老具有经济保障和服务保障功能,其养老压力完全由家庭成员来承担,甚至有时是以牺牲家庭成员的幸福、降低家庭成员的生活质量为代价的。而居家养老更加强调的是服务保障功能,尤其是社会服务功能,主要提供传统家庭养老中经济保障以外的其他大部分服务,旨在可提高服务效率,增加老年人的福利水平。③ 根据居家养老服务供给的主体和服务方式的不同,居家养老可以分为以下四种模式。

一是"政府主办、层级联动"模式。这种模式中,政府采取行政手段,利用各级财政扶持资金以及自筹资金,相应在区县、街道以及社区,分级建立居家养老服务机构或者服务站点,为辖区内的居家老人提供养老服务。

这种模式的主要特点是政府主管,行政运作。一般而言,从区县到街道、再到社区居委会,各级分别设立管理机构,配备专

---

① 姜耀辉:《城乡统筹养老服务中的非营利组织参与研究》,中南大学硕士学位论文,2012年5月。
② 李娜:《养老模式比较——以苏州市为例》,载于《才智》2012年第2期。
③ 郭竞成:《居家养老模式的国际比较与借鉴》,载于《社会保障研究》2010年第1期。

门管理人员。这些人员一般来自本辖区内的行政管理人员,比如街道和居委会干部等,或者由政府直接聘用,往往是采取"低偿"的服务方式。①

该模式的优点在于:适应用于传统观念比较浓厚、经济发展欠发达的地区;政府直接管理,主管领导重视,政令可以一贯到底,畅通无阻;和社区紧密联系,服务快捷,居民容易理解和接受。该模式的弊端在于:政府大包大揽、官本位较严重,政事不分,工作效率不高;服务内容单一,专业化程度不高,无法满足多元养老需求;市场没有充分发挥作用,不利于调动社会力量的参与。

二是"政府主导、社会组织运作"模式。这种模式主要有两种具体的运作方式:第一,采取公办(建)民营的方式。政府主导,建设并提供养老服务的设备设施,社会组织负责管理和使用,具体实施养老服务。第二,政府投资,扶持社会组织建设养老服务设施或者建立养老服务站点,并由社会组织承担管理和运营。因此,在这种模式中,政府主要承担宏观层面的管理职能,包括制定规划、出台政策、规范标准、提供财政资助以及监督评估等。政府不负责居家养老的具体事宜,不直接承担服务功能。

该模式的优点在于:政府宏观调控,政事、政企分开,工作效率高;推动了非营利性社会组织的发展,专业化程度较高;引入了市场机制,降低了管理成本;服务产品丰富,能更好地满足多元养老需求。该模式的弊端在于:社会组织的权威性不够,公信力不高,难以稳定持续发展;政府与企业之间的责任边界难以把握,管得太多或太少都容易出问题。

三是"政府资助、机构主办、连锁经营"模式。这种模式

---

① 阎青春:《四种居家养老服务模式的"利"与"弊"》,载于《社会福利》2009年第2期。

中，政府投资一部分，社区自筹一部分，委托专业社会养老机构，在社区内建立养老服务站点，并由该养老机构进行管理，进行连锁经营，为社区老年人提供居家养老服务。

该模式的优点在于：政府"出钱"但"不管事"，委托专业机构承办，可以降低管理成本，节约人力资源；专业机构的管理和运营一方面可以提升居家养老服务质量，服务更加规范化和专业化；另一方面也可以促进自身的良性发展。该模式的不足在于：政府不直接参与管理，导致有些不太规范的养老机构容易敷衍塞责；政府资助不够会导致一些专业机构难以为继；监管体制不完善，容易导致一些专业机构服务水平下降；另外，养老机构和社区管理者之间也难免会出现矛盾。

四是"政府购买、公司承办、市场运营"模式。这种模式中，政府出资，向市场上一些从事服务业的企业或者公司购买服务，再由这些企业或者公司具体实施居家养老服务。这种养老模式的主要服务对象是"三无"老人、"五保"老人、军烈属老人、特困老人和支付能力不足等需要照顾的老年人。

该模式的优点在于：政府只提供相应资助，完全按照市场法则运作，降低管理和人力成本，效率较高，可以进一步推动养老服务市场的发展和成熟；鉴于市场竞争的压力，企业会提高诚信，致力于打造品牌，养老服务质量会大幅提高。该模式的缺点在于：企业相对自主，政府的约束力会有所下降；企业难免逐利，容易忽略或者舍弃一些低报酬服务，一些高收费的服务又往往难以符合大众意愿，这样导致供需结构失衡，违背居家养老服务的宗旨。

（二）社区养老服务模式

社区养老，是指政府进行宏观管理，制定相应政策，发动社会各界力量，充分利用社区内资源，依托社区实施养老服务的一种方式。① 社区养老具有双重功能，一方面承担居家养老功能，我们平时所说的社区养老即是从这一层面来定义的，是狭义上的社区养老；另一方面，社区养老还承担日间照料功能，即可以在社区内建立相应的养老机构或者养老服务站点，为社区老人提供日间照料服务，是更广泛意义上的社区养老。根据社区养老服务运作的具体形式的不同，可以分为以下三种模式。

一是"政府主导型"模式。这种模式中，各级政府通过行政手段，提供财政支持，在社区内建立不同层级的养老服务站点，设立相应的管理机构，为社区内老人提供养老服务。这种模式采取政府兜底的原则，主要对社区内高龄和生活困难的老人提供日常生活照料等服务。

该模式最大的特点在于政府主管，行政运作，推行较快，容易被居民所认可。该模式的弊端在于：政府全包，管理成本高，运行低效；资金来源渠道狭窄，财政负担重；封闭运行，社会组织等其他主体基本不参与，社会资本存量低，难以形成服务网络，导致服务质量较低；服务内容单一，难以满足多元养老需求。

二是"合作型"模式。这种模式中，政府通过购买服务的方式，鼓励和发动企业、社会组织、志愿者等多元主体积极参与，并与它们进行有效合作，共同为社区老人提供多样化的养老服务。此模式下，政府不直接提供养老服务，主要承担着主导、扶持、管理、监督以及绩效评估等职能。

该模式的优点在于：政府宏观主导，引入市场机制，政府管理成本和人力成本降低，提高了服务效率；专业化的社会组织得以培育，养老服务的专业化水平得以提升；政府、企业和社会等多元主体参与，资金来源渠道广泛，为社区养老服务健康持续发

---

① 司富春：《中小城市社区居家养老模式和实践路径研究》，载于《中国发展》2016年第8期。

展提供稳定的资金保障；社会力量积极参与，高效互动网络得以形成，养老服务设备设施等资源可以共享，老人之间的互动频率也随之增多，社区社会资本存量较为丰富，同时，养老服务内容得以完善，社区老年人多元化的异质性养老需求能够得到有效满足。

该模式的局限性在于：一些地方社会组织发展不够成熟，难以承担起政府委托的社区养老责任，同时也难以获得社区居民的认可和信任；对政府的监督管理水平提出了更大的挑战，力度的把握直接影响着该模式的运行效率。

三是"互助型"模式。这种模式中，参与服务的主体是社区内老年人，他们通过互帮互助的形式具体实施养老服务，通常是低龄、健康老人为高龄、无生活自理能力的老人提供服务。同时，也有政府、志愿者以及社会组织等力量的加入。政府主要提供政策支持和资金补贴，即提供相应的基础设施建设，成立社区内互助养老服务站点，对养老服务活动进行适当的经费补贴。社会组织及志愿者组织通常为社区内老人提供一些日常照料服务，并组织一些适合老年人的休闲娱乐活动。

社区内老年人自愿结对的"互助型"养老方式，给政府减轻了负担；充分利用了老年资源，节约了社会资源；激发了老年人力资源的积极性；提高了老人之间的互动频率，老人之间信任度提高，归属感增强，幸福感增加；形成了社区内良好的合作氛围，让社区内社会资本得到充分运用。总之，这种模式具有灵活性、便捷性等特点，易于操作，覆盖面广，已经得到越来越多的运用。

该模式的局限在于：资金来源主要是靠政府适当补贴或者社区内老年人自筹，渠道相对单一，不利于长期发展；"互助"的规章制度没有形成，纯粹靠个人热情，难以确保服务的可持续性；监管主体不明确等。

（三）机构养老服务模式

机构养老指的是政府或者社会力量通过投资兴办专门的养老机构，统一为老年人提供有偿、低偿或者无偿服务的养老服务方式。根据机构投资主体和经营主体的不同，可以分为以下四种类型。

一是"公办公营"模式。这是一种高福利性质的服务模式。即由政府承办或者政府与集体合办，为特殊老人群体提供免费或者低收费服务的一种养老服务方式。公办公营的养老机构主要包括社会福利院和敬老院，前者的服务对象主要是城市无法定赡养人、无固定生活来源、无劳动能力的"三无"老人，后者则主要面向农村"五保户"老人。申请入住者必须经过严格的资格审查。该机构的运行经费主要来自于财政拨款，社会捐赠也是重要的一部分，政府的主要职能是"托底"。

这种模式的优点在于：政府负责，财政支持，管理规范，推行力度大；社会信任度高，容易获得社会认可和支持。该模式的缺点在于：政府财政负担重；没有竞争机制，管理容易松懈，服务专业化水平低，养老服务质量得不到保障；社会监督不强，容易滋生腐败。

二是"公办民营"模式。这是一种半福利半市场性质的服务模式。即由政府出资兴办养老机构，交由社会团体或者私人部门来经营的一种养老服务方式。这种机构一方面要协助政府为合同规定范围内的低收入老人提供一定的福利性养老服务，但所占比例较低；另一方面又要突出其主要服务对象，即具有一定消费能力，而且对养老服务质量有较高要求的中等收入老人。政府不直接参与管理，承担监督的责任。

该模式的优点在于：政府提供养老硬件设施，社会团体或私人部门提供养老服务软件设施，两者进行资源整合，可以降低运行成本，减轻各自负担；私人部门自负盈亏，市场竞争意识强，有利于提高服务质量。该模式的弊端在于：注重控制成本，可能影响服务质量；养老硬件设施存在过度使用的可能，不利于持续发展。

三是"民办公助"模式。这也是一种半福利半市场性质的服务模式。即由一些社会团体、社会服务机构等非营利性社会组织投资兴办养老机构，提供养老服务的一种方式。这种模式中，政府给予相应的土地、税收、资金补贴、人员支持及购买服务等方面的政策支持。这种类型的机构也会协助政府为低收入老人提供一部分福利性床位，且所占比例较高。除此之外，也服务部分中等收入老人群体。

该模式的优点在于：公益性色彩较浓，容易获得社会认同和支持；参与人员往往极具爱心，有工作热情，比较注重人文关怀。该模式最大的弊端也恰好是因为其非营利的性质，可能带来市场竞争意识不强，工作效率不高，服务质量难以得到保障等问题。

四是"民办民营"模式。这是一种完全市场性质的服务模式。即由私人企业或者个人投资兴办养老机构，自主管理和经营，为老人提供有偿服务的一种方式。这种模式的主要服务对象是高收入且对养老服务要求较高的老人，它所提供的养老服务水平通常要高于基本养老服务水平，尤其是一些高端的养老机构，比如高端养老院、度假疗养院、社区配套老年公寓等，其服务内容十分广泛，除了日常生活照料以外，还包括医疗保健、文化体育、休闲娱乐、金融服务、法律咨询等，而且对于失能失智老人的服务项目也更加讲究专业化和个性化。

该模式的优点在于：市场竞争意识极强，运营效率高，服务质量能够得到保证；管理方式灵活，具有创新意识，非常具有活力。该模式的劣势在于：注重成本控制，难免"偷工减料"，影响服务质量；为吸引顾客，会夸大宣传效果；以营利为目的，收费较高，一定程度上会影响社会公平。

(四)"医养结合"养老模式

"医养结合"养老模式指的是把医疗资源和养老资源两者整合起来,合理配置资源,实现医疗和养老两种产业之间的协作和融合,形成"养生—医疗—养护"的产业链条,为老年人提供更优质的养老服务,主要有以下三种类型。

一是"内置型"。所谓内置型,指的是单一机构,包括具备医疗功能的养老机构和具备养老功能的医疗机构,通过优化配置内部资源,提升自身功能,提供"医养结合"养老服务。"内置型"有两种具体操作模式:第一,养老机构内置医疗机构。即在一些养老院、福利院等专业养老机构里,专门设立卫生室等医疗机构,这样一方面满足了老年人日常生活的照料服务;另一方面可以给生病的老人提供医疗护理,还可以给健康老人提供医疗指导。第二,医疗机构内置养老机构。即在医院等医疗机构里,专门设立养老护理中心等养老机构,老人生病时住在医院接受治疗,病情稳定了又可以转到专业护理中心接受服务,这种"零距离"的转诊方式为老人提供了极大的方便。

该模式的优点在于:各个机构可以优化资源配置,拓展服务范围,带来了良好的经济效益和社会效益;可以提升服务质量;费用相对较低;床位需求量大,节约了社会资源。这种模式的不足在于:对机构自身管理和实力等方面要求较高;政府扶持力度较小,经费难以保障;养老机构内的医疗服务没有纳入医保范围,增加了老年人的经济负担。

二是"联动型"。所谓联动型,即专业的养老机构,包括政府、企业、社会组织等主办或者承办的养老机构,和专业的医疗机构进行合作,分别为社区老人提供"养"和"医"的专业化服务,实现互利共赢。

该模式的优点在于:两者通过合作的方式,养老资源得以充分挖掘和利用;老人就医实现了"零距离",降低了时间和费用成本。该模式的弊端在于：利益协调机制不健全，监管机制不到位，有可能出现"违约"风险；两者责任边界比较模糊，难以确保老人的服务到位；费用比较高。

三是"辐射型"。所谓辐射型，即指以社区养老中心为辐射原点，多个养老机构、医疗机构与社区养老中心签订合同，进行分工合作，建立满足社区内老年人多种养老需求的"医养结合"服务辐射网络。这种模式中，社区养老服务中心负责建立老人需求信息库，在专业养老机构和医疗机构的指导和扶持下，为社区老人提供免费或者低费的连续快捷的综合养老服务。

这种模式的优点在于：优化资源配置；养老和医疗机构的协作方式，可以增加就业岗位；老人可以"居家"享受全面服务。同时，该模式也存在一些缺点，比如服务项目众多，服务质量难以确保；对社区养老服务中心等养老设备设施要求较高；容易出现协调不到位的情况。

三、长期护理保险制度的探索

进入21世纪，长期护理逐渐进入人们的视野，世界上很多国家，包括中国在内，开始关注长期护理问题。长期护理（long-term care），国际上简称LTC，美国健康保险学会（HIAA）将其定义为"在一个比较长的时期内，持续地为患有慢性疾病，譬如早老性痴呆等认知障碍或处于伤残状态下，即功能性损伤的人提供的护理。它包括医疗服务、社会服务、居家服务、运送服务或其他支持性的服务。"世界卫生组织（WHO）指出长期护理旨在"保证那些不具备完全自我照料能力的人能继续得到其个人喜欢的以及较高的生活质量，获得最大可能的独立程度、自主、参与、个人满足及人格尊严。"

人口的老龄化导致需要长期护理的老人规模逐渐增大，为应对日益严重的老年人口长期护理问题，很多进入工业化阶段的国家开始探讨长期护理保险制度的建设，并先后颁布了一系列长期护理法案，形成了一些比较成熟的长期护理模式，可以总结为四种类型：一是以美国、德国为代表的"老年人长期护理保险模式"，包括社会型和商业型保险制度，这种模式目前为多数国家所采用，在我国也有一定的实施基础；二是以澳大利亚为代表的看护服务模式，国家联邦政府与地方政府按照一定比例分担居家老人的看护护理费用；三是以法国为代表的支付看护金模式，国家对生活不能自理且年收入低于年度全国最低收入标准的老年人，给付年度护理补贴；四是以瑞典、芬兰等北欧高福利国家为代表的家庭津贴模式，国家对生活不能自理的老人，根据看护需要，按月或按年向其家庭给付看护费用。① 后面三种类型基本是以政府巨大的财政支持为基础的，主要是一些欧洲经济合作与发展组织（OECD）国家推行的以公共财政为主要责任的长期护理津贴计划②，这种模式不太适合我国国情。尽管如此，这些国家根据自己本国实际所建立的长期护理保险制度，比较成功地缓解或者解决了人口老龄化所带来的长期护理困境。

在上述国际大背景下，面临着人口老龄化的严峻形势，我国长期护理保险制度的建设也开始进入探索时期，并且引起了各界大讨论。其中，一个最大的聚焦点即是关于长期护理保险制度主体的争论。

（一）社会保险和商业保险主体的争论

首先从国家政策层面来看，长期护理保险制度的主体定位先后完全不同。2006年12月，国务院出台《关于全面加强人口和

---

① 乐章、陈志：《长期护理制度启示》，载于《社会保障研究》2014年第1期。
② 戴卫东：《长期护理保险：中国养老保障的理性选择》，载于《人口学刊》2016年第2期。

计划生育工作统筹解决人口问题的决定》，明确提出要"探索建立长期护理保险等社会化服务制度"。2011年12月，国务院发布《社会养老服务体系建设规划（2011～2015年）》，号召"有条件的地方，可以探索实施老年护理补贴、护理保险，增强老年人对护理照料的支付能力"。2013年9月，国务院又下发了两个文件，一是《国务院关于加快发展养老服务业的若干意见》，指出"鼓励老年人投保健康保险、长期护理保险、意外伤害保险等人身保险产品，鼓励和引导商业保险公司开展相关业务"。二是《国务院关于促进健康服务业发展的若干意见》，更加明确提到"积极开发长期护理商业险"。

从上述文件中的具体提法和内容来看，2006年的《关于全面加强人口和计划生育工作统筹解决人口问题的决定》和2011年的《社会养老服务体系建设规划》中，所提到的长期护理保险（LTCI），显然是指社会保险。而2013年的两个《意见》中，却是明确了LTCI是商业性质的保险。长期护理保险制度模式的主体定位之所以发生如此大的逆转，应该说和推行长期护理保险制度具有比较大的风险性相关，社会保险和商业保险中政府所承担的责任大小是截然不同的。

其次从学术研究层面来看，有关中国长期护理保险制度的主体探讨，主要有三种典型观点：一是赞成以社会保险为主体、商业保险作为补充（吕国营、韩丽，2014；荆涛、谢远涛，2014；朱铭来、贾清显，2009；戴卫东，2012）。此种观点认为，社会保险可以有助于解决长期护理保险市场的逆向选择问题。二是支持采取商业保险模式（王新军、郑超，2014）。该观点主要认为社会保险会给政府和企业带来沉重的财政负担。这种两种观点最大的分歧是涉及长期护理保险的覆盖范围问题。第一种观点认为商业保险覆盖面窄，如果将LTCI定位为商业性质，那么不少老人就会被排除在制度之外；第二种观点认为随着商业保险的发展，其覆盖范围也会逐步扩大，这样可以为企业和政府减轻压力。① 第三种观点是建议采取过渡型长期护理策略，建议将长期护理保险作为基本医疗保险的补充，采用"家庭医疗保险包"的过渡型策略。长远来看，这种观点忽略了将来可能出现"转制成本"风险的问题。

实际上，我国目前推行的长期护理保险大都是商业性质的保险。比如，1999 年太平洋保险公司的"太平盛世·附加老年护理费保险"；2004 年中荷海康推出的"呵护一生"终生医疗补贴保险；泰康人寿推出的"康寿保"老年意外险；2005 年国泰人寿推出的"康宁长期看护健康保险"；2006 年人保健康公司推出的"全无忧长期护理个人健康保险"，这一系列长期护理保险都是商业保险。我们大家都知道，因为资本的逐利性，商业保险存在的最大问题就是逆向选择，而在长期护理保险中发生逆向选择的几率可能就更大，这应该也是我国长期护理保险发展缓慢的一个很重要的原因之一。

国际经验表明，要避免这种逆向选择，促进长期护理保险制度的发展，就必须以社会保险的方式来建立长期护理保险制度，即由政府指定部门和机构主导主办，符合参保条件的都必须参加。比如，德国的长期护理保险基本实现了全覆盖，日本的介护保险覆盖了 40 岁以上的人群。那么，随着我国社会保障制度改革的推进，我国未来的长期护理保险制度的发展方向也应如此，即以社会保险为主体，商业保险为补充。

（二）长期护理社会保险制度建设路径

正如上文所述，建立以社会保险为主体的长期护理保险制度是中国未来长期护理的发展方向。至于到底是采取单独建制的方式，或者如德国一样采取"长期护理保险跟随医疗保险"的经

---

① 赵曼、韩丽：《长期护理保险制度的选择：一个研究综述》，载于《中国人口科学》2015 年第 1 期。

验，依托基本医疗保险而建立，作为现有基本医疗保险的拓展和延伸的方式，社会各界都有不同的声音。但其实不管采取哪种方式，都说明了我国长期护理保险制度的发展是必然选择。而且目前我国已经形成了一个包括养老、医疗、失业、工伤以及生育保险等在内的非常完整的社会保险体系，这也为我国长期护理制度的建设提供了制度和实践基础。

关于中国如何构建长期护理制度，学者戴卫东提出了十大议题：一是中国长期护理已成重大社会风险之一；二是现有养老保障存在"独脚难支"问题；三是城乡养老机构服务质量都有待提高；四是民办养老机构的扶持政策可操作性不强；五是目前养老服务保障的职能部门条块分割；六是当前是中国长期护理制度模式立法全民大讨论的黄金时期；七是试点先行与立法保障是下一步建设重点；八是前期数据调查与"四驾马车"打造是成败关键；九是加强与其他机构"联姻"是制度完善要领；十是强调中国特色"家庭养老不能丢，福利成分不能少"[①]。这些观点和建议的提出，为推进中国长期护理保险制度的发展提供了非常有益的参考。基于国际的经验总结以及中国关于长期护理社会保险制度的探索和研究，拟提出我国长期护理保险制度构建的四条基本原则。

第一，试点先行。目前，我国长期护理保险建设试点工作，在山东、北京、上海、浙江等地已经启动，在此基础上总结经验，再逐步推进，有利于降低制度的试错成本。第二，政府主导。根据经济合作与发展组织（OECD）国家的经验，在实施长期护理保险制度过程中，政府承担立法和财政支持等责任。目前，我国也遵循这样一条原则，在山东青岛等试点地所推行的社会医疗护理保险建设中，政府也会从社会医疗保险账户中划出一

---

① 戴卫东：《中国长期护理制度建构的十大议题》，载于《中国软科学》2015年第1期。

定比例的资金用于长期护理。第三，多元参与。长期护理保险制度建立的最终目的是能为参保人提供长期稳定的护理服务。这需要充足的人员和资金作为保障。因此，构建一个由政府、家庭、社区、市场、社会组织以及志愿者等多元主体参与的长期照护养老保障体系是必然趋势，相应的，我国"居家养老为基础，社区养老为核心，机构养老为补充"的养老服务模式同样适用于长期护理的服务方式。第四，加强监督。长期护理保险制度的良性运行很大程度上取决于护理服务的质量，因此，政府各职能部门必须加强监督管理，并在此基础上，完善第三方评估机制，加强社会监督。

| 下篇 |

中国养老保障制度的
发展成效与未来走向

第十章

中国养老保障制度改革取得的成效

创建于新中国成立初期的中国养老保障制度，经历了一系列的磨难和挫折，经过一次次的改革和创新，立足于中国国情，借鉴国内外的经验及教训，主动适应中国经济社会发展的变革，逐步推进，最终实现了养老保障政策的变迁，在保障人民基本生活、深化企业改革、维护社会公平以及促进社会良性运行等方面起到了重要的作用，取得了良好的社会效益和经济效益，改革创新成效显著。如今，我国养老保障制度在内容体系、结构体系、层次体系及服务体系等方面的改革日趋完善，形成了一个稳定的理论框架，确立了具有中国特色的基本养老保障制度体系。

一、整体推进：丰富了基本养老保障制度的内容体系

中国从20世纪80年代开始进行养老保障制度的改革，到90年代中后期，基本建立了养老保障制度的整体框架，在全国范围内实行统一的养老保障制度。随着国有企业改革的深化，社会养老保障制度的改革与建设步伐明显加快，到了21世纪，养老保障制度改革进入体制创新的重要发展阶段，个人账户所缴费用与

统筹账户缴费基金分账管理，标志着我国已确立社会统筹与个人账户相结合的基本养老保险制度。2014年，新型农村社会养老保险和城镇居民社会养老保险在制度上正式并轨，完成了城乡居民社会养老保障全覆盖，再到2015年，机关事业单位养老保障制度改革的全面推进，标志着养老保障"双轨制"的破冰，我国城乡一体化的养老保障制度体系基本建立。纵观我国养老保障制度在不断改革的进程中，历经了从无到有、从城镇到农村、从职工到城乡居民，从单位保障到社会保障的发展过程，在养老保障制度整体推进中，丰富了基本养老保障制度的内容体系。

（一）养老保障的覆盖范围不断扩大

各国经验表明，养老保障制度的稳定和可持续发展，同众多参与者、政策支持、社会认同等因素息息相关。也就是说，争取最大多数国民的参与和支持，是养老保障制度健康和良性发展的内在经济支持和外在环境支撑。由此，不遗余力地扩大覆盖面，力争将全体国民都纳入到制度之中，是中国养老保障改革的重点。目前，我国基本养老保障的覆盖范围日益扩大，逐步从国有企业向多种所有制组织、从正式职工向灵活就业人员、从城镇企业职工向城乡居民扩展，特别是企业职工养老保险制度不断完善，参保人员实现了突进式增长。具体如图10-1、表10-1所示，自2010年以来，随着新农保和城镇居民养老保障制度的试点，养老保障的覆盖面得到进一步扩展，到2016年，全国参加基本养老保险的人数为88 709.2万人，参加城镇职工基本养老保险人数37 862万人，占42.7%；参加城乡居民养老保险的人数为50 847.2万人，占57.3%。其中，参加城镇职工基本养老保险的人数比上年末增加2 501万人，增长7个百分点；参加城乡居民基本养老保险人数比上年末增加375万人，增长0.7个百分点，相比城镇职工养老保险制度的扩面工作，增幅较小，则主要是由于一些新兴阶层群体，如农民工群体和灵活就业者纳入了

第十章 中国养老保障制度改革取得的成效

养老保险制度体系。

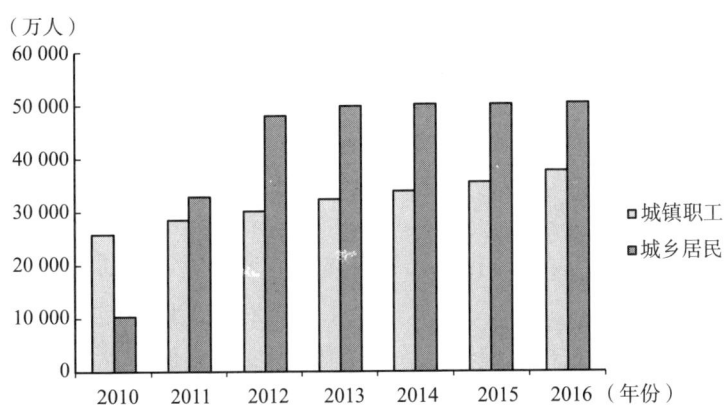

图 10-1　2010~2016 年我国城镇职工和城乡居民养老保险参保情况

资料来源:《中国统计年鉴 2016》以及 2016 年社会保障事业发展统计公报。

表 10-1　　2010~2016 年我国基本养老保险参保情况　　单位:万人

年份	参加基本养老保险人数	城镇职工养老保险人数	城乡居民养老保险人数
2010	35 984.1	25 707.3	10 276.8
2011	61 573.3	28 391.3	33 182
2012	78 796.3	30 426.8	48 369.5
2013	81 968.4	32 218.3	49 750.1
2014	84 231.9	34 124.4	50 107.5
2015	85 833.4	35 361.2	50 472.2
2016	88 709.2	37 862.0	50 847.2

资料来源:《中国统计年鉴 2016》以及 2016 年社会保障事业发展统计公报。

1. 农民工群体参保率不断上升。

随着工业化、城市化以及农业现代化的不断推进,农民工群体规模日益庞大,由于城乡"二元结构"的分割和户籍制度的限制,他们虽身在城市,却无法享受城镇居民应该享受的养老保障等公共服务和社会福利,又因远离农村,也无法与农村的相关保障政策进行完全对接。也就是说,游走于城市和农村之间的农民工群体的养老保障很大程度上是缺失的。由此,如何构建适合农民工群体特点的养老保障制度,不得不提上议事日程。从2009年开始,农民工的养老保障受到各界广泛的关注与推动。在学术研究层面,对于农民工养老保障的建立,形成了"城保"模式、"双低"模式、"农保"模式和综合保险模式等四种模式。"城保"模式就是主张把农民工群体的养老保障纳入到城镇职工养老保险制度,"双低"模式则是主张把农民工群体的养老保障纳入到城镇或农村的最低生活保障制度中,"农保"模式顾名思义就是把农民工的养老权益保障纳入农村的保障制度系统,而综合模式就是视情况而定选择最适宜的一种保障形式,同时,国家也制定了相关养老保障办法。由此,我国农民工参加养老保障的情况得到了很大程度的改善。如表10-2所示,首先,在参保的绝对人数上,由2008年的2 416万人增长到2015年的5 585万人,增长了近一倍;其次,在参保率上,从2008年的10.72%上升为2015年的20.13%,这进一步说明农民工群体参加养老保险制度在群众中的认知程度和可及性程度得到了提升,增速较快。当然,这同时也意味着还有80%左右的农民工并没有纳入养老保障制度范围,即五个农民工中就有四个是没有享受到制度保障的,只有一位可能因行业、工种、职位、收入等方面的优势而享受到养老保障制度的覆盖,可见农民工群体之间的差异性非常明显,今后养老保障的扩面工作在较长一段时期内依然严峻。

表10-2 　　　　　我国农民工养老保险参保情况　　　　单位:万人

年份	农民工人数	外出农民工人数	参保人数	参保率(%)
2008	22 542	14 041	2 416	10.72
2009	22 978	14 533	2 647	11.52

续表

年份	农民工人数	外出农民工人数	参保人数	参保率（%）
2010	24 223	15 335	3 284	13.56
2011	25 278	15 863	4 140	16.38
2012	26 261	16 336	4 543	17.30
2013	26 894	16 610	4 895	18.20
2014	27 395	16 821	5 472	19.97
2015	27 747	16 884	5 585	20.13

注：参保率为参加城镇职工基本养老保险制度的农民工人数与全国农民工人数之比。

资料来源：2008~2015年度劳动和社会保障事业发展统计公报。

2. 灵活就业者被纳入了制度体系。

1995年，《国务院关于深化企业职工养老保险制度改革的通知》发布，首次将职工养老保障范围扩大到城镇各类企业职工和个体劳动者。2001年，《关于完善城镇职工基本养老保险政策有关问题的通知》出台，其中首次对城镇个体工商户等自谋职业者以及采取各种灵活方式就业的人员参加养老保险进行规定。与此同时，各地因地制宜，出台了相关城镇职工个体工商户和灵活就业人员参保的政策，但未有统一的缴费办法。直到2005年，《国务院关于完善企业职工基本养老保险制度的决定》正式颁布，各地对城镇个体工商户和灵活就业人员的养老办法才逐渐明确且统一并产生了四种实践模式，即低基数模式、过渡模式、低费率模式以及自主选择模式，具体见表10-3。从这些政策实践模式来看，城镇个体工商户和灵活就业者基本上实行了"统账结合"，缴费基数，从社会平均工资的60%起步，再逐渐过渡到社会平均工资。这些制度的设计有利于推进城镇企业职工基本养老保障制度的并轨，为制度的整合奠定了基础。

表 10-3　我国各省市灵活就业人员养老保险办法比较

省（自治区、直辖市）	缴费基数 社会平均工资	缴费比例 统筹账户	缴费比例 个人账户	养老金发放 基础养老金	养老金发放 个人账户养老金
北京、甘肃	40%~60%	12%	8%	每缴费一年，计发指数化个人缴费工资和社会平均工资平均值的1%	个人账户累计额除以计发月数
重庆、海南、河南、福建、安徽、广西、贵州、云南、四川、天津、辽宁、吉林、山东、新疆、西藏、青海	60%~100%	12%	8%	每缴费一年，计发指数化个人缴费工资和社会平均工资平均值的1%	个人账户累计额除以计发月数
浙江	80%~300%	10%	8%	每缴费一年，计发指数化个人缴费工资和社会平均工资平均值的1%	个人账户累计额除以计发月数
江西、上海、河北、广东、湖南、江苏、山西、黑龙江	60%~300%	8%~12%	6%~8%	每缴费一年，计发指数化个人缴费工资和社会平均工资平均值的1%	个人账户累计额除以计发月数

资料来源：叶宁，《中国灵活就业人口参加社会养老保险模式：模拟与选择》，浙江大学博士论文，2011年5月。

（二）养老保障的待遇水平不断提升

养老保险基金是养老保障制度的物质基础，要评估养老保障待遇水平，必须以基金的收支结余为依据。随着基本养老保障覆盖面的进一步扩大和缴费标准的逐步规范及统一，我国基本养老保险基金收支规模逐年递增，基金累计结余额也越来越大，如表10-4所示，以2015年为例，我国养老保险基金收入为32 195.5

亿元，同期支出为 27 929.4 亿元，当期净结余为 4 266.1 亿元，显而易见的是养老保险基金"收大于支"，且结余率高达 13.25%，这说明目前我国养老保障制度的财务状况良好，在不受"历史欠债"的影响下，相当一段时期内能维持制度本身的"收支相对平衡"，为养老保障的待遇给付奠定了坚实的物质基础。另外，按照国家统一部署，对企业离退休人员的基本养老保险待遇水平进行了多次调整，跟随经济发展步伐，逐步实现平稳增长。如 2017 年人力资源社会保障部、财政部共同印发《关于 2017 年调整退休人员基本养老金的通知》，决定自 2017 年 1 月 1 日起，按照平均 5.5% 的幅度提高企业和机关事业单位退休人员养老金标准。这意味着自 2005 年以来，我国退休人员的养老金待遇水平已实现连续 13 年的调整提高，到 2016 年，我国人均养老金水平已经达到 2 400 元左右，这为应对老龄化的挑战、促进改革发展、分享经济红利、维护社会稳定发挥了重要作用。当然，我们不能因此而盲目乐观，从表中我们还要看到，养老保险基金收入的增长率低于支出的增长率，这意味着养老保险基金的当期结余呈"缩小"趋势，虽然累积结余额是呈不断增长的趋势，然而这种增长累积额终会在不远的将来由于收入和支出的"差值"而可能消失，从而引发养老保险金给付危机，甚至影响整个养老保险制度的可持续性运行。所以，我国的养老保险待遇水平应遵循物价指数化计发的原则，不能盲目提高，以免陷入"福利陷阱"和财政危机。

表 10-4　2010~2015 年我国养老保险基金收支结余情况

年份	收入（亿元）	支出（亿元）	当期结余（亿元）	结余率（%）	累积结余（亿元）	累积贡献比（%）
2010	13 872.9	10 755.3	3 117.6	22.47	15 787.8	19.75
2011	18 004.8	13 363.2	4 641.6	25.78	20 727.8	22.39

续表

年份	收入（亿元）	支出（亿元）	当期结余（亿元）	结余率（%）	累积结余（亿元）	累积贡献比（%）
2012	21 830.2	16 711.5	5 118.7	23.45	26 243.5	19.50
2013	24 732.6	19 818.7	4 913.9	19.87	31 274.8	15.71
2014	27 619.9	23 325.8	4 294.1	15.55	35 644.5	12.05
2015	32 195.5	27 929.4	4 266.1	13.25	39 937.1	10.68

注：2010年及以后基本养老保险基金中包括城镇职工基本养老保险和城乡居民基本养老保险。

资料来源：根据《中国统计年鉴2016》资料测算所得。

（三）养老保障的统筹层次逐渐提高

我国养老保障制度改革在较短的时间内，探索出了一条具有中国特色的养老保障改革道路。城镇职工基本养老保险由原来采用完全的"代际赡养"的现收现付制，转型为社会统筹和个人账户相结合的部分积累制模式，社会统筹基金与个人账户基金实行分别管理，实现增值保值。统账结合模式融合了完全积累制和现收现付制的优势，兼顾了公平和效率。目前，虽然说离真正完整意义上的省级统筹还有一定的距离，但社会统筹部分已经基本实现县级统筹向省级统筹方向发展，在不同地区和不同行业，养老保障统筹层次进一步提高，更好地发挥了养老保障的互助共济功能，极大地激发了市场活力。同时，养老保障统账结合模式还改变了以往依靠政府和单位的传统保障观念，引入政府、雇主和雇员等多方共同分担的多渠道筹资机制，实现了由传统保障制度向社会化的责任分担制度转变，体现了权利与义务对等的原则，强化了养老保障的"互助共济"功能，扩宽了养老保障资金的来源，为养老保险制度的正常运转奠定了物质基础，提高了制度的有效性。这既是基于我国国情的实践，又确保了养老保障制度的可持续发展。

（四）养老保障管理体制进一步完善

健全的管理体制对养老保障制度的运行起着关键作用。在我国基本养老保障制度改革、定型和完善的过程中，养老保障管理体制改革的方向也日益明晰，并取得了一定的成效。

1. 明确了政府主体的管理责任。

正如中国社会科学院学部委员、欧洲所前所长周弘认为的那样，政府在社会保障中的作用一是要起到切实托底的作用，二是要时刻把握社会发展的方向。① 具体来说，政府主体的管理责任主要体现在：第一，履行了顶层设计的责任，即政府在完善养老保障立法、进行制度建设、制定政策措施等方面承担着主导责任。从1999年进入人口老龄化社会以来，国家出台了一系列相关养老保障的政策法规，目前，关于养老保障的相关法律、行政法规、地方性法规以及部门规章在内的政策法规体系已经形成并逐步完善，规范着养老保障制度转型的全过程。第二，履行了执行及监管责任，即指在养老保险基金筹集、运营和给付等各个方面，政府履行执行责任并进行监管。养老基金的筹集、给付和运营是养老保障制度得以顺利运行的关键，基于此，政府对于养老保障基金的筹资、投资、管理、发放等方面都有相应的制度。比如在养老金计发方面，应该针对"老人""中人"和"新人"等不同群体提出相应的养老金计发办法，然后对计发方式做进一步科学调整，主要有"定额式"调整，体现了养老保障的社会公平；有"多缴多得"的挂钩式调整，即与缴费的时间长短、基本养老金水平高低等因素挂钩，从而达到激励的目的；除此之外，还对高龄退休人员以及边远地区的企业退休人员等群体给予

---

① 周弘：《适当延长缴费年限，推迟退休年龄，是势在必行》，中国社会保障学会网站，2016年7月6日。

适当的倾斜照顾。另外，又鉴于养老保障制度运作和管理的复杂性，政府在养老保险缴费、养老金运营和给付等各个方面，又承担着主要的监管责任。第三，履行了兜底责任，即为保障老年人的正常生活，政府以财政为依托，通过转移支付等方式承担着养老保险的兜底责任。① 比如，政府承担养老保障制度转制的"制度成本"，在实行"新人、中人、老人"的不同给付标准规定下，通过基金收益、国有资产划拨、财政专项补贴等转移支付方式来填补"老人"的个人账户空缺，其中对没有参加城镇职工养老保险的 60 岁以上老人给付的基础养老金也都是由政府直接承担。

2. 探索了政府、市场以及社会之间的良好合作方式与科学管理机制。

为了应对人口老龄化趋势和顺应市场经济发展，政府进一步探索了与市场、社会之间的良性合作关系，特别是在"部分积累性"养老保险基金的筹资管理、投资运营等方面，引入了市场机制，强化审查程序、监督市场主体，在管理上日趋严格。如在养老保险基金的市场投资方面，采用直接管理或委托投资运营的方式，注重风险的规避，不断地提高养老基金的盈利率和安全性，同时又引入市场竞争机制，使养老保障体制更加灵活，开辟新的筹资渠道，使政府负担的"无限责任"逐步缩减至"有限责任"，在市场经济下，理顺了养老保障制度的管理体制。总的来说，在养老保障制度建设及改革的过程中，政府的主导和引导始终贯穿于制度运行的各个环节，影响着其他参与主体的行为，并开始探索建立养老保障制度管理中"事权与责权"相统一的责任划分机制，不断推进养老保障管理体制的进一步完善。

---

① 蒲新微：《养老保障与政府责任》，中国劳动社会保障出版社 2016 年版。

二、制度整合：完善了基本养老保障制度的结构体系

中国养老保障制度改革是一种典型的渐进式变迁，即在基于原有的一套完整的退休养老制度上的进一步改革和深化。这种渐进式变革至少体现在三个方面：一是对于保障对象，先从国企，过渡到私企，再到城镇灵活就业人员，最终逐渐实现全覆盖；二是对于改革方式，养老保障制度改革先在部分地方、行业进行试点，再逐步总结经验并推广；三是改革中新旧制度交替并存。养老保障的改革制度不是立马"以新代旧"，而是在原有制度体系上实施的增量改革，并逐步培育和建立新的制度。因此，可以说，我国养老保障制度改革是量变和质变的统一，既有渐进的逻辑，也有突变的逻辑，但总体上是以渐进为基础，在渐进到一定程度后再实现突变。[①] 在不断渐进和突破的过程中，我国养老保障改革取得了明显成效。但同时也有明显不足，其中一个很重要的方面是造成不同群体的养老保障制度形成"双轨"，甚至"多轨"并行。比如，在最为复杂的改革进程中，我国养老保障曾同时存在城镇企业职工、机关事业单位、城镇居民、新型农村居民养老保险等多种不同的制度并存格局，如表10-5所示，导致养老保障制度安排呈现"碎片化"的结构状态，造成了身份分割与区域差异，损害了社会公平，偏离了养老保障制度应有的制度轨道。社会基本养老保障制度作为一种国民收入再分配制度，其基本价值理念是维护社会公平，制度设计应使社会养老资源在不同人群和区域之间均衡分配，但制度"碎片化"的存在却造成

---

① 李丽丽：《基于制度变迁范式看我国养老保障政策演进》，载于《劳动保障世界》2016年第21期。

了资源分配极不平衡的困境。因此，如何整合"碎片化"的养老保障制度，是我国养老保障制度改革的一个重要方向。其中，城乡居民基本养老保险制度的建立和机关事业养老保险制度的并轨，是两项重塑公平价值观的重要制度改革。

表 10-5　　　　我国不同的社会养老保险制度

养老金制度	城镇企业职工基本养老保险		机关事业单位人员养老保险	城镇居民养老保险	新型农村社会养老保险
建立时间	首次建立为1951年，1997年改革为当前制度		首次建立为1953年，1978年改革为当前制度	2011年建立	2009年建立
覆盖范围	城镇企业职工		在行政单位工作的城镇职工	在城市居住，没有工作的16岁以上人口	在农村居住的16岁以上人口
缴纳费率	统筹账户：社会平均工资的20%	个人账户：个人工资的8%	不需要缴纳	个人账户：个人缴纳+政府补贴	个人账户：个人缴纳+政府补贴
给付水平	统筹账户：工作年限最少达到15年，每增加一年工作年限应计发统筹账户的1%，35年工作可获得35%	个人账户：目标替代率24.2%。与统筹账户加总后替代率达到59.2%	平均替代率达到80%~90%	基本养老金+个人账户养老金	基本养老金+个人账户养老金
是否强制	是		是	否	否

资料来源：根据相关政策法规的整理所得。

（一）城乡居民养老保险的改革实践

从 2012 年 8 月开始，国家全面启动新型农村社会养老保险和城镇居民社会养老保险制度的全覆盖工作,城乡居民社会养老保险开始进行试点。到2014年,新型农村社会养老保险和城镇居民社会养老保险两项制度合并实施,正式"并轨",在全国范围内建立统一的城乡居民基本养老保险制度,如图10-2所示,并对该养老保险的制度模式、缴费档次、政府缴费补贴、待遇领取条件等方面都做了相关规定。

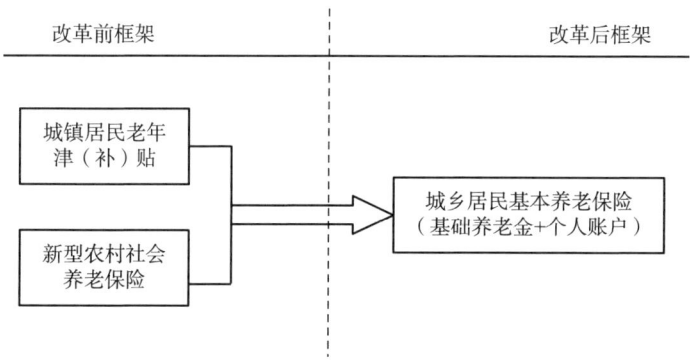

图10-2 城乡居民养老保险制度的改革设计

在制度模式选择中,城乡居民基本养老保险制度继续实行"社会统筹+个人账户"的"统账结合"制度模式,基金来源于个人缴费、集体补助和政府补贴,体现了"三方责任"均衡分担的原则,其中社会统筹账户部分主要由中央财政补贴和地方政府补贴构成,个人账户部分则由个人、集体和地方政府等出资构成。在缴费档次方面,国家统一规定了每年100～1 000元(每100元为一档)、1 500元、2 000元的12个缴费档次供参保人选择,缴费标准比新型农村社会养老保险和城镇居民社会养老保险要高,但各省规定的缴费档次却不尽相同。如山东省的缴费水平较高、档次间差较大,中西部地区基本按照国家规定执行,并且部分省市未设置1 500元和2 000元的缴费档次。总体来看,东部发达地区的缴费标准较中西部省份高,这与当地经济社会发展和居民生活水平有着密切的关系。对城乡居民养老保险制度的财政支持，政府还是采取补"入口+出口"的"双补"模式。在入口补贴方面，即只要城乡居民参保，地方政府就对其实行缴费补贴。从各省的实践来看，主要分为两种方式：一是固定数额补贴，一般为30元/年/人；二是按缴费档次递增补贴，补贴标准不同，但随着缴费档次的提高，对补贴额度设置了上限，如福建、内蒙古最高补贴75元，陕西不超过80元，宁夏最高的补贴标准为200元；在出口补贴方面，即对符合领取退休金的人员进行养老金补贴，主要体现在基础养老金方面，由中央政府和地方政府负责，中央政府对各省按人头进行一定比例补贴。从"双补"的责任主体来看，大多实行省、市、县财政各自按一定比例承担。在确定城乡居民养老保险制度模式、缴费标准及财政补贴方式之后，剩下最关键的问题就是确定养老保险待遇计发的形式和标准。正如对养老保险制度要件进行分析来看，保险待遇计发的形式有确定缴费制和确定给付制两种形式，我国城乡居民养老保险制度实行的是"缴费确定制"的保险待遇计发形式，即对符合领取养老金条件的人员，分别发放基础养老金和个人账户养老金。在基础养老金方面，对于中西部地区，中央财政按中央确定的基础养老金标准给予全额补助，对东部地区给予50%的补助，各地方政府可以因地制宜，适当提高基础养老金标准，对中央财政补贴之外的差额部分和提高加发部分由地方政府负责；在个人账户养老金方面，根据个人账户的积累金额依据一定的计发系数和比例核算金额。目前，城乡居民养老保险基础养老金国家规定为55元/年/人，但各省在初次规定就各有差异，如广东省为65元/年/人，山东、浙江、内蒙古为60元/年/人。[1]

城乡居民基本养老保险制度统一了缴费标准、待遇计发水平和政府补贴责任，减轻了城乡二元分割差异及养老保障制度"碎

---

[1] 戴相龙：《中国养老金发展报告2011》，经济管理出版社2011年版。

片化"的程度。作为中国养老保障改革历史上的一项重大决策，它是逐步缩小城乡差距、改变城乡二元结构、推进基本公共服务均等化的重要性工程，也是实现广大城乡居民老有所养、促进家庭和谐、增进农民收入的重大惠民政策，有利于促进人口合理流动，增强社会安全感，稳定人民群众对改善民生的预期。

(二) 养老金"双轨制"改革初显成效

正如前文所分析，养老金"双轨制"的运行存在明显弊端。首先，多头管理会导致管理成本的上升，养老保险制度的登记、管理和支付等方面存在着规模效益，统一"并轨"的制度能够有效地降低管理成本 (Palacios, R. & E. Whitehouse, 2006)[1]；其次，"双轨制"的客观存在阻碍劳动力在不同部门之间的流动，加剧了公共部门与私人部门之间的报酬不平等程度 (Pallares Miralles et al, 2012)[2]；最后，在"双轨制"的养老保障制度中，公共部门养老保障待遇通常完全由财政负担，很多国家实行"并轨"改革都是出于减轻财政压力的考虑 (Ponds E. et al, 2011)[3]。基于这些问题，养老保障制度"并轨"是大势所趋。然而，怎样进行"并轨"改革能够取得理想的政策效果，特别是什么样的"并轨"改革能够实现缓解财政压力的目的，是值得详加探讨的。国际经验表明，一个好的养老保障制度的"并轨"方案应具备两个基本条件：一是要有完整的制度框架，整合原有的"碎片化"养老制度，以便增加制度透明度，降低管理成本，促进劳动要素在不同部门之间自由流动；二是"并轨"后的制度应在一定时期内能缓解政府财政负担，确保养老资金来

---

[1] Palacios, R. & E. Whitehouse. Civil-service Pension Schemes Around the World. *MPRA Paper*, No. 14796, 2006.
[2] Pallares Miralles, M. et al. International Patterns of Pension Provision II: A Worldwide Overview of Facts and Figures. *World Bank Discussion Paper*, No. 1211, 2012.
[3] Ponds E. et al. Funding in Public Sector Pension Plans: International Evidence. *NBER Working Paper*, No. 17082, 2011.

源多样化,分散养老基金风险,同时又要尽可能降低由社会福利的重新分配而造成的改革阻力。

基于此,我国一直致力于养老保障制度"并轨"的改革。2015年,企业单位和机关事业单位养老保障的双轨制问题取得突破性的进展,机关事业单位养老保险制度正式"并轨",如图10-3所示。这是我国养老保障体改革历史上的又一项重大决策,具有非常重要的意义,并取得了一定的成效。首先,解决了养老保障制度公平性问题。一直以来,由于养老保险资源配置的不公正,机关事业单位人员养老保障待遇要高于企业单位,而如今"并轨"之后,有限的经济社会资源将向养老保障水平较低的企业职工倾斜,很大程度上会改变这种行业不公平现象。其次,解决了养老保障制度效率问题。养老金"并轨",促进了资源的高效利用,合理配置,从而产生更高的制度效率,有利于推动经济社会的发展,大幅增加经济社会资源总量,进而增进养老福利,提高所有居民的社会福利水平。

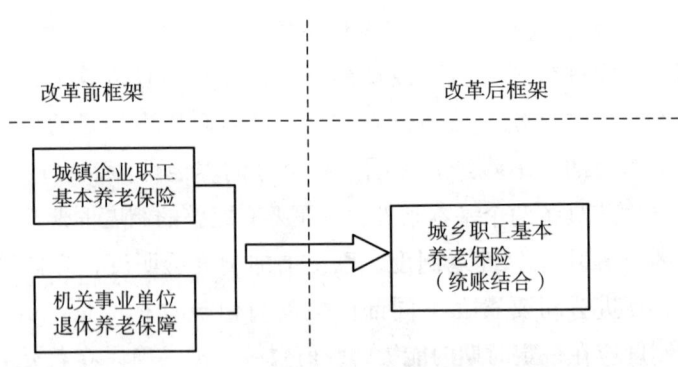

图10-3 城乡职工养老保险制度的改革设计

因此,推动制度的优化与并轨,既要整合、衔接城乡养老保险制度,又要打破既有利益的阻碍,推进机关事业单位养老保险制度改革,对不同制度按照循序渐进、分类处理的方式,逐步走向基本统一的"统账结合"制,进而实现帕累托效应。可以说,城乡居民基本养老保险制度的建立和机关事业养老保险制度的并轨,有效地整合了"碎片化"的养老保障制度,推进了我国养老保障资源的进一步优化,如图10-4所示。目前,我国基本养老保障制度模式基本定型。随着改革的深化,我国养老保障制度体系最终会实现逐步统合乃至全国统合,从而实现"保障对象全民化、筹资渠道多元化、保障方式多样化以及管理服务社会化"的养老保障总体目标。

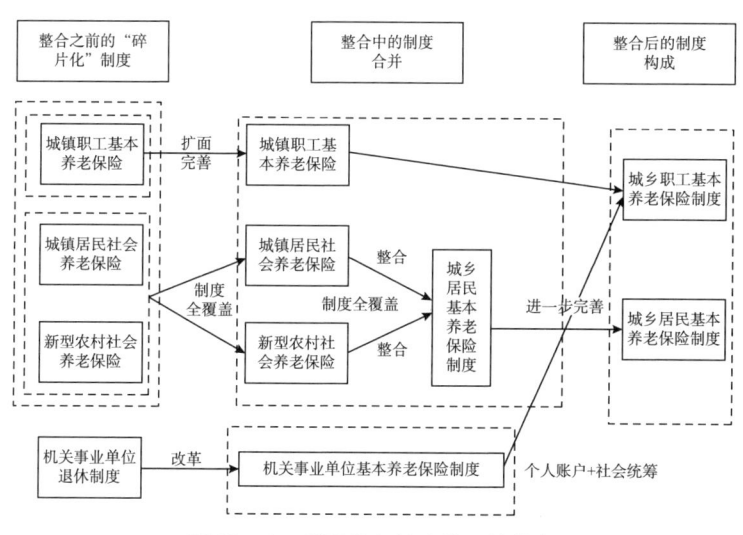

图10-4 我国养老保险体系的整合

三、补充保险:扩展了我国养老保障制度的层次体系

任何一种制度的产生、存续与改革都受到了特定历史要求及社会经济条件的制约,并在一定的历史时期发挥作用。我国现行的养老保障制度是公共选择与社会经济发展共同作用的结果。在

这种统账结合的"混合"模式下，统筹基金采取现收现付的方式，个人账户采取完全积累的方式，从而在提高制度效率和促进公平，以及保障社会平稳运行与防范老年贫穷方面成效显著，完善了我国基本养老保障制度的内容和结构体系。除此之外，为进一步适应社会经济的发展现状，满足不同人群在养老保障需求方面的多元需求，我国在补充养老保障方面同样做了一些有益探索，在家庭保障和基本养老保障的基础上，补充以企业年金、职业年金制度和个人储蓄型商业养老保险，扩展了我国养老保障制度的层次体系。

（一）企业年金制度建设步入正轨

企业年金是企业及其职工在依法参加基本养老保障制度的基础上，由企业自主发起设立、企业员工自愿或者强制参加的补充养老保障制度，是企业员工福利制度的重要组成部分。它属于市场的范畴，主要是通过市场机制来解决养老问题。20世纪80年代以来，人口老龄化进程加快，政府面临巨大的养老压力。于是，政府一方面开始调整自己的角色定位，一方面通过支持与发展企业年金等第二层次的保障责任，来减轻自身负担，使得政府与市场在养老保障问题上达到一种新的均衡，以保证制度的可持续性。在不断探索与改革的过程中，基本形成了统一的企业年金制度安排。

我国《企业年金试行办法》规定："企业年金基金实行完全积累，采用个人账户方式进行管理。"从这一规定可见，我国现行的企业年金制度安排主要采用信托型的确定缴费型计划（即DC计划）。根据新的政策要求，信托模式的企业年金管理框架包括六个主体和两层法律关系。其中六个主体分别为：委托人、受托人、受益人、账户管理人、投资管理人和托管人；两层法律关系为信托关系和委托代理关系。这些规定确立了我国企业年金运作的信托模式，基本有效地满足了我国现阶段的养老保障需求。

根据企业年金税收政策安排的国际经验，企业年金是享有税收政策安排的补充保险。税收优惠政策，尤其是延税政策，有可能使高收入职工的边际税率下降较多，从而获利更大。目前，我国企业年金市场正处于逐步规范的过程中，需要外部税收政策的支持，而且我国经济社会的发展和财政收入的增长也为企业年金税收政策的设计提供了可能。有效的税收政策安排能够刺激企业和个人参与到企业年金市场中来，也体现了政府在企业年金制度中的一种责任和担当。在企业年金发展初期给予更多的税收安排，以鼓励企业和个人缴费的积极性，尽可能的扩大企业年金的覆盖面，等企业年金逐渐发展成熟，可适当降低税收优惠的幅度，更多地利用市场机制调节。[1]

（二）职业年金制度建设稳步实施

职业年金是补充性养老保障制度建设中的重要内容，是"特殊"的企业年金。目前，企业单位和机关事业单位养老保障已实现"并轨"。但是，"并轨"并不是简单的画一个"等号"，而是在养老保障制度建设中保证不同群体之间的养老保障权益实现"内在逻辑"的统一。如今，企业部门建立了企业年金制度，补充养老保障制度的发展，强调用人单位的保障"义务"。同理，在机关事业单位中也应当建立相配套的职业补充保险。由于机关事业单位的工作人员从雇佣关系上来看是受雇于国家的，故而在职业补充保障中应更加体现"国家雇主"的义务。2015年3月，国务院办公厅《关于印发机关事业单位职业年金办法的通知》对机关事业单位职业年金办法做出了具体规定。

首先，确定了缴费和待遇标准。职业年金制度从本质上来说，是职工工资的延期支付，这种延期支付的目的是为未来的退

---

[1] 中国保监会编著：《养老保险国别研究及对中国的启示》，中国财政经济出版社2007年版。

休养老做准备，以避免基本养老保险不足时所带来的生活水平的下降，故职业年金制度的重要内容即是确定合理的缴费比例及最后的预期替代率水平。所以，怎样通过完全累积基金的投资运营方式，将预期替代率在原有基础上提高 20 个百分点左右，是该制度的重点。通过综合测算，个人缴费 4%、单位缴费 8% 的职业年金可以满足上述条件。由此，职业年金与基本养老金一起成为养老体系的两大支柱。其次，明确确保养老金水平不降低。为保证职业年金的顺利实施和新旧养老保障制度的顺利过渡，职业年金制度也坚持了"新人新办法、老人老办法、中人逐步过渡"的"增量改革"原则。职业年金中的"老人老办法"可直接按照以前的制度解决，养老金水平变化不大；"新人新办法"则完全可以依靠基础养老保险和职业年金组合来维持养老金水平不至下降；最关键的则是"中人"对新制度的认同和最终的养老金水平。而所谓的平稳过渡，只有"中人"的待遇向前与"老人"平稳衔接，向后与"新人"平稳衔接呈现的是一个平滑曲线，而不是一个向下倾斜的曲线时，职业年金才算真正扛起了养老收入分配的重担。这些具体规定推进了职业年金建设的稳步实施，职业年金将发挥日益重要的作用。

（三）商业养老保险市场逐渐繁荣

我国一直都重视养老保险市场的发展，并致力于为以保险业为代表的商业性养老保险提供良好的政策环境。2003 年底，中国保监会人身保险监管部门下专门设立了养老与健康保险处；2004 年底《加快发展养老保险的若干指导意见》出台，为商业养老保险的发展创造了更宽松的市场环境。可以说，2004 年是商业保险发展的一个有利契机。保险业积极发挥行业的先发优势和专业优势，加快组织与产品创新，推动养老保险业务结构的调整，继续保持业务稳定增长，当年全年实现养老保险保费收入

575 亿元，较上一年度实现了 20% 的增幅。① 多年来，中国保险业承担了大量的团体年金业务，且成效明显。依托保险业丰富的年金管理经验，截至 2014 年底，保险业累计受托管理 4.3 万户企业的企业年金计划，占法人受托企业数 90.0%，累计受托管理企业年金基金规模 3 174 亿元，占法人受托总规模 68.8%，高于银行业（规模 1 365 亿元，占比 29.6%）和信托业（规模 74 亿元，占比 1.6%）。保险业累计投资管理企业年金基金规模 3 754 亿元，占总投资规模 50.7%，高于基金业（规模 2 973 亿元，占比 40.2%）和证券业（规模 676 亿元，占比 9.1%）。②

随着经济水平不断提高，商业保险业以其积累的丰富投资管理经验、强大的精算技术、较高的服务能力以及丰富的产品体系等优势，可以通过更多的其他补充供给方式来助力解决机关事业单位并轨后的养老金"偏差"问题，满足高层次的组合需求，这既是商业保险发展的良好基础，同时会促使商业养老保险市场的逐渐繁荣。日后，商业养老保险与基本养老保险制度、企业补充养老保险制度一起，相互配合、相互补充，在老年经济安全和养老保障等方面会发挥日益重要的作用。

四、多元参与：初步形成了社会养老服务体系

养老保障制度平稳有效地实施运营除了自身要件设计的适用性与科学性之外，还需要一些其他配套措施的建立与保障，其中直接影响效率的就是养老服务体系。完善的服务体系能够扩大养

---

① 资料来源为保监会统计数据。
② 曾海军：《保险业应助力职业年金发展》，载于《21 世纪经济报道》2015 年 10 月 13 日。

老保障覆盖面，降低管理成本，增强基金积累力度，可以缩短养老金与受众之间的程序和时间，增进民众对养老金的可及性效率，从而增强人民群众对养老保障制度的信心和满意度。经过不断的改革完善，面对人口老龄化、老年人需求多元化等挑战，目前，我国以居家养老、社区服务、机构养老为相互补充，基本服务与选择性服务相结合，初步形成了"政策引导、政府扶持、社会兴办、市场推动"的社会养老服务体系。

（一）政策引导：社会养老服务发展的制度保障

在社会养老服务产业的推进过程中，政府出台了一系列相关政策法规，政府的政策引导是社会养老服务体系得以顺利发展的制度保障。2000年，国务院办公厅转发《关于加快实现社会福利社会化的意见》，其中包括投资主体多元化、服务对象的公众化、服务内容的系列化以及服务的专业化等内容。2005年，民政部出台《关于支持社会力量兴办社会福利机构的意见》，2006年，国务院转发《关于加快发展养老服务业意见》，这些指导性意见的核心都是鼓励和扶持社会养老服务事业的发展。"十二五"期间，《国务院办公厅关于印发社会养老服务体系建设规划（2011～2015年)》（以下简称《规划》）出台，这是新中国成立以来国家第一次将社会养老服务体系建设纳入专项规划范围，《规划》明确了"十二五"时期我国社会养老服务体系建设的指导思想、基本原则、基本内涵、功能定位、具体建设任务和保障措施，是指导"十二五"时期我国社会养老服务发展的纲领性文件。《规划》很大程度上厘清了养老服务体系的目标任务和发展框架，但在养老服务的管理、筹资、供给、评估等方面缺乏可操作性，相关立法也相应滞后。基于此，近几年，政府在社会养老服务体系建设方面不断探索，出台了一系列操作性较强的相关政策。比如，2015年11月，《关于推进医疗卫生与养老服务相结合指导意见的通知》发布，明确提出"要鼓励社会力量兴办医养结合机构。在制定医疗卫生和养老相关规划时，给社会力量举办医养结合机构留出空间，有条件的地方提供一站式便捷服务。"2016年出台《关于金融支持养老服务业加快发展的指导意见》和《关于全面放开养老服务市场提升养老服务质量的若干意见》。紧接着，在2017年2月，民政部印发《2017年中央财政支持社会组织参与社会服务项目实施方案》和《关于加快推进养老服务业放管服改革的通知》等，这些政策法规都明确提出进一步调动社会力量参与养老服务业发展的积极性，为大力开展社会养老服务体系建设奠定了制度基础。

（二）社会力量：社会养老服务模式的创新基础

受国家资源有限，经济发展水平等限制，政府在短期内无法消化人口老龄化所带来的社会负担，因此，把养老服务作为全社会责任的理念，积极吸纳社会各方力量的参与，形成"政府主导、部门联动、社会参与、市场调配"的多元运行机制，是解决养老问题的发展方向。多年实践也证明，正是因为社会力量的参与，养老服务内容才得以不断丰富，养老服务模式才得以不断创新，老年人的多元化需求才能得以充分满足。

养老服务体系是由不同的养老服务模式组成的，不同模式的适用对象、实现途径等存在差异。我国现有的养老服务体系中，居家养老、社区养老、机构养老是三大基本板块，其面向不同的服务对象，根据不同的服务需求，为老年人提供相应的服务。为了让社会养老资源有效整合，最大限度地提升养老服务质量，在此三种基本模式之下，又创新出了多种养老服务新模式。具体内容在本书中篇部分已经做充分论述。

对于老年来说，养老服务是一种福利制度，是国家和政府为了满足老年人的经济支持、日常照料、医疗护理、精神文化以及社会参与等多元化的养老需求，保障并且提高老年人的生活水准和生活质量而采取的养老政策措施和提供的养老设施服务。但是因为老年人存在着比较大的群体差异,因而,其服务需求也不尽相同。而养老服务模式的多样化,正好适应了老年人的不同需要,使得养老服务的需求也日益细致和完善。比如"医养结合"的养老模式,不仅解决了老年人基本照料等服务,也使老年人的医疗护理、康复保健等需求得到了相应的满足,真正实现了机构和社区的资源共享,化解了资源闲置和短缺并存的困境。再比如,应对高龄老年人养老服务需求的高龄津贴制度的推广,以及一些地方已经开始试点建立的老年长期护理保险制度等,都逐步扩大了养老服务体系的惠及范围,为满足失能失智等老年人在照料、医疗护理、康复等方面的养老长期护理服务需求发挥了重要的作用。

政府的政策引导和社会力量的积极参与使社会养老服务取得了突破性进展,我国养老服务发展迅速,养老服务机构所能提供的床位数和实际收养人数都呈现出持续增长的态势。截至2015年底,全国20个省份建立了高龄老人津贴制度,惠及2 155万老年人;23个省份建立了生活困难老人养老服务补贴制度,惠及654.9万老年人。全国养老床位数达680万张,每千名老年人拥有床位数30.8张。同时,江苏、上海等5省份的城市社区日间照料中心覆盖率达到了100%,农村日间照料中心覆盖率超过了50%。[①]

总之,近年来,通过大力推进养老服务的建设,我国已初步形成了以居家为基础、社区为依托、机构为补充、医养结合的多层次养老服务体系,完成了从封闭型向开放型、救济型向福利型、单纯供养型向康复型的转变。因此,社会养老服务体系的发展,很大程度上实现了投资主体多元化、服务层次多样化、服务提供社会化、服务队伍专业化、服务标准规范化,促进了养老服务的集约化、专业化和人性化。

---

① 民政部:《我国初步形成多层次养老服务体系》,载于《北京日报》2016年5月4日。

第十一章

中国养老保障制度改革存在的问题与挑战

　　自十八届三中全会召开以来,中国养老保障制度改革被提上日程,关于养老保障制度的顶层设计已初步建成,目前已经进入快速发展的黄金期,改革方向逐渐明晰,改革成效明显。首先,从整体推进方面着力,丰富了基本养老保障制度的内容,如提高养老保障制度覆盖面、养老保险待遇水平、养老基金统筹层次等,把老年经济安全保障落到实处;其次,在制度整合方面下功夫,推动新农保和城乡居民养老保险制度统一、企事业单位养老保险制度并轨,打破现行制度"碎片化"的弊端,对不同养老保障制度的内容进行了梳理及有效衔接,把养老保障的目标群体纳入到统一的制度框架中;再次,助力"多层次"养老保障制度体系的建立和推动,形成以社会养老保险制度为"枢纽"并在此基础上为企业补充性养老保障和个人商业性养老保障的发展创造有利契机,满足不同群体之间差异性特征;最后,初步形成了多元参与的社会养老服务体系,促进了养老服务产业的兴起和繁荣,满足现实条件下多样化的老年服务需求。然而,中国人口基数庞大、城乡二元结构、区域性差异明显以及计划经济遗留下来的历史问题纷繁复杂,再加上人口老龄化时代的到来,在这些因素的相互影响和相互制约下,我国养老保障制度建设依然存在诸多需要改进的问题,同时面临着非常严峻的挑战。

一、中国养老保障制度建设中存在的问题

作为一项促进社会经济发展、维护社会稳定和保障全体社会成员老年后基本生活的重要制度安排,养老保障制度深受经济、政治、社会、历史、文化等多重因素的复合影响。养老保障制度在适应这些客观环境变动的"自我革新"和"自我改进"中,在养老保障结构体系、财务制度、服务供给以及管理体制等方面都不同程度的存在一些问题。

(一) 养老保障结构体系存在功能失衡现象

结构体系主要是指养老保障制度的对象构成,它表明养老保障制度对社会成员的覆盖面,反映社会成员享受养老保障权益的普遍程度,因而反映社会成员享受养老保障制度的公平程度。[①]公平性是制度可持续发展的前提,只有制度设计具有科学理性并且在执行环节不发生扭曲变形,才是养老保障制度长期稳定发展的基础。为响应世界银行提出的"多支柱"养老保障结构体系的号召,目前,我国基本形成以"第一支柱"——国家基本养老保险制度为主体,"第二支柱"——企业年金和职业年金、"第三支柱"——商业性养老保险等补充性养老保险制度为增进的"一基两补"型社会养老保障制度体系,覆盖了绝大多数国民,基本发挥了养老保障制度"保基本、提质量"的功能,切实实现了保障老年经济生活安全的目标。然而,由于制度整合的衔接差异、制度执行过程的客观偏差,我国养老保障制度在结构体系中还存在较为严重的"厚此薄彼"的失衡现象,制约了养老保障功能的发挥。

---

① 丁建定:《中国社会保障制度体系完善研究》,人民出版社 2013 年版。

第十一章　中国养老保障制度改革存在的问题与挑战

1. 基本养老保障存在群体差异。

城乡居民养老保障制度统一和企事业单位养老保障制度并轨，标志着我国建立起了基本的养老保障制度。所有人群，不分职业性质、收入水平等都纳入在国家公共性质下的基本养老保障制度范畴内。从表面上看，极大地体现了社会公平。然而，由于基本养老保障在制度设计之初只是针对"城镇职工"这一特定群体，其出发逻辑、价值取向、运行基础等都以"明确的、稳定的劳动关系"为依据，因而在发展变化的实践过程中，即使把其他通过灵活就业、隐性劳动、自我雇佣等方式处于"工作状态"的群体都纳入到了这一制度框架内，但其内生的"排斥性"和"差异性"是不可避免的，在一定程度上直接造成了养老保障制度在保障不同群体之间的老年权益时存在功能失衡，反而在实践中存在"穷人补贴富人"，穷人因消费低福利陷入"贫穷螺旋"中。如农民工群体在推动新型城市化建设过程中即使参加了城镇职工养老保障制度，也始终面临着"城市融合"尴尬境遇。[①]

第一，群体之间存在养老待遇差异。比如，居民和职工间的基本养老保险待遇就存在结构性差距不断拉大的趋势。2015年城乡居民基本养老保险月人均养老金水平达到116.7元，虽然同比提高了23.0%，但按照城乡居民人均收入水平套算，替代率分别仅为4.5%和12.3%，与职工基本养老保险保持在67.5%的替代率相差甚远，老年人可以依赖的经济支持来源差异较大。

第二，养老保障制度存在不可接续问题。养老保障制度各"功能板块"之间缺乏重组和协调，大一统的养老保障制度覆盖下的不同群体之间适用的养老保险制度在转移接续方面，存在着不可接续的问题。同时，由于存在养老金便携性权益的差异损失，容易在养老保障制度范畴内形成固化的"既得利益"，不利于人员

[①] 韩俊强：《农民工养老保险参保行为与城市融合》，载于《中国人口·资源与环境》2017年第2期。

的自由流动和人力资源的合理配置。比如，在沿海劳动力密集的地区出现的以弱势低收入者为代表的群体选择退出养老保障制度的"断保潮""退保潮"现象，其实就是因为"制度不兼容"的功能差异，而造成不同群体之间的养老保障权益不能实现内部转移接续的表现。因此，养老保障制度功能在对抗"变动性"方面就显得非常脆弱，没能起到在时间和空间上分散"老年风险"的稳定功能。

第三，养老保障制度存在"保障盲点"。这一盲点表现在制度覆盖范围上的"加入盲点"。即由于政策落实不到位，还有部分灵活就业人员、中小企业职工、进城务工人员、贫困地区农民等人群仍然游离在社会养老保障制度之外，尚未实现全覆盖，从而产生了"有保障"和"无保障"人群之间的养老权益差异，造成养老保障制度功能的严重失衡。

2. "三支柱"养老保障发展失衡。

一个完善的养老保障制度结构体系应当包括养老保障制度各个层次的功能定位、各个层次在整个体系中的地位以及各层次的资金筹集方式及资金管理方式。① 我国的养老保障制度体系至少包含了三个方面：政府提供的基本养老保险制度、企业为主体提供的企业年金制度（包括职业年金制度）以及个人自愿储蓄提供的商业性补充养老金的计划。虽然，构建"多支柱"型的养老保障体系早在1997年就提出了，但截至目前，"三支柱"的真实情况其实是"一长两短"，即过度依赖"第一支柱"的基本养老保险制度的功能，而第二支柱、第三支柱的补充养老保险制度发展却依然滞后，在养老保障体系中的作用力量较小。其中，作为完全市场化运行操作的商业养老保险，包括团体养老保险和个人养老保险两部分，覆盖的人群更是非常有限，出现"公共养老"挤占"私人养老"市场的结构失衡现象。同时，企业年金

---

① 杨立功：《论我国养老保障制度存在的问题》，载于《中国经济导刊》2010年第20期。

和职业年金相配套的税收优惠政策依然停留在争论和试点中,职业年金市场没有实质性启动,不可能在短时间内得到快速发展。这样一来,三支柱体系就成为名义上的、形式上的,作为第一支柱的基本养老保障负担过重,这种格局严重影响了养老保障体系整体功能的发挥。

第一,"三支柱"资产结构不平衡。我国养老保障呈现两极分化格局:城市人主要依赖第一支柱养老,农村人则主要依赖第四支柱——家庭内部转移养老。① 与此同时,唯有少数垄断行业(如银行、电信、航空、电力等)和特大型国有企业的职工能够在第一支柱养老之外,还能独享丰厚的企业年金(即第二支柱养老),而绝大多数普通企业职工则无福享受企业年金的福利,企业年金变相的成为"富人的俱乐部"。如2015年,在养老金总资产中,第一支柱为3.99万亿元,占69.3%;第二支柱为9 526亿元,占16.5%;第三支柱为8 154亿元,占比14.2%,如表11-1所示。可见,第一支柱独大,而第二、第三支柱发展程度低,三个支柱之间发展极不均衡。

表11-1 2015年中国与美国养老金体系资产比较

	名称	第一支柱	第二支柱	第三支柱
美国	规模(万亿美元)	2.8	15.18	7.32
	占总资产比重(%)	11.0	59.1	29.9
中国	规模(万亿元)	3.99	0.9526	0.8154
	占总资产比重(%)	69.3	16.5	14.2

注:中国第三支柱的资产为估算值。估算的依据为:2006年我国商业养老保险积累的基金约为2 000亿元。根据保监会《2015中国保险市场年报》提供的数据,在此期间,2001~2014年我国年金保险保费收入年均增长16.9%。以与保费收入增速相同的数据估算第三支柱积累的资产,2015年约为8 153.81亿元。

---

① 杨静:《当前我国养老保障制度存在的问题与对策》,载于《学习论坛》2013年第6期。

第二，养老金收入的结构不平衡。在我国退休人员养老金收入的构成中，第一支柱占比特别高，而第二、第三支柱占比很低。2015 年，退休人员的平均养老金收入为 2 278.6 元/月。其中，第一支柱提供的养老金收入为 2 200 元/月，占比高达 96.55%。第二支柱提供的收入分别为 13.6 元/月和 65 元/月，仅占 0.60% 和 2.85%。相应的，2015 年退休人员养老金的总替代率为 44.08%，其中第一支柱养老金的替代率为 42.56%，而第二、第三支柱的替代率分别仅为 0.26% 和 1.26%，如表 11 - 2 所示。在三支柱养老金体系结构严重失衡的情况下，退休人员的收入结构单一，国家负担较为沉重。如截至 2015 年一季度，建立企业年金的企业共 74 335 户，仅占全部企业（22 579 475 户）的 0.3%，覆盖员工 2 300 万人，积累基金 8 244 亿元。① 因此，进一步发展"私营型"养老金，使其成为国民退休收入结构的重要组成部分，有助于纠正我国养老金体系的结构性失衡。

表 11 - 2　　　　2015 年我国养老金收入及其替代率结构

名称	第一支柱	第二支柱	第三支柱	合计
平均养老金收入（元/月）	2 200	13.6	65	2 278.6
占养老金总收入比重（%）	96.55	0.60	2.85	100
替代率（%）	42.56	0.26	1.26	44.08

注：2015 年全国企业退休人员基本养老金月人均约为 2 200 元；企业年金领取金额为 149.26 亿元，参保离退休人员 9 142 万人，企业年金月人均约为 13.6 元（149.26÷0.9142÷12）；寿险业务给付 3 565.17 亿元，若按商业养老保险占寿险支出的 20% 计算，则商业养老保险月人均约为 65 元（3 565.17×20%÷0.9142÷12）。替代率为养老金收入/社会平均工资。2015 年全国城镇非私营单位就业人员年平均工资为 62 029 元，月工资为 5 169 元，据此计算各支柱的替代率分别为 42.56%、0.26% 和 1.26%。

资料来源：《2015 年度人力资源和社会保障事业发展统计公报》《全国企业年金基金业务数据摘要》《2015 年保险统计数据报告》。

---

① 资料来源：《2015 年全国企业年金基金业务数据摘要》。

（二）养老保障制度财务存在不可持续风险

随着人口年龄结构的变化，制度内赡养比攀升，制度支付压力加大，存在收不抵支的支付风险，我国将面临"养老金危机"困境，这主要基于以下三个方面的问题。

一是我国养老保障存在历史债务及个人账户空账运行问题。关于这点，我们在前文中（具体见中篇第六章）已经做出具体分析。我国基本养老保障制度在从计划经济时代到市场经济时代的转型中，转制成本必然增加，隐形债务和空账运行等问题的出现，是导致我国养老保险基金严重不足的关键原因。二是养老保险实际缴费率低于名义缴费率。我国养老保险缴费目前在世界范围来看是属于较高水平的，其中企业缴费部分为职工工资总额的20%，个人缴纳8%，再加上企业年金和职业年金的配套缴费，我国总和的养老保险缴费率达到很高的水平，逐渐成为企业和个人的负担。但是我国养老保险的总和缴费率实际上只是一个名义上的缴费率，真正的缴费率由于缴费基数较低、逃费漏费现象的普遍存在而处于远低于名义缴费率的水平，这在"入口"就直接降低了养老保险保费的收入，增加了养老保障制度"自给自足"的财务风险。三是法定年龄偏低加大基金收支不足风险。虽然我国对职工退休年龄做出了明确规定，但在实际运用中这一规定并未有效发挥，企业内仍存在比较严重的提前退休现象。许多职工通过各种途径办理提前退休，而其中有为数不少的人，在办理提前退休后，虽然仍旧领取养老保险，但不再创造经济价值，从而为社会财富的积累带来不利影响，减少了养老保险费用缴纳人数，增加了养老保障支出，加重了养老保障的负担。基于此，未来，我国养老基金缺口有日益增长的趋势，养老保障制度存在不可持续风险。

（三）社会养老服务有效供给严重不足

当今，社会养老问题的现状是：老无所养——在养老保障制度覆盖下能获得养老的经济支持,但很难享受便捷的养老服务;老无所依——家庭结构的异化,子女与父母相隔两地,除了获得一定的物质保障,精神上始终处于空虚状态。因此,怎样根据老年人的需求提供针对性、个性化的养老服务,扩大养老服务的有效供给,是养老服务建设的重点。但是现实的"瓶颈"却直接制约了养老服务的有效供给。具体来说,体现在以下三个方面。

1. 养老服务的专业护理机构数量不足。

越来越多的老年群体通过"社会服务购买"的方式来从市场上获取满足需求的养老服务,老年人因年老的影响,身体机能萎缩,引致失能、失智老人数量不断增加,庞大的日间照料和医疗护理照料需求与现实中存在的养老机构床位空缺的"不足"现象形成鲜明反差,很多老年人没有机会、不能及时获得养老服务,现实最急切的老年护理需求不能获得满足。第二,养老资源存在"错位"的现象。表现为在许多养老机构中,较大多数的"常住老人"都是生活能自理的老年人,而生活半自理或完全不能自理的老年人入住养老机构的比例较少,造成真正需要及时的养老服务资源的老年人被相对不需要老年服务的老年人挤占的现象,使养老医疗护理资源配置错位。

2. 养老服务专业护理人员力量不足。

按照《民办养老机构管理办法》规定,护理人员与服务对象的配备比例:对于服务对象生活能自理的,不低于1:8;需要半护理的,不低于1:5;需要全护理的,不低于1:3。根据《全国城乡失能老年人状况研究》,政府举办的养老机构中,配备有医疗室的机构只占52%,配备康复理疗室的机构不足两成。此外,经过护理及相关专业系统训练的护理员不超过30%,取得养老护理员资格证书的不足1/3。[①] 实际上,因为专业护理人员主要集中在大型医院,养老机构的专业护理人员比例非常低,完

---

① 中国老龄科学研究中心课题组,载于《残疾人研究》2011年第2期。

全匹配不了重度失能老人在全部完全失能老年人数中的比重，如此，提供养老服务的专业护理人员就存在非常大的缺口，这也是发展老龄服务产业最大的短板。

3. 养老服务内容供需矛盾突出。

所谓人口老龄化，意味着老龄、高龄以及失能老人规模的增加。随着社会经济和医疗技术的发展，同时也意味着健康的老龄、高龄老人所占比重也越来越多。因此，老年人的养老需求出现前所未有的多元化和个性化。养老服务的供给内容将不仅仅局限于初级保健、医疗救助等以医学方式尽最大可能、最大限度的延长老龄岁数。更重要的是怎样通过"多方位"营造，为老年人提供舒适、体面又有尊严的老龄生活状态。我国目前养老服务内容体系不完善之处就在于对老年人的晚年生活还没有建立一个"质量"的构建框架，来逐渐增加对老龄人的心理关怀、自我实现以及临终关怀等服务内容的供给，贴近不同老年人群的差异化需求。

（四）养老保障基金管理体制有待健全

制度在运行过程中、资源在转移交付中会存在一定的效率损失。打个比方，一位富人直接给一位穷人100元资助，那么穷人获得的直接福利增进就是100元的货币量化，而如果这位富人是通过一项公共制度或者慈善捐助等活动将100元给这位穷人，那么其实真正落实到穷人身上的实际价值可能只有80元的福利增进，也就是说存在20元的福利损失。同样的道理，表现在养老保障制度建设中，即是制度运行会出现效率损失，这种效率损失集中体现在养老保障基金的投资管理及运营之上。

1. 统账管理不利于基金独立。

个人账户与统筹基金的合并运行是养老保障制度效率缺失的一个重要原因。社会统筹与个人账户，是两种不同的融资方式、不同的基金模式和再分配模式，前者采取社会统筹的方式，基金现收现付，在代际和代内存在收入再分配的待遇确定型（DB）计划，后者采取建立个人账户的方式，实现基金完全积累，收入在个人生命周期中实现再分配的缴费确定型（DC）计划。对这两种制度应采取不同的管理方式、基金筹集方式，确保储蓄和再分配两大功能的有效发挥。但在我国实施的社会统筹和个人账户相结合的基本养老保险制度中，现行统账结合的模式将个人账户寓于社会统筹制度框架中，混淆了两类资金的功能。① 个人账户与统筹基金没有实现完全分离，当统筹基金不足以给付时，难免会出现向个人账户透支的现象。个人账户以隐性的方式被用于当年支付，没有明确的借贷关系，使个人账户仅成为一种记账的手段。

2. 封闭管理不利于基金增值。

养老保障基金管理和增值问题较多。按国际上通行的做法，社会保障基金应该遵循征缴、管理和使用三分离的原则，互相制衡，从而保障养老保险基金的安全性、流动性与收益性（即保值增值）。然而在我国，大多数地方的养老保险基金基本上还是由当地政府机构独立管理的，征缴、管理和使用三权集于一身，缺乏有效的监控监督，政府挤占、挪用甚至贪污、挥霍养老保险基金的情况时有发生。除此之外，养老保障基金大多采用"保守型"的封闭式管理，存储于大型银行等金融机构、购买较为稳定的国债证券等，收益率较低，甚至不能满足最基本的养老金盈利率，养老金保值增值压力巨大，人们的预期养老经济效益就会受到影响。

3. 多头管理不利于基金整合。

一是政府缺乏统一的规划和宏观指导，各自为政、各行其是。在制度上表现出非正规性和很大的随意性，基金监管部门对

---

① 伊志宏：《当前养老保障制度存在的问题及其改革模式的选择》，载于《财贸经济》2000年第10期。

下只是指导关系，纵向监督职能不足，基金管理涉及多个部门和机构，基金监督管理立法层次不高，缺乏明确的法律依据，无法有效监督。二是社会统筹层次较低，致使养老保险基金难以在较大范围内调剂使用，社会保险互助共济、分散风险的功能大大减弱。三是基本养老保险基金、职业年金、企业年金以及全国社会保障基金等众多档口归类的养老保障基金存在多头管理的现象，其分开核算管理、投资运营不利于基金的规模效应发挥，阻碍了养老保障基金整合使用的效率。

二、我国人口老龄化对养老保障体系的挑战

根据人口学理论，工业技术的变革、现代科技的发展必然会导致人口结构的转型，尤其体现在年龄结构的变化上，即出现了人口老龄化。世界人口老龄化的趋势，无论是广度还是深度，都对世界各国经济社会生活的发展产生了深远的影响，尤其会影响到养老保障制度的运行效率。具体到中国来说，中国是典型的"未富先老"型国家，人口老龄化会面临更加严峻的形势。人口老龄化带来的人口结构变动将深刻影响着我国养老保障制度本身的变革，还会对我国家庭养老、经济发展、制度的可持续性以及养老服务等诸多方面带来挑战。这些都需要我们在老龄化的现实背景下进行理性思考，深入分析，为中国养老保障制度的进一步深化改革提供科学的分析框架和实践基础。鉴于此，本节专门分析人口老龄化对养老保障制度的影响。为了使得相关分析更加具体，在文中我们会以长沙为例（笔者所在城市），根据长沙市人口统计的相关数据，把长沙人口老龄化的发展态势以及所形成的挑战分析作为补充。

(一) 我国人口老龄化的发展态势

国际社会普遍认为,当 65 岁及以上的老龄人口超过总人口的 7%,或者 60 岁及以上的老龄人口超过总人口的 10%,那么这个国家或地区就已经进入了老年型社会行列。根据此标准,中国在 1999 年已正式进入老龄化社会。同时,由于我国人口实际,我国人口老龄化呈现出一些与其他国家不同发展趋势。

1. 我国老龄人口总量大。

由于我国人口基数大,中国是世界上老龄人口数最多的国家。目前,中国 60 岁以上的老年人口规模大约 2.2 亿人,[①] 占世界老龄人口总量的 24.3%,而且以后会呈不断增长之趋势,具体变化如图 11-1 (a) 和图 11-1 (b) 所示。据预测,到 2050 年我国人口总数将达到 14.17 亿人,其中 60 岁以上人口占 34.1%[②],这意味着到时全国人口每三个人中就有一个 60 岁以上的老人,中国进入深度老龄化社会。

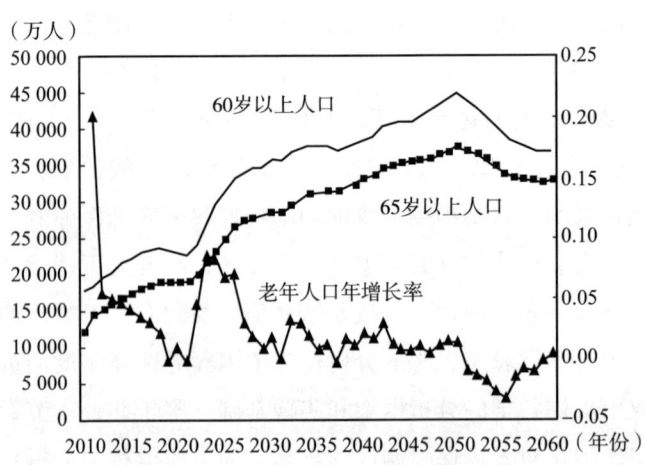

图 11-1 (a) 老年人口总量与比例

[①] 国家统计局:《2015 年国民经济和社会发展统计公报》。
[②] 资料来源:全国老龄办。

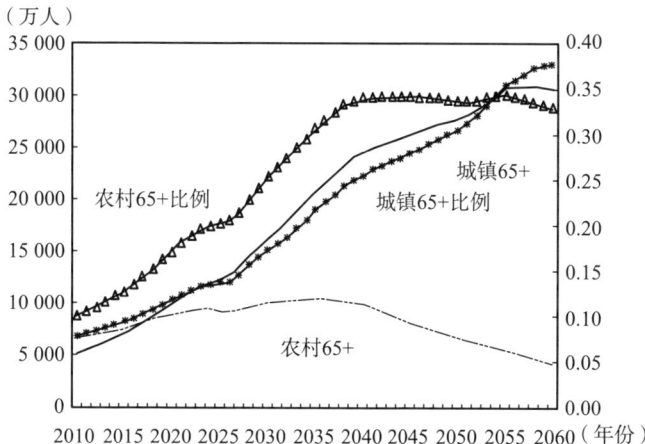

图 11 -1（b） 城乡老年人口总量与比例

资料来源：笔者选取 Leslie 人口模型，利用中国老龄科学研究中心开展的 2010 年中国城乡老年人口状况追踪调查数据，对 2010~2060 年老年人口的规模、速度进行预测，并根据预测数据情况绘制而成。

我们再以长沙市为例来具体分析。如果以 60 岁及以上人口占总人口比重达到 10% 的标准计算，长沙市在 20 世纪 90 年代初就已经步入了老龄化城市，具体数据见表 11 -3。

表 11 -3　　　　1990~2015 年长沙市老年人口数量及占比

	1990 年	2000 年	2010 年	2011 年	2012 年	2013 年	2014 年	2015 年
60 岁以上人口（万人）	52.71	71.50	96.03	100.93	107.21	112.93	119.30	125.01
占总人口比重（%）	9.6	11.65	13.64	14.23	15.01	15.64	16.32	16.82

资料来源：1990 年、2000 年、2010 年数据都分别来自中国第四次、第五次、第六次人口普查数据，其他年份数据来自历年长沙市统计年鉴。

表11-3的数据显示,1990~2000年,60岁以上的老龄人口占总人口的比例增加了2.05个百分点;2000~2010年,60岁以上老龄人口占总人口的比例增加了1.99个百分点;从2010年初开始,老龄化程度明显提高,2015年60岁以上老龄人口占总人口的比例达到16.82%,比上年同期增长0.5个百分点,同比2010年增加3.18个百分点。2010~2015年的这5年时间,老龄化增长速度明显快于前两个10年。具体来看,截至2015年底,长沙市60岁以上老龄人口的总数为125.01万人,比2014年增加了5.71万人,比2010增加了28.98万人,年均增加5.8万人。2015年底,65周岁以上的老龄人口为88.81万人,占全市常住人口总数的11.95%,相比2010年同期增长25.28万人。80岁以上以及90岁以上的高龄老人增长比例也同步加快。自2010以来,长沙老年人口增加了近40%。

总体来看,1990~2015年,长沙市总人口年平均增长1.2%,而60岁以上老龄人口年平均增长3.5%,老龄人口增长幅度是总人口增幅的近3倍。由此可见,人口老龄化程度步伐加快。有研究表明,老龄化社会呈现出"(预期)寿命延长、出生率下降、婴儿潮出生人口"等三个基本的人口学特征。当前,长沙的人口老龄化也呈现出了这三个基本特征。

2. 高龄老年人口规模增大。

我国人口老龄化程度的加深还体现在老年人口年龄结构的不断老化上,即80岁及以上老人在60岁及以上老人中所占比例日趋增高。据专家预测,从2015年到2050年,全国60岁及以上老年人口中,60~79岁的中、低龄老年人所占比重从88.5%持续缩减至76.8%,而80岁及以上高龄老年人所占比重则从11.5%持续扩大至23.2%。[①] 换句话说,到21世纪中

[①] 翟振武、陈佳鞠、李龙:《中国人口老龄化的大趋势、新特点及相应养老政策》,载于《山东大学学报(哲学社会科学版)》2016年第3期。

叶,大约每4个人中就会有近1个人年龄高达80岁及以上。图11-2(a)、图11-2(b)、图11-2(c),是笔者通过选取Leslie人口模型,分别对2010年、2030年和2050年的人口年龄及性别程度分布进行预测得出的图形。2010年,我国人口年龄分布大致呈"金字塔"型,较为合理,少儿出生率较高,青年劳动人口数所占份额较大,对60岁以上老人的赡养压力不大;到2030年,我国人口年龄结构开始演变成"纺锤"型,突出表现为中间劳动力人口部分所占份额较大,两头"少儿"和"老年"人口所占份额较小,其中少儿人口数较之前(2010年的状态)下降较大,而老年人口数较之前增长较多。在低生育水平下,从短期来看,此时的劳动人口主要面临的是老年赡养问题,从长期来看,将面临劳动力人口短缺和更严峻的养老压力;到2050年,诚如分析的那样,我国人口年龄结构分布呈"倒三角"型,老年人口数激增,整个社会将面临养老的巨大压力。

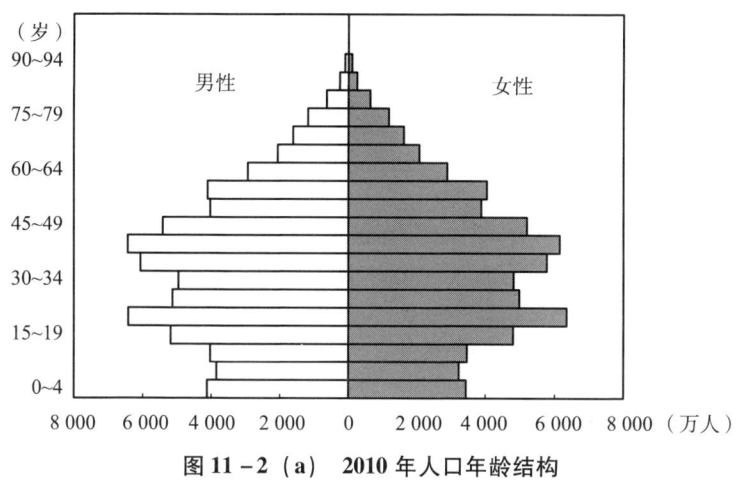

图11-2(a) 2010年人口年龄结构

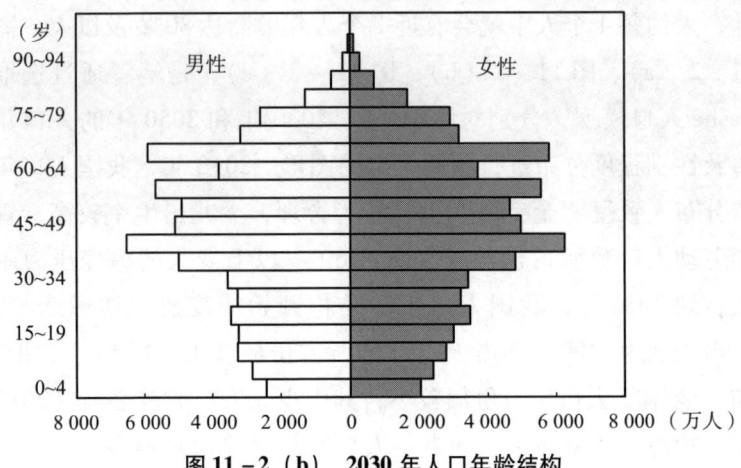

图 11-2（b） 2030 年人口年龄结构

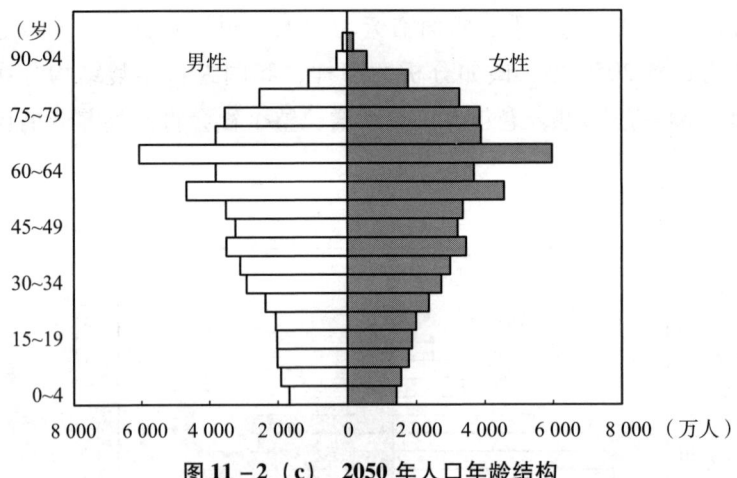

图 11-2（c） 2050 年人口年龄结构

资料来源：笔者选取 Leslie 人口模型，利用中国老龄科学研究中心开展的 2010 年中国城乡老年人口状况追踪调查数据，对 2010~2060 年老年人口的规模、结构进行预测，并根据预测数据情况绘制而成。

3. 老年抚养比不断上升。

传统上，将 15~64 岁人口视为劳动力，将 65 岁及以上的视为"老人"。那么，"老年抚养比"就是世界上老年人口和劳动年龄人口比例的一个指标，用每 100 个工作年龄的人口要抚养老年人口数的比例表示,表达为 65 岁及以上老年人数量与劳动人口数之比。与之相对应的还有少儿抚养比,表示为 0~14 岁儿童的人口数与劳动人口的比率,而少儿抚养比与老年抚养比的加总之和就是社会的总抚养比。如表 11-4 所示,由于我国的生育率水平开始下降,导致儿童抚养比逐渐呈下降趋势,另外可以看到的是老年抚养指数呈不断上升的趋势,计划生育降低少儿抚养比而暂时性的降低总抚养比,在老年抚养比的推动下,总抚养比逐步回升,最终导致社会的总抚养指数也处于较高的状态。人口和经济学家将总抚养比下降称为"人口红利",逐渐上升的总抚养比意味着我国的"人口红利"在慢慢缩小,经济发展失去"得天独厚"的人力成本优势。从国家层面来说,较低的总抚养比将会造成内需不足,就业和经济高度依赖国际市场,而社会总抚养比过高又将会直接导致劳动力不足和老龄化程度加剧。但是,这并不意味着总抚养比越低越好,在 70%~80% 最有利于经济发展、就业和社会稳定。中国社会科学院副院长蔡昉认为可以通过扩大就业、提高劳动参与率来弥补劳动力的减少和工资上涨。①

表 11-4　　　　　中国人口抚养指数变化趋势　　　　　单位:%

年份	少儿抚养指数	老年抚养指数	总抚养指数
1964	76.48	11.42	87.90
1982	57.16	13.00	70.15
1990	43.28	13.43	56.72
1991	43.24	13.74	66.98
1995	44.16	14.79	58.94
2000	42.94	15.60	58.54

---

① 易富贤、苏剑:《从单独二孩实践看生育意愿和人口政策:2015~2080 年中国人口形势展望》,载于《中国发展观察》2014 年第 12 期。

续表

年份	少儿抚养指数	老年抚养指数	总抚养指数
2005	37.66	16.06	53.68
2010	32.03	17.62	49.65
2015	29.40	21.27	50.67
2020	29.10	23.77	52.88
2025	30.04	29.46	59.50
2030	30.05	36.54	66.59
2035	28.65	41.45	70.11
2040	27.33	42.70	70.03
2045	27.39	44.46	71.84
2050	28.31	48.49	76.80

资料来源：(1) 1964~1990年根据第三次人口普查资料计算；(2) 1991~2050年为中国人民大学杜鹏教授预测的结果，引自杜鹏、翟振武、陈卫：《中国人口老龄化百年发展趋势》，载于《人口研究》2005年第6期。

再来具体到长沙市的情况，长沙市常住人口抚养比（采用劳动人口15~59岁的标准计算）如表11-5所示。

表11-5　　长沙市常住人口抚养比的变化

	1990年	2000年	2010年	2013年	2014年	2015年
总人口（万人）	549.10	613.30	704.07	722.14	731.15	743.18
0~14岁人口（%）	24.72	17.26	13.57	14.80	15.11	15.90
15~59岁人口（%）	65.68	71.09	72.80	69.60	68.57	67.28
60岁以上人口（%）	9.60	11.65	13.63	15.60	16.32	16.82
60岁以上老年人口抚养比（%）	14.62	16.39	18.80	22.40	23.80	25.00
少儿人口抚养比（%）	37.64	24.28	18.60	21.26	22.04	23.63
总人口抚养比（%）	52.26	40.67	37.40	43.66	45.84	48.63

资料来源：根据长沙市历年统计数据计算得出。

表 11-5 数据显示,长沙市的老年人口抚养比,1990~2000年,从 14.62% 上升到 16.39%,10 年上升了 1.77 个百分点;2000~2010 年,从 16.39% 上升到 18.80%,上升了 2.41 个百分点;2010~2015 年,从 18.80% 上升到 25.00%,上升了 6.2 个百分点。具体来说,2010 年老年人抚养系数为 18.80%,2015 年这一数据为 25.00%,数据的意义是在 2010 年,每 100 个劳动年龄人口抚养老龄人口的总数为 19,到 2015 年,这一数据上升到 25。由此可见,老年抚养比呈不断上升趋势。

(二) 人口老龄化的养老保障挑战

快速的人口老龄化进程,对我国家庭养老保障、经济发展以及现行制度的可持续性和社会养老服务体系都带来了前所未有的冲击,形成了巨大的挑战。

1. 人口老龄化对家庭养老形成挑战。

由于我国"养儿防老、积谷防饥"的传统文化观念的影响,家庭养老和子女养老依然是老年人倾向的主流养老方式,是养老服务体系的核心。但是伴随城市化和工业化的推进,社会流动加快,进城务工者规模不断增加,导致家庭在"地域"上分开,出现了越来越多的独居和空巢老人,对农村养老形成挑战。我国农村养老服务体系建设一直滞后于城市。传统家庭养老和土地保障是农民赖以保障的基础。如今,农村大部分剩余劳动力异地转移,农村留守老人出现,他们无法再依赖家庭来获得基本的养老照护。与此同时,由于城乡二元结构等因素影响,大批老年农民工养老问题面临"融不进大城市、回不去农村"的困境。中国人口老龄化呈现城乡倒置特点,农村人口老龄化问题更加严重,应对人口老龄化挑战的任务更加艰巨。另外,由于计划生育政策等的影响,我国的家庭趋向规模小型化,结构核心化,"4+2+1"家庭模式也越来越多。家庭结构和家庭规模的变化,致使家庭的养老功能弱化,再加上养老、医疗费用的高成本,这些都使得以家庭赡养为主的传统养老方式难以为继,养老问题更加严重,构成了对我国养老服务体系的重大挑战。

2. 人口老龄化对经济发展形成挑战。

人口老龄化步伐不断加快,老年抚养比不断上升等这些人口老龄化新趋势的出现,在一定程度上对经济的发展形成了新的挑战,我们依然以长沙市为例进行分析。

第一,影响社会劳动力的稳定。马克思主义认为,要推动社会生产力的发展,劳动力是最为关键的因素,它必须和劳动资料以及劳动对象三者有机结合,科学配置而发生作用。而长沙人口老龄化的快速发展会影响这三者的合理配置,未来会很大程度地影响到社会劳动力的稳定。长沙市人口统计数据显示,2010年,15~59岁的劳动年龄人口是512.47万人,占常住总人口的72.8%,预计到2020年后,劳动年龄人口比例会下降到70%左右,甚至可能更低。① 也就是说,长沙人口老龄化会导致少年人口比重的大量减少,可以预见未来十年如果没有大量的外来劳动力补充,长沙年轻劳动力将持续减少,影响到长沙劳动力供给,继而影响到长沙的经济发展。

第二,导致人口红利期缩短。社会通常用人口抚养比来界定人口红利,如果一个国家或者地区的人口抚养比偏低,就可以为该国家或者地区的经济发展创造一定的人口红利。表11-6数据显示,2015年,长沙市0~14岁人口规模为118万人,15~59岁人口规模500万人,60岁及以上人口为125万人。2000~2010年长沙0~14岁人口趋势是逐年减少,60岁及以上人口逐年增加,人口红利逐渐减少。与人口红利减少相对应的就是人口老龄化的增长。2000年,每100个劳动力只需要抚养16位老人,2010年上升到19位老人,2015年上升到25位老人。② 由此可

---

① 资料来源:长沙统计信息网,《长沙人口老龄化与养老服务业发展》。
② 根据劳动力人数和老年人数的比值测算而得。

见，随着人口老龄化的快速增长，人口红利期正在逐渐缩短。

第三，影响社会消费结构。不同的人口群体有着不同的消费水平，基于独生子女群体消费模式等特点，同时参照2000年姜向群、杜鹏①的研究结果将0~14岁少年儿童，15~59岁劳动年龄人口，60岁及以上老年人口的消费比例确定为0.6∶1∶0.8。我们将2000年长沙居民消费支出总量定为100，2011~2015年，长沙城镇居民人均可支配收入增速分别为15.9%、14.5%、10.5%、9.4%和8.5%。2011~2015年均增长11.76%。长沙市2015年GDP同比增长9.9%，一般公共预算收入增长13.6%，居民收入落后于GDP、财政收入。全国居民可支配收入增长8.9%，全省增长9.6%。② 考虑到当前经济下行和收入水平增速的回落，本文将2016~2020年的消费增长速度设定为与2011~2015年的增速相同，为计算方便，定为12%，2001~2010年长沙的居民收入水平和消费水平处在快速增长期，我们将这10年间的消费增速平均定为18%。由此推算出每个年度各年龄组消费量、增长速度及其按年龄组的分布，详见表11-6。

表11-6　　长沙市历年消费结果的统计及预期

年份	消费总量	0~14岁				15~59岁				60岁及以上			
		人数（万人）	消费量	消费增长速度	占消费总量的百分比（%）	人数（万人）	消费量	消费增长速度	占消费总量的百分比（%）	人数（万人）	消费量	消费增长速度	占消费总量的百分比（%）
2000	100	106	11.4	100	11.4	436	78.3	100	78.3	72	10.3	100	10.3
2010	523	96	46.6	408	8.9	512	414.3	508	79.1	96	62.1	601.5	11.8
2013	735	107	71.7	629	9.7	503	562.1	718	76.5	113	101.2	977	13.7

---

① 姜向群、杜鹏：《中国人口老龄化对经济可持续发展影响的分析》，载于《市场与人口分析》2000年第2期。
② 资料来源：长沙统计信息网，《长沙人口老龄化与养老服务业发展》。

续表

年份	消费总量	0~14岁				15~59岁				60岁及以上			
		人数（万人）	消费量	消费增长速度	占消费总量的百分比（%）	人数（万人）	消费量	消费增长速度	占消费总量的百分比（%）	人数（万人）	消费量	消费增长速度	占消费总量的百分比（%）
2014	823	110	82.1	719	9.9	501	622.1	796	75.6	119	117.8	1 145	14.3
2015	922	118	97.2	852	10.5	500	687.4	878	74.5	125	137.4	1 330	14.9

资料来源：不同年龄段的人口数来源于长沙市历年统计年鉴。消费总量 2000~2010 年以平均每年增长 18% 计算，2013 年、2014 年、2015 年的消费总量以平均每年增长 12% 计算得出。消费结构比按 2000 年 0~14 岁、15~59 岁、60 岁及以上比例 0.6∶1∶0.8 计算，并假定 2000 年消费总量为 100。

表 11-6 数据显示，2010~2015 年，0~14 岁消费量占总消费量的比例相对稳定，略有增长，但变化不大。2010 年、2013 年、2014 年、2015 年占消费总量的比例分别为 8.9%、9.7%、9.9%、10.5%。相比之下，60 岁及以上人口的消费量占总消费量的比例逐渐上升，2010 年、2013 年、2014 年、2015 年占消费总量的百分比分别为 11.8%、13.7%、14.3%、14.9%，总体上超过 0~14 岁人口消费总量约 4 个百分点。15~59 岁劳动人口的消费量 2010 年、2013 年、2014 年、2015 年分别为 79.1%、76.5%、75.6%、74.5%，呈稳步下降趋势。由此可见，在未来老龄化加速的情况下，老龄人口的消费总量将会逐年加大，最终将影响长沙市的消费结构。

总体来说，人口老龄化会影响社会消费结构。一方面，预期寿命的增长、高龄人口的增长等因素使得老年人在养老、医疗等保障方面消费支出增多，从而导致储蓄率下降，影响消费结构；另一方面，老年抚养比的增长等也会使家庭的养老负担增大，一些家庭必须储蓄并减少开支，来应对老年风险，从而影响家庭的消费支出。从生命周期的理论视角来看，人们在年轻时期主要是储蓄积累，年老则主要是处于消费阶段。当人口结构呈现老龄化状态时，整个社会的消费总额上升，储蓄率逐渐下降，导致经济增长出现乏力态势。人口老龄化可以说很大程度上会对国民的消费支出结构和消费能力产生影响，进而对我国经济发展造成挑战。

3. 人口老龄化对现行制度形成挑战。

人口老龄化会给现行的基本养老保障制度带来压力，主要表现在以下三个方面。

第一，经济压力影响现有保障制度的可持续性。首先，老龄人口的增加，政府财政中用于退休老年人的社会保障费用总量会大幅增加，尤其是退休养老金和医疗费用的支出总额迅速增大，公共财政不堪重负。其次，人均寿命延长、老年抚养比上升、高龄化程度加深等趋势，又意味着缴费人数相对减少，而享受养老待遇的人却快速增加，养老金供需出现矛盾，最终导致基金筹集和支付两难。事实上，我国已有不少地区养老金出现短缺，甚至是基金赤字运转的局面。最后，目前，我国实行统账结合模式，即现收现付制和基金积累制的结合。但是由于基金统筹层次不高，部分个人账户被用作当期养老金发放，所以，统账结合模式很大程度上还是采取现收现付制。这样带来的一个直接结果就是基金当期收入会小于支出，历史累计结余不足，养老金面临着"入不敷出"的风险，从而无法应对未来人口结构的变化，最终影响到养老保障制度的正常运行和作用发挥。

第二，"养老—发展"矛盾出现影响现有保障制度的可持续性。人口老龄化可能会导致"养老—发展"之间矛盾的出现。即在劳动生产率无较大提高的情况下，即使养老保险制度表面上仍然可以维持，但随着人口老龄化和待遇支付高峰期的到来，如果当时的社会产品和服务供给不足，通货膨胀就有可能出现，导致养老金的真实购买力下降，经济出现衰退。而一旦经济出现衰退现象，养老问题又会进一步恶化，导致现有养老保障制度难以为继。由于经济增长缓慢，甚至出现负增长，养老保障的缴费收入就会下降,而养老保险金的支出因为其刚性特征,只会增多,从而导致基金支付危机提前出现。实际上,对于养老保障制度来说,无论采取现收现付制还是个人账户积累制,其本质相同,即当期的年轻人为同期的老年人提供社会产品和服务供给,在两者都不足的情况下,无论采取何种筹资模式,养老保障待遇水平都难以明显改观。因此,在劳动生产率不变的情况下,人口老龄化对养老保险制度具有终极影响。

第三,社会心理危机影响现有保障制度的可持续性。首先,国民参加养老保障的意愿受到影响。从本质上来说,养老保险制度是一个在国家强制力保证下实施的代际养老契约,即年轻的一代人必须缴费来养活年老的一代人,代代相传。但是,该契约履行还得具备另外一个前提条件,即人口结构合理,能够维系世代交替。当人口老龄化严重时,人们发现即便有国家强制力做担保,未来一代人实际上也是没有能力养活自己这一代时,就会对整个制度失去信心,从而影响参加养老保障的自愿性。人口老龄化给人们带来的心理危机会加快原有养老保障制度财务危机的爆发。需要指出的是,社会心理层面的影响不仅体现在人们担心老龄化导致制度不可持续上,还体现在制度本身的公信力上,如果养老保险基金运作不良,充满风险,也会引起人们对养老保障制度的信任危机。其次,延长退休的政策实施受到影响。延长退休年龄是各国解决人口老龄化的一项重要举措,但实际退休年龄提前却几乎是一个全球性的问题。因为提高缴费率,改变养老保险参数,是任何一个国家应对老龄化问题的必然选择。而当缴费率提高到一定水平时,养老保险的缴费就具有一定的纯税收性质,并高于缴费者退休时领取的退休金。由此,出于"趋利"心理,职工必然倾向于提前退休。经济学上有个观点,闲暇时间属于优质品。随着一个国家经济实力的增强,人们会选择通过减少工作时间、休长假以及提前退休等方式,来最大限度地获得闲暇时间。也就是说,一个国家平均退休年龄很大程度上受该国的人均收入情况的影响,再加上现行养老保险制度对劳动力的激励性不足,使提前退休现象常态化,从而影响延迟退休政策的推行。

4. 人口老龄化对养老服务形成挑战。

近年来,面对"银发浪潮"的剧烈冲击,各地加快推进养老服务体系建设,无疑取得了明显成效。但是,受传统责任观念、法制建设、资金投入以及体系设计等关键因素的制约,我国养老服务总体发展滞后,落后于国内经济社会发展和老龄化的客观需要,存在养老服务供需不平衡、养老服务社会化不足等问题,由此,人口高速老龄化对我国的社会养老服务体系构成了日益严峻的现实挑战。

第一,养老服务供需结构性问题突出。首先,基本的养老机构提供的服务内容单一,难以适应老年人的多元需求。随着经济发展水平的提高和老龄化步伐的加快,老年人不再只是满足于基本生活的保障,同时对日常生活照料、医疗保健护理、情感精神慰藉以及社会参与等都有了相应的乃至是更高的要求。而居家养老和社区养老主要以生活照料和家政服务等为主,无法有效满足老年人的多层次服务需求。其次,民办养老机构有效供给不足。由于基础设施完善、政府补贴丰厚、收费低廉、服务人员专业化水平高等优势,公办养老机构经常是"一床难求"。与之相反的是,尽管近年来政府不断鼓励和扶持民间资本进入养老服务领域,但民办养老机构由于未能充分享受政府在税收、土地、信贷等方面的优惠政策,面临用地、用人、融资和运营等困境,导致其建设和经营成本较高,收费高昂,导致床位使用率低,经常是"门可罗雀"。由此,养老资源紧缺与养老资源闲置的悖论局面得以出现,难以真正扩大社会养老服务的有效供给。最后,养老服务设施建设地区差距较大。东部发达地区,由于经济基础雄厚,相关养老保障政策落实充分,社会力量积极参与,日间照料中心、社区服务站等养老服务设施早已建立,社会养老服务体系初具规模。而在中西部地区,受制于较低的经济发展水平,社会养老服务设施建设严重滞后，无法应对老龄化趋势。

第二，长期照护保险制度尚不成熟。2006年，中央就明确提出"探索建立长期护理保险等社会化服务制度"，但由于专项政策法规有限、专业长期照料机构缺乏、服务项目未成体系、养护型专业人员不足等问题的存在，长期照护的发展受到严重制约。因此，失能失智老人的长期照护问题是当前我国人口老龄化中一个突出的社会问题。据中国老龄科学研究中心2015年发布的《中国老年宜居环境发展报告》显示，失能和半失能老人快速增加，全国失能和半失能老年人口规模已突破了4 000万人，到2020年失能半失能老年人估计将增加到4 500万人，2030年将达到6 168万人，2050年将达到9 750万人。面对失能失智老人总数庞大、照护成本高等压力，针对该群体的长期照护保险制度还尚在起步阶段。一是合理的费用分担机制尚未形成。从理论上说，一个专业的养老机构，其服务的主要对象应该是失能、半失能的老人，重点实现生活照料、康复护理及紧急救援等服务功能。但实际上，由于盈利能力弱，赔付风险大，失能失智老人的商业保险种类少、"门槛"高，一般的家庭难以支付，又没有合理的费用分担机制，致使大部分养老机构主要以接受自理老人为主，或者说不愿意接纳生活不能自理的老人，生活半自理或完全不能自理的老年人入住养老机构的比例较少，导致养老资源的配置错位。这种情况的出现主要是和养老金的持续投入压力大有关。如果仅依靠国家福利系统来提供相关照护服务的传统模式，势必给政府造成沉重负担，不利于长期发展，也很难形成规模。因此，探索政府、机构、家庭以及社会之间的费用合理分担机制势在必行。二是长期照护服务专业人才严重短缺。快速老龄化的时代，社会养老服务需求扩大，社会养老服务领域面临着专业人才短缺的挑战。从队伍的稳定性上来看，由于养老服务人员的职业声望较低、工作待遇不高，养老护工队伍的流动性较强。从队伍的专业质量上看，由于养老人员的工资和社会福利待遇低，养老人员大都来自偏远落后农村地区招募而来的进城务工人员或城市下岗人员。他们绝大多数没有接受过专业的养老护工和养老医疗康复培训,往往只具备满足老年人的基本生活照料这一低端的技能,新时代的老年人迫切期望得到的康复护理、医疗保健、精神慰藉、心理咨询、临终关怀等高质量的养老服务,养老机构基本上难以做到有效提供。

第十二章

中国养老保障制度的未来发展和改革趋势

老龄化社会是当前中国的重大国情，规模化、高龄化、空巢化、失能半失能化、未富先老、城乡倒置以及家庭养老功能弱化等老年现象将会持续加剧，养老问题将全面爆发。养老保障制度建立的初衷是要保障民众的养老需求，做到老有所养。老有所养有两个方面的含义：一个是要调动社会资源实现最大程度上的风险分担，做到个人养老社会化；另一个是要依靠个人能力提高自身的养老水平，实现个人养老自主化。经过20多年的改革实践，我国已经确定了以企业职工基本养老保险、城乡居民基本养老保险、机关事业单位工作人员养老保险为主的基本养老保障体系，在国家正式制度上基本实现了"全覆盖"。但是，随着老龄化程度的加深，人们养老保障需求水平的提高，养老保障制度本身存在的养老保险缴费总量不足、政府填补历史欠账动力不足、养老金运作管理效率不高、养老金支付能力不足、统筹级别低导致地区间关系转移困难、经办服务管理和社会化水平不高、公平性和可持续性差等问题日益显现，如何完善中国养老保障制度成为目前社会各界关注的重大热点问题。特别近期关于延迟退休、养老金"缺口"、双轨制、以房养老、全面二孩政策等问题的讨论逐渐升温，让中国社会陷入了对"老有所养"的集体忧虑。

中国人民大学学者鲁全认为，当前我国的养老保障制度改革

第十二章　中国养老保障制度的未来发展和改革趋势

迫切需要进行战略规划，在尊重历史发展规律和制度自身发展规律的基础上，梳理关键问题，正确认识和处理养老保障制度改革中的十大重要关系，明确改革方向和改革路径，建构理性的制度模式，尽快实现制度的定型、稳定与可持续发展。这十大关系为：处理好历史问题与现实问题之间的关系，将渐进改革、整体推进与重点突破相结合；处理好职工基本养老保险与其他基本养老保险制度的关系，明确缴费型养老保险制度的主体地位；处理好福利增长与责任分担的关系，实现福利水平的理性增长；处理好现收现付与基金积累的关系，有效应对老龄化挑战；处理好老人、中人和新人的关系，确保改革平稳过渡和代际公平；处理好激励性与互助性的关系，维系制度长期可持续发展；处理好中央与地方的关系，充分调动两个积极性；处理好扩面速度与参保质量的关系，制定合理的覆盖面评价指标；处理好养老保险与老年服务的关系，切实提高老年人生活质量；处理好养老保障制度改革与其他相关配套改革之间的关系，实现改革的协同推进。[①] 本书十分赞同上述观点，同时认为，中国养老保障制度未来的改革发展要在理顺养老保障十大关系的基础上，尽快建立中国多层次养老保障体系的整体框架，重视基本养老保障的基石坐标地位，强化养老服务的触手终端作用，优化养老管理的配套保障措施，确保中国养老保障制度的公信力和稳定可持续发展。

一、多层次：养老保障制度发展的整体框架

在漫长时间的不断实践和探索过程中，建立多层次的养老保

[①] 鲁全：《中国养老保障制度改革中的十大关系研究》，载于《教学与研究》2013年第12期。

障体系，几乎成了世界各国人民推进养老保障制度深化改革的共同选择，这种国际共识引领着未来养老保障发展的新方向。我国也一直十分注重多层次养老保障体系的建立，早在1993年中共十四届三中全会通过的《中共中央关于建立社会主义市场经济体制若干问题的决定》中，就明确提出要"建立多层次的社会保障体系，明确社会保障体系包括个人储蓄积累保障"，显然，多层次的养老保障体系是多层次的社会保障体系的题中之义和核心组成部分。更明确具体到养老保险领域的国家政策文件表达，来源于1995年国务院《关于深化企业职工养老保险制度改革的通知》。该通知明确指出："国家在建立基本养老保险、保障离退休人员基本生活的同时，鼓励建立企业补充养老保险和个人储蓄性养老保险，构建保障方式多层次的养老保险体系。"进入21世纪，"多层次"的官方提法仍多次出现。2013年，在十八届三中全会做出的《中共中央关于全面深化改革若干重大问题的决定》中，提出"加快发展企业年金、职业年金、商业保险，构建多层次社会保障体系"。

与"多层次"养老保障体系共同映入人们眼帘的是"多支柱"养老保障体系。自20世纪90年代以来，世界银行、国际劳动组织等国际机构先后提出包括"三支柱""五支柱"等在内的多支柱养老保障制度体系。有学者认为"多层次"不等同于"多支柱"，其中，中国人民大学董克用倡导中国养老保障体系由多层次到多支柱进行改革。[①] 其实，中国养老保障体系中对"多层次"的表述，实际常常就是"三支柱""五支柱""多支柱"的代用语。我们用表12-1所示的形式将其进行比较（为方便对比，对养老保险和养老保障统称为"养老保障"）。

---

① 董克用、孙博：《从多层次到多支柱：养老保障体系改革再思考》，载于《公共管理学报》2011年第1期。

第十二章 中国养老保障制度的未来发展和改革趋势

表 12-1　"多层次"和"多支柱"养老保障体系的内容比较

	多层次		多支柱			
	多层次1①	多层次2②	三支柱③	五支柱④	多支柱1⑤	多支柱2⑥
零层次				非缴费型的国民养老金或社会养老金	普惠制国民养老金	
第一层次	统账结合的基本养老保险制度	家庭保障	公共养老金计划	缴费型养老金制度	由基本养老保险社会统筹部分改造而来的基本养老金	国民养老金制度（基础养老金）
第二层次	企业年金制度	基本养老保障	职业养老保险计划	强制性的个人储蓄账户	由基本养老保险个人账户部分和企业年金计划合并而来的职业年金计划	强制性企业年金制度（个人账户养老金）
第三层次	个人养老储蓄	职业性养老保障	个人储蓄计划	自愿型保险	自愿性的个人养老储蓄计划	自愿性企业年金制度
第四层次		商业化养老保障		家庭保障等非正规的保障形式		个人储蓄保险

①董克用认为，1995年《关于建立企业补充养老保险制度的意见》，1997年《关于建立统一的企业职工基本养老保险制度的决定》，2004年《企业年金试行办法》等法规条例陆续颁布，标志着多层次养老保障体系在我国初步确立。董克用、孙博：《从多层次到多支柱：养老保障体系改革再思考》，载于《公共管理学报》2011年第1期，第1~9页、第122页。

②郑功成认为，从国际经验和我国传统出发，我国多层次养老保障体系应当由家庭保障、基本养老保障、职业性养老保障、商业性养老保障四个层次组成。郑功成：《中国社会保障改革与发展战略（养老保险卷）》，人民出版社2011年版，第13页。

③世界银行在其1994年出版的名著《防止老龄危机——保护老年人及促进增长的政策》中首次提出公共养老金计划（第一支柱）、职业养老保险计划（第二支柱）和个人储蓄计划（第三支柱）"多支柱"的概念，当时提出的"多支柱"实际就是"三支柱"。

④世界银行在其2005年出版的《21世纪的老年收入保障——养老金制度改革国际比较》中，将三支柱扩展为五支柱：一是非缴费型养老金的"零支柱"，就是定额式养老金的国民养老金或社会养老金，以提供最低水平的保障；二是缴费型养老金制

度,这是"第一支柱",它与本人的收入水平不同程度地挂钩,旨在替代部分收入;三是强制性的个人储蓄账户,这是"第二支柱",但各国建立形式可以各有不同;四是灵活多样的自愿型保险,这是"第三支柱",如完全个人缴费型、雇主资助型、缴费确定型或待遇确定型,个人可自主决定是否参加以及缴费多少;五是非正规的保障形式,为家庭成员之间或代际间对老年人在经济或非经济方面的援助,包括医疗和住房方面的资助。

⑤董克用在对多层次养老保险体系反思的基础上,从多支柱理论和我国现实国情出发,构建了以多支柱为核心特征的养老保障体系。零支柱:以低收入者和农民为对象的普惠制国民养老金,旨在防止老年贫困。第一支柱:以正式就业者为对象,由基本养老保险社会统筹部分改造而来的基本养老金,目标在于保障就业者退休后的基本生活,突出社会再分配。第二支柱:以正式就业者为对象,由基本养老保险个人账户部分和企业年金计划合并而来的职业年金计划,使退休职工生活水平比单一的第一支柱有所改善,同时有助于应对老龄化危机。第三支柱:自愿性的个人养老储蓄计划,为有较高需求的高收入者提供的更高层次的保护。董克用、孙博:《从多层次到多支柱:养老保障体系改革再思考》,载于《公共管理学报》2011年第1期,第1~9页、第122页。

⑥邓大松、刘昌平认为,可持续发展的中国多支柱养老保障体系的基本框架应该还原"统账结合"制度为"国民养老金制度+强制性企业年金制度"本质特征,过渡到国民养老金制度(基础养老金)、强制性企业年金制度(个人账户养老金)、自愿性企业年金制度、个人储蓄保险在内的多支柱养老金体系。邓大松、刘昌平:《改革开放30年:中国社会保障制度改革回顾、评估与展望》,中国社会科学出版社2009年版,第33~34页。

通过表12-1的对比,我们发现,无论是"多层次"还是"多支柱",以及它们的变体形式,其实都是强调在养老保障过程中的多元主体性,倡导国家(政府)、社会(社会组织)、市场、企业、家庭及个人等多主体参与养老,而不是单一、两个主体参与养老。倡导构建多支柱养老保障体系的研究者或研究机构,大多建议对我国现行的社会统筹和个人账户相结合的养老保障模式进行改革或调整。本书认为,经过20多年的改革探索实践,我国"统账结合"的养老保障模式已基本成型,并逐步趋于稳定,基本符合我国的国情,不宜推倒再来,若改革调整将产生无法预计的转制成本。

尽管上述研究者或研究机构在讨论养老保险、养老保障时用到了"多层次""多支柱",但很少提及养老服务,未将养老服务纳入"多层次"或"多支柱"养老保障的整体发展框架中。可能将养老保障等同于狭义上的经济收入性养老保险,即养老收入保障,忽略了养老服务在养老保障中的重要功能。实际上,从广义上来讲,养老保障制度既包括养老收入保障制度,也包括养老服务保障制度,其中,收入保障是基础,服务保障可以提升老年人的生活质量。[①] 可见,我国在养老保障制度建设中存在重保险、轻服务的问题。

随着我国机关事业单位工作人员养老保险制度的改革、企业职工基本养老保险制度改革的推进,以及城乡居民基本养老保险制度的整合,建立多层次养老保障体系已成为我国社会保障制度发展的必然趋势。综上所述,本书认为,未来多层次养老保障体系应该包括家庭个人保障、基本养老保障、职业性养老保障、商业性养老保障和养老服务五部分,即"四层次"养老保障+"全过程"养老服务。在此,需要特别强调是,从宏观层面来讲,建立多层次养老保障体系应先建立健全基本养老保障制度,再循序渐进地发展职业性和商业性养老保障制度;而从微观层面来说,对于那些没有纳入基本养老保障和职业性养老保障制度安排的人群,可以通过参加商业性养老保障,来获得自己所需要的养老保障。

(一)零层次:家庭个人保障

家庭养老是中国一直以来的优良传统,家庭是以情感联系的血缘群体,老人在家庭中能获得亲情,得到情感的满足。家庭养老因为极具人本关怀色彩,所以必须要继续大力倡导,并通过积极的政策措施来加以扶持。家庭个人保障的主要形式有家庭成员

[①] 鲁全:《中国养老保障制度改革中的十大关系研究》,载于《教学与研究》2013年第12期。

之间的互动、个人非保险性储蓄，还包括政府探索建立特种养老储蓄等。目前，我国绝大多数老人特别是农村老人的养老保障基本依靠这一层次养老，因此，家庭个人保障应当构成我国养老保障体系不可或缺的重要组成部分，是养老保障体系的零层次。发展社会化的养老保障制度，并不是等同于"以新替旧"，即简单地代替家庭个人保障，而是政府应该通过家庭津贴等相应的政策来维护并更加充分地发挥家庭保障的功能。①

1. 现代制度不能满足养老的需求。

工业化和城镇化进程中，我国基本实现了"社会化养老"的制度安排。但是养老保障不仅只体现在物质保障方面。年老是奢侈品，让全体老年人老有所养，不断增强"获得感"才是养老保障制度建设的方向。养老保障制度为老年人提供的不仅是最基本的生活保障，满足老年人的照护需求、促进老年人的二次发展、激发老年人的兴趣和余热、提供老年人充实而精彩的晚年生活都是养老保障制度应该达到的目的。由于中国经济发展整体水平比较低，养老保障制度正在进行深刻的改革转型，短期内很难实现统一的社会养老保障，而且即便实现了正式制度安排上的全覆盖，但在保障水平、内容和服务上也肯定是有较大发展空间的。因此，在一个相当长的时期里仍需要重视家庭个人养老的作用，特别是农村，家庭养老仍占重要的地位。

2. 家庭个人拥有养老保障的功能。

"家庭"作为社会最基础的构成单位，即使是由于深刻的社会经济变革原因，使凝聚在"家庭"基础上的"养老保障"功能弱化而推向社会化养老保障，但这并不意味着"家庭"这一主体从此退出养老保障的历史舞台。恰好相反，随着社会经济的发展，家庭养老保障功能却显得更加突出，内涵更加丰富。一般

---

① 郑功成：《中国社会保障改革与发展战略（养老保险卷）》，人民出版社2011年版。

意义上来说，家庭保障不仅包括物质保障，还包括精神保障，几乎每一个老年人都有相同的愿望：享受"三世同堂""四世同堂"的天伦之乐，期待子女"常回家看看"。这一方面受中国源远流长的儒家文化影响；另一方面也是因为家庭是一个以情感为纽带的初级群体。因此，在建设发展社会化养老保障体系过程中，我们不能忽视家庭养老这一层次，而是要注重把家庭养老和社会养老有机地结合起来，避免出现美国养老保障历史上的"家庭危机"。从此意义上讲，世界各国在大力发展社会养老保障的同时，无论如何，都不能丢弃传统意义上的家庭养老保障。

3. **养老保障需要家庭个人的参与。**

我国应当注重发挥家庭养老在养老保障体系中的作用。随着城市化和工业的发展，社会化养老的重要性与日俱增。但基于中国庞大的人口基数，中国的社会养老保障水平短期内难以达到与福利国家相当的水平，由此，传承传统的家庭养老理念，重视家庭养老保障功能的发挥，建立一个由国家、社会、市场以及家庭多元主体参与的养老保障体系尤为重要。

家庭养老和社会养老两者相互补充。法律规定子女有赡养老人的义务，而且孝养老老人也是中华民族的传统美德，老人在家庭中不仅能得到晚辈生活上的照顾，更重要的是还能得到精神上的慰藉，获得情感上的满足，能够弥补社会养老的不足。这种养老方式最适合老年人的养老心理。同时，社会养老的发展，比如社区日间照料中心、老年服务站、家庭病床等养老服务形式可以帮助家庭较好解决老人生活难以照料的问题，弥补了家庭养老的不足。在较长的一段时间中，这种互补的养老方式将在解决我国养老问题上继续发挥着重要的作用。

（二）第一层次：基本养老保障

多层次养老保障体系是一个筹资多元化、管理运营制度化、支付模式多样化的体系。如果说养老保障制度的健康、高效和可持续发展是多层次养老保障制度建立和完善的最终目标，那么，促进"普惠式"统一基本养老保障年代的到来则是一个重要的过程目标。

1. 基本养老保障的内容结构。

基本养老保障制度是多层次养老保障体系的第一层次，也是我国目前应当重点发展和改革的方面。基本养老保障制度是一种正式的制度安排，覆盖范围主要包括三部分：一是机关事业单位工作人员养老保险（公务员、事业单位在职在编职工）；二是企业职工基本养老保险（各类企业职工、农业雇佣者等）；三是城乡居民基本养老保险制度（包括非正规就业者和城乡居民）。它所保障的对象主要为16岁以上的处于劳动年龄阶段的所有人员。另外，针对缺乏养老金保障的城乡老年人，即未被机关事业单位工作人员养老保险、企业职工基本养老保险、城乡居民基本养老保险等三大基本养老保险制度覆盖的其他老年人，需要建立城乡老年津贴制度，现多地已试点，待时机成熟后建议推向全国。城乡居民基本养老保险中雇主缴费义务具有不确定性，而且，其缴费基数和缴费总额都比机关事业单位工作人员养老保险和企业职工基本养老保险要低，所以其待遇水平无疑也相应地低于机关事业单位工作人员和企业职工的基本养老金。为了保障城乡居民的养老待遇水平，建议其基本养老金标准必须要高于当地最低生活保障水平，这与养老救助有本质性的区别。

2. 基本养老保障的功能责任。

在基本养老保障制度中，政府承担了财政支持和监督管理的双重职能，同时还是养老金给付的担保人角色。基本养老保障制度有两个基本目的：一是防止老年贫困，基本养老保障制度提供保障基本生活的养老金；二是发挥再分配功能，养老保障可在不同收入、不同寿命的人群之间进行再分配。基本养老保障制度实行强制性参与，是对寿命风险、收入风险的一种保障。参保人在青年工作时期缴费，达到法定退休年龄后可以领取能够保障其基本体面生活的养老金。

基本养老保障这一层次的各种制度安排,都体现了政府主导、责任分担的原则。当然,政府在不同的制度安排中的角色担当也有差别。比如在机关事业单位工作人员养老保险制度中,政府主要承担"雇主责任";在企业职工基本养老保险制度中,政府承担的主要是担保人和管理人责任,还有一定的公共财政责任,筹资由单位和个人共同负担,具有法定性和强制性;在城乡居民基本养老保险制度中,政府同样承担着相应的公共财政责任,也可以理解为特殊的雇主责任,属半福利制,筹资来源于个人缴费、集体补助和财政补助,具有自愿性和半强制性的要求;在城乡老年津贴制度中,政府完全承担公共财政责任,通过这一制度,缺乏养老保障的老人群体也能共享经济社会发展成果。在上述基本养老保障制度中,"三险"的替代率在总体上应维持在50%左右,"一贴"的保障水平则应当高于最低生活保障线或者贫困救济线。[①]

(三) 第二层次:职业性养老保障

从第二层次开始,包括职业性养老保障和商业性养老保障在内,属于养老保障制度中的补充性养老保障组成部分,它是对家庭个人保障和基本养老保障的重要补充,是提高老年人保障水平的重要路径选择。

1. 职业性养老保障的内容结构。

职业性养老保障是一种职业福利,是多层次养老保障体系的第二层次,主要包括职业年金、企业年金和其他可以保障老年人生活来源的职业福利制度等。职业性养老保障,作为补充养老保障,服从于用人单位的发展需求和劳动力市场的需要,是用人单

[①] 郑功成:《中国社会保障改革与发展战略(养老保险卷)》,人民出版社2011年版。

位用来激励员工、增强凝聚力、提高劳动生产率和市场竞争力的一种有效手段。它是用人单位的自发自主行为，其资金是由雇主全部提供或者是雇主和雇员共同分担。在该层次上，对机关事业单位工作人员的职业年金，政府承担直接责任。但对企业职工的企业年金，政府不直接干预，只是通过税收优惠等措施来鼓励企业提供。此外，政府通过建立免除利息税或政府贴息的特种储蓄制度，来作为农民的补充养老保障。特种养老储蓄制度既符合我国农村地区实际，同时又有助于巩固家庭养老保障的功能。

2. 职业性养老保障的政府定位。

我国职业性养老保障存在发展水平滞后、结构分布失衡、运营模式不成熟和可持续风险集聚等方面问题，成为我国养老保障体系应对人口老龄化的"短板"。职业性养老保障，主要包括职业年金、企业年金，不同于基本养老保障，是属于补充性养老保障，因此，其基金的管理和基本养老金的管理有所区别。具体来说，社会养老保险主管部门无须直接管理职业性养老保险资金，而应该交给市场运作，让渡给那些已经比较成熟的市场化金融机构去管理，负责对这部分资金进行投资运营，实现保值增值。政府的主要职责是制定相应规则，实施有效监管，确保资金的安全运行。由此，职业性养老保障制度和基本养老保障制度有各自独立的运营机制，但又相互补充，推进了多层次养老保障体系的建立。为加快推动养老保障体系供给侧结构性改革，提高职业性保障的有效供给能力，应坚持供需双向同时发力，完善顶层设计改革，明晰制度结构框架，健全税收优惠和投资管理政策，精简降低"五险一金"费率，调动社会建立发展多层次养老保障的积极性和主动性。① 职业年金、企业年金的替代率总体上可以维持在 20% 左右。

---

① 关博：《大力发展补充保险构建多层次养老保障体系》，载于《宏观经济管理》2017 年第 3 期。

3. 职业性养老保障的关键突破。

大力发展职业性养老保障,适当降低基本养老金替代率。目前我国基本养老金的替代率为 70% ~ 80%。以国际经验来说,如果退休后的养老金替代率大于 70%,即可维持退休前现有的生活水平;如果达到 60% ~ 70%,即可维持基本生活水平;如果低于 50%,则生活水平较退休前会有大幅下降。通常,基本养老金替代率与职业性养老保障替代率呈反比,基本养老金占退休收入的替代率越高,职业性养老保障金的替代率就越低。[①] 这种现象的出现,最直接的影响就是抑制人们参保职业性养老保障的积极性,而将养老收入预期孤注一掷地投在国家的基本养老保障身上,那么对国家的财务负担和在岗劳动者的收入压力可想而知,同时还可能因养老的刚性支出导致西方国家盛行的"福利病"。所以,基于我国"未富先老"的现实国情,降低基本养老金替代率是大力发展职业性养老保障最为关键的突破口。基本养老金替代率的下降,可以有效应对老龄化问题,还可以减轻政府的财政支出,并且可以为职业性养老保障提供更加充足的发展空间,让其提质增收的功能得到更为充分的发挥。

(四) 第三层次:商业性养老保障

现阶段,应该说是商业性养老保障发展的最好时机。一方面,国家经济的发展,国民收入的增加,夯实了商业性养老保障发展的经济基础;另一方面,经过 20 多年的实践,我国保险业在养老保险方面具备了丰富的经验,技术上也更加成熟。因此,中国保险业要积极利用自身优势资源,抓住这个大好的发展机遇,大力推进商业性养老保障的发展,为构建多层次的养老保障体系做出贡献。

---

① 刘晓明:《我国人口老龄化背景下社会养老保障体系存在的问题及对策》,载于《中共济南市委党校学报》2010 年第 4 期。

1. 商业性养老保障的内容结构。

商业性养老保障属于个人储蓄型的养老保障,是养老保障体系的第三层次。它主要是指通过商业性人寿保险及通过市场购买而获得的老年经济保障,其资金完全来源于个人。该层次上,政府的责任主要是制定法律法规,规范保险市场,提升福利色彩,给商业保险公司提供一个公平竞争的发展环境,从而达到鼓励和推动商业保险公司发展和提升养老保障水平的目的。国外社会保障发展实践证明,商业保险和其他社会保障制度,尤其是与社会保险制度之间相互渗透,相互促进。两者互制互动,而且随着社会政治经济的发展呈现出不一样的组合形态。在多层次的养老保障体系中,政府主要是侧重于扩大覆盖面,并提供低水平的基本养老保障,体现了社会公平;而在成长型和享受型保障领域,政府则积极引入市场机制,提高运行效率,推动商业化运作。伴随着社会经济的不断发展,商业保险与其他社会保障制度的融合会进一步加深,在建立多层次养老保障体系中的作用也会日趋明显。

2. 商业性养老保障的提质功能。

多层次养老保障体系的建立不是一蹴而就的,而是一个由低到高的循序渐进的发展过程。首先,先建立"全覆盖"的普惠型基本养老保障制度,但其提供的保障只能是低水平的;其次,再发展职业性养老保障,适当地提高养老待遇,但是其提供的保障也是有限的。随着经济发展和人民收入的增长,社会成员对退休后生活水平的要求不断提高,较低的养老保障水平标准越来越难以满足社会的需求。因此,为满足社会不同阶层、不同群体之间更高水平的养老需求,推进商业性养老保障的发展势在必行。

商业保险涵盖经济和金融领域,同时开展承保和资金运用两大核心业务,拥有市场化的风险管理和社会互助两大机制,具有天然的社会属性和保障功能,与社会保险有异曲同工之处。商业性养老保障可以减轻政府在养老保障方面日益严重的财政负担,可以弥补社会养老保障的不足。同时,商业寿险公司可以提供包括固定年金、变额年金、开放式养老金账户在内的丰富多彩的养老金产品,满足社会多样化和不同层次的养老保障需求。可见,商业性养老保障在养老保障体系中有不可替代的放大和提高养老保障水平的功能优势。

3. 商业性养老保障的发展路径。

目前我国个人储蓄性的商业养老保险发展十分缓慢。国际上不少国家和地区,包括一些发展中国家,开始认识到商业性养老保障的强大养老功能,并陆续出台各种具体政策。世界银行也一直在致力于推广商业性养老保障。要推进商业性养老保障的发展,一是要转变观念,发挥市场机制的资源配置作用,真正将商业性养老保障作为我国养老保障体系的重要组成部分,并为其提供发展的空间。在养老保障制度的改革中,要充分考虑商业性养老保障和基本养老保障之间的互动关系,可以适当降低基本养老保障的缴费比例,为商业性养老保障的发展提供空间。二是要通过税收优惠政策提升商业性养老金需求,实行 EET(exemption,exemption,taxation)的税收优惠模式,即缴费和投资环节不缴税,领取环节缴税,发挥税收递延的激励作用。考虑到很难吸引中等收入人群购买商业养老保险,可以同时实施 TEE(taxation,exemption,exemption)的税收优惠模式,即税后缴费,投资和领取环节均不缴税,这将有助于扩大商业性养老保障的覆盖面和需求量。三是要提高商业性养老保障的供给效率,寿险业要转变发展理念,以养老保障功能为基础,风险管理与财富管理相结合;加强产品创新,满足与适应多样化的养老保障需求,推动行业的转型升级;以市场化为导向,拓宽保险资产运用渠道,提高资产管理的能力和效率,增强商业养老保险的竞争力。四是要加强对商业性养老保障的监管。制定监督条例,完善法制建设,严格监管执法,确保商业性养老保障的发展有一个公平有序的市场环境,促使商业性养老保障健康可持续运行。

(五)全过程:养老服务保障

养老保险只是养老保障的一部分,养老保障的范围要大于养老保险。一方面养老保障的对象是全体老人,而不仅仅是参加了养老保险从劳动岗位退出来的退休者;另一方面养老保障的内容除了包括养老保险外,还包括医疗、护理、福利等各方面内容,养老服务就是最重要的一部分。

1. 养老服务保障的全过程性。

从广义上来理解,养老保障制度包括养老收入保障制度和养老服务保障制度两个方面。其中,收入保障是服务保障的基础,服务保障是衡量老年人生活质量高低的关键指标。一直以来,我国的养老保障制度建设存在"重保险、轻服务"的现象。随着社会经济的日益发展,老年人收入水平的不断提高,人们对养老服务的需求层次也相应提高。同时,每一个老年人都是一个独特的个体,其健康状况、自理能力和个人偏好都不一样,从而使养老需求呈现多元化、差异化、个性化趋势。

因此,在构建多层次养老保障体系的过程中,养老服务制度的建设与上述"四层次"养老收入保障的建设是同步并举的,相互推进,相得益彰。在国家层面,"四层次"养老收入保障的建设是由低到高,层层推进,逐步建设的。而养老服务保障的建设则是"全过程"的,从一开始就需要考虑同一时点处于不同生命周期阶段的老年人群体的养老服务需求,要为不同需求的老年人,按照老年生命规律的特征,提供阶段化、特殊性、适用性的养老服务项目。正是由于这一需求特性,决定了养老服务保障的建设需要全方位的考虑,面向老年人生活的全过程。

2. 养老服务保障的体系特征。

养老服务保障体系具有多重性特征。一是保障体系的完整性。即指养老保障体系必须"全覆盖",包括所有的老年人,并能为他们提供系统的、全面的服务。二是保障体系的多样性。即指养老服务方式的多样化，老人可以根据自己的主观偏好和客观需求选择不同的养老服务方式。三是保障体系的持续性。即指老年保障是一个长期的过程。养老服务始终贯穿于整个老年社会化过程，一般来说，老年期要经过"低龄期（60~74岁）""老年期（75~89岁）"和"长寿期（90岁及以上）"，要在老人不同的年龄阶段，根据老人不同的经济情况、身体状况和个人意愿等，为老年人提供持续的照顾服务。四是保障体系的实效性。即指养老服务体系能给社会和老年群体带来实际的利益，比如减轻家庭和政府的负担，提高老年人的生活质量等。五是保障体系的经济性。即指养老服务资金如何解决的问题。一方面，构建养老服务体系是政府义不容辞的责任，政府必须履行职责，加大财政投入；另一方面，政府也不能全包统揽，要注重统筹规划，应遵循"政府主导、政策扶持、社会参与、市场运作"的原则，积极推进社会福利社会化，构建经济又高效的养老服务体系。基于上述要求，政府要解放思想、大胆改革，构建"以居家养老为基础、社区服务为依托、机构养老为支撑"的养老服务体系。

3. 养老服务保障的重要考量。

合理构建养老服务体系，要从多方面综合考量。第一，基于传统的家庭观念以及家庭可以提供经济保障，尤其是精神保障的养老功能，考虑到老年人精神需求日益大于物质需求的趋势，社区居家养老应当作为未来老年服务的主要发展方向，而且政府要制定家庭津贴等政策，提供实际支持。第二，基于老年需求的日趋多元化，应当注重社会力量的参与，切实发挥家庭、社区、社会组织以及市场机构等不同主体在养老服务供给中的作用，不断创新养老服务模式。第三，应当优先考虑满足失能失智老人和低收入老人的养老服务，政府要承担起主导责任。第四，应当把养老收入保障和养老服务保障结合起来，作为一个整体进行综合考量,尝试养老金和老年服务混合给付等创新型措施。①

二、重基本:养老保障制度完善的基石坐标

"多元参与、责任分担"是建设多层次养老保障体系的基本理念。即把家庭、企业、政府和社会等各种资源有效整合起来,合理分担老年保障责任。同时,多层次养老保障体系的建设还要遵从"主次分明、循序渐进"的原则,首先由政府主导健全基本养老保障制度,其次鼓励职业性养老保障制度建立,最后推进市场化运行的商业性养老保障。经过几十年"摸着石头过河"的探索和实践,从局部试点到全国推开,从制度碎片化到逐步实现统一,我国基本建立了社会统筹与个人账户相结合的"统账结合"养老保障模式。这是中国劳动人民借鉴他山之石和本土长期实践的智慧创造,为我养老保障制度的定型、稳定和可持续发展奠定了坚实的理论基础和制度保障。虽然在实践过程中还存在一定的问题,但瑕不掩瑜,只要我们认真面对、认识和解决问题,基本养老保障制度仍是我们必须要坚持的完善中国特色养老保障制度的基石坐标。

(一) 补欠账,厘清历史与现实的责任

目前的改革既应当直面当前的核心问题,更不能回避历史顽疾。从计划经济时代的劳动保险制度到市场经济的社会保险制度,制度的转型必然产生成本的增加,目前我国企业职工基本养老保险制度的运行是伴随着隐形债务和空账运行等问题的,这些转制成本长时期的无法调和将对制度的可持续运行产生巨大的潜

---

① 鲁全:《中国养老保障制度改革中的十大关系研究》,载于《教学与研究》2013年第12期。

在风险，甚至会成为养老保障制度改革和健康发展的"瓶颈"。因此，必须要弥补历史欠账，积极处理养老保险债务问题，厘清历史与现实的责任，让养老保障制度改革和发展"轻装上阵"。

首先，要确立责任分担的欠账化解机制。第一，应当建立国家财政主导下的政府、企业和个人共同参与的责任分担机制，尽快有步骤有阶段地化解历史欠账。在此过程中，政府应该当仁不让地承担化解历史欠账的主要责任。然而在实际操作过程中，我国一直过分强调了企业和参保人员的责任，两者在高养老保险缴费率的长期参保过程中已经化解了部分历史欠账，须尽快明确和落实政府的第一责任主体角色。第二，明确中央和地方政府的责任分担机制。有学者提出可以根据转轨前的企业的归属情况决定各级财政分担比例，中央企业的由中央财政承担，地方企业的由地方财政承担，需在中央和地方政府的统一协商下，制定出一个合理的责任分担机制。①

其次，要打通直接便捷的欠账化解路径。在明确政府的第一责任主体角色之后，要尽快使政府财政对企业职工养老保险基金的支付由暗补到明补，建议在不损害现行制度参保人员利益的前提下，通过划拨国有资产收益分配分阶段地化解历史欠账。

（二）定模式，坚持统账结合制度模式

我国实行的社会统筹与个人账户相结合的养老保障制度模式，经过 20 多年的运行，已经基本定型稳定，现已经广泛推广到机关事业单位工作人员养老保险制度、企业职工基本养老保险制度、城乡居民基本养老保险制度。这一模式尽管存在一些不合理问题和诸多争议，但不宜推倒重来，必须坚定不移地走"统账结合"道路。

---

① 郑功成：《收入分配改革与财富合理分配》，载于《中共中央党校学报》2010 年第 5 期。

1. 统账结合模式适合我国国情。

我国选择统账结合模式，一方面是充分考虑了我国传统城镇企业职工养老保险制度的现收现付弊端、国际流行的责任共担制度以及公平与效率因素；另一方面则是为了更有效地应对人口老龄化的挑战、适应经济体制的转型、强调个人的责任以及对国外养老保险制度改革的经验借鉴。当然，任何制度都不是完美无缺的。在养老保险制度的运行实践中，由于各种现实原因出现了一些违背改革初衷的问题，其中一个重要的问题就是个人账户"空账"运行的问题，其背后实质仍是制度转型的隐形债务问题。任何制度模式都要与一个国家或地区的现实情况与未来发展相适应，要充分考虑政治、经济、文化、社会等因素。从现实运行效果来看，"统账结合"的养老保障制度模式基本符合我国国情。

2. 不断改革完善统账结合模式。

当然，坚定统账结合制度模式，不意味着墨守成规、故步自封、不求进取。我们要在现有的制度模式框架内，总结制度运行中存在的诸多问题，寻找背后的实质原因，采取积极、科学、有效的改革举措。一是降低基本养老保险缴费率，同时继续缩小个人账户的规模。目前，机关事业单位工作人员养老保险和企业职工基本养老保险的个人账户规模为8%，完全由个人缴费进行基金积累，比重过高，对参保人员产生了较大的压力，建议进一步缩小规模，可以考虑下降到5%或者3%，其余部分实行社会统筹。二是加强对个人账户的科学管理，严格做到"统账结合"前提下的"统账分开"，坚决防止个人账户被社会统筹账户侵蚀，使得本来饱受争议的"空账"问题进一步恶化。

（三）统制度，建立国民基本养老保障

实现人人老有所养，是党和政府对全体国民做出的郑重承诺，也是每个公民应有的权利。基本养老金是实现老有所养的物质基础，而建立统一的国民基本养老保险制度则是保障每个公民相对公平地获得基本养老金的必经之路。

1. 国民基本养老保障需要制度整合。

现阶段,我国各类人群都有着各自不同的基本养老保障制度。现行的城乡居民基本养老保险只是满足城乡居民的基本生活需要,而企业职工的基本养老保险金替代率相对偏高,另外还有单独建制运行的机关事业单位工作人员养老保险制度。从以后的发展趋势来看,这些制度都会逐步"并轨",未来的养老保障制度应该覆盖全体国民,有着统一的标准,与补充性养老保障等构成多层次的养老保障体系。

包括养老保障在内的社会保障是政府提供给全体国民的一种公共产品,也是全体国民应该享有的一种基本权利。国民基本养老保障制度的缴费和待遇应该有统一的标准,所有养老保险参保人,不论其社会地位和经济状况如何,都应该得到同等对待。因此,整合"碎片化"的养老保障制度,建立养老保障制度的统一平台,真正惠及所有老年人群,保障他们的基本生活,是非常必要的。

2. 国民基本养老保障的分步走战略。

我国养老保障体系从差别的低水平的老有所养,到公平的适度水平的老有所养,需要分阶段、分步骤地进行不断完善而实现。郑功成教授在《中国养老保险改革与发展战略(核心报告):老有所养及其发展路径》中,提出了中国养老保障体系的三步走战略[①],即第一步(2008~2012年)建立有序组合的多元养老保障制度体系,实现制度层面的全覆盖;第二步(2013~2020年)以缴费型养老保险为主体的养老保障体系全面定型、稳定,实现人人较公平地享有养老金及相关服务;第三步(2021~2049年)进一步推进制度整合,建成以国民养老保险为主体的

---

① 郑功成:《中国社会保障改革与发展战略(养老保险卷)》,人民出版社2011年版。

多层次养老保障体系,实现人人享有体面的老年生活。具体战略路径如图12-1所示。

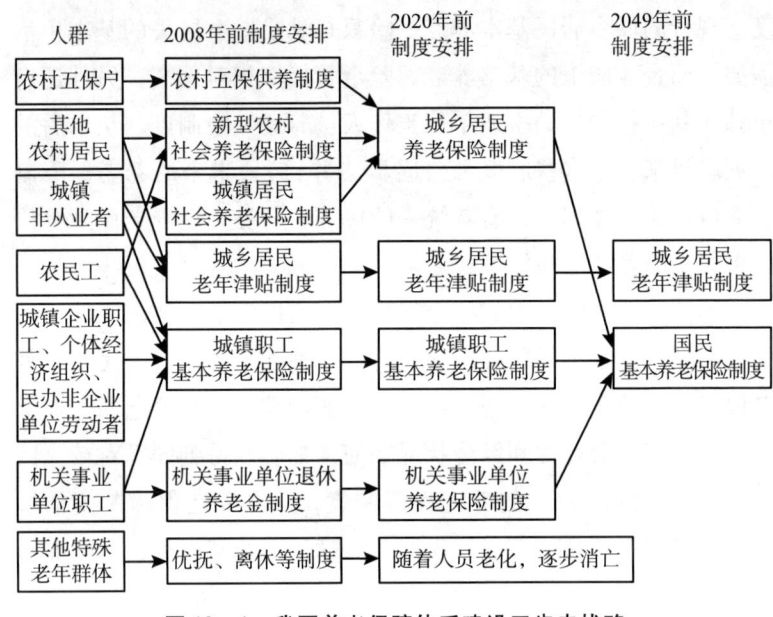

图 12-1 我国养老保障体系建设三步走战略

截至 2017 年 5 月,我国通过基本养老保障制度的整合,建立健全了企业职工基本养老保险制度(2005 年 12 月国务院颁布《关于完善企业职工基本养老保险制度的决定》)、城乡居民基本养老保险制度(2014 年 2 月国务院印发《关于建立统一的城乡居民基本养老保险制度的意见》)、机关事业单位工作人员养老保险制度(2015 年 1 月国务院印发《关于机关事业单位工作人员养老保险制度改革的决定》),形成了面向企业职工、城乡居民、机关事业单位工作人员的基本养老保险制度,初步试点了城乡老年津贴制度,基本改变了过去杂乱无序、交叉与缺漏并存的制度格局,基本实现了适度集中、有序组合、没有漏洞的多元制度安排。随着全国范围内社会经济的统筹发展,地区和群体差距将进一步缩小,统一的国民基本养老保障制度将为所有参保对象提供标准基本统一的基本养老金。

(四) 提层次,实现基本养老全国统筹

养老保险的统筹层次,体现了基本养老保障制度的社会化程度,也是衡量一个社会管理机制是否成熟的重要标准。实现基本养老保险全国统筹,既可以实现更大范围的养老保险待遇的异地结转,有利于劳动者的合理流动,还可以实现更大范围的收入再分配,极大地彰显制度的公平性。[①] 随着养老保障体系的进一步改革,实现基本养老保险全国统筹是必然趋势。

1. 基本养老保险全国统筹的内涵。

关于基本养老保险全国统筹,最早的解释是 2003 年《中共中央关于完善社会主义市场经济体制若干问题的决定》所做的"试行基本养老保险的基础部分全国统筹"的表述,指的是基金的全国统筹。[②] 一般而言,基本养老保险统筹是由社会保险管理机构在一定范围内统一征集和给付养老保险基金,统一调剂使用养老基金的管理制度。基本养老保险统筹层次是统一征缴养老基金,统一调剂使用基金,并确保基金收支平衡的养老保险管理范围和层次。基本养老保险统筹层次,依照行政区划分来界定。按照统筹层次高低,可以划分为全国统筹、省级统筹、县市统筹以及企业统筹,全国统筹是基本养老保险基金统筹的最高层次。

提高基本养老保险基金的统筹层次,一方面是适应保险原理的客观要求,依据保险"大数法则"原理,统筹层次越高,抗风险能力就越强,财务稳定性就越高;另一方面是适应中国特殊人口变动结构的必然要求,在"未富先老"的状况下,统筹层

[①] 穆怀中:《养老保险统筹层次收入再分配系数研究》,中国劳动社会保障出版社 2013 年版。
[②] 王雯、黄万丁:《基本养老保险全国统筹的再认识》,载于《中州学刊》2016 年第 2 期。

次越高，养老保险制度的稳定性就越强。中国养老保险基金统筹的目标就是全国统筹，只有提高了统筹层次才能针对全国实施"一盘棋"的制度安排和财务保障。基本养老保险全国统筹的基本标准，可以概括为"六个统一"：统筹范围内执行统一的制度和政策；统筹范围内执行统一缴纳基本养老保险费的比例；统筹范围内统一统筹项目、统筹计发办法和调整办法；统筹范围内养老基金统一调剂使用，统收统支；统筹范围内统一编制和实施养老保险基金预算；统筹范围内执行统一养老保险业务管理规程。

2. 基本养老保险全国统筹的步骤。

首先，建立健全基本养老保险省级统筹制度。由于中国经济社会发展不平衡和地区、职业、行业发展不平衡，养老保险长期实行分散管理，积累了诸多难以协调的问题。因此，要推进基本养老保险的全国统筹，最关键的是要完成省级统筹。一旦省级统筹完成了，意味着我国当前 2 000 多个基本养老保险统筹单位会减少到 30 多个，推进这项工作，与将 30 多个单位规范到一个全国性的统筹单位的工作相比，其难度更大，面临的局面更复杂。近些年，虽然国家和不少地区已经出台了相关省级统筹实施办法，但是实效并不明显，省级统筹推进工作仍然是短板。因此，强化、规范并健全基本养老保险省级统筹制度，逐步实现省级统筹，再过渡到全国统筹，便是水到渠成的事情了。

其次，重点提升基础养老金的统筹层次，逐步扩大范围。在基本养老保险全国统筹推进的过程中，中央和地方的职权一定要明确，中央政府要承担引导和资助的责任，地方政府也必须有责任和担当。在明晰划分中央和地方在养老保险体系中事权的基础上，优先并重点推进基础养老金的统筹，再以此为契机，逐步走向全国统筹。提升基础养老金统筹层次的关键在于解决所在层级的筹资问题。一般来说，基金统筹到哪个层次，哪级政府就需要承担巨额"债务"①，这是养老金统筹难以推进的根本原因。要解决此问题，必须要确保统筹账户内的资金的专用属性。如果统筹账户内的资金以及其运营收益，只能按照国家所规定的，专用于基础养老金的发放，那么这笔基金也就仅构成确保支付和保值增值的责任，这样的话，无论这笔资金在谁手里，都愿意转移出对这笔资金的管理权，如此，实现全国统筹就同样顺理成章了。

（五）融投资，完善多元投资战略布局

养老保障基金的安全稳定是养老保障制度健康运行的重要资金保证，需要构建稳健的市场投资运营环境，高度重视基金投资的战略性和多元性，提高养老保险基金的抗风险能力。

1. 养老基金多元投资是大势所趋。

近年来，世界各国针对养老金制度改革主要集中在两个方面：一是注重基金总量的增加，具体包括提高领取养老金的"门槛"、延长缴费年限、对领取的养老金实行征税以及提高退休年龄等举措。二是注重基金的运营效率，具体包括引入市场机制、降低管理成本、拓展投资领域、降低投资风险等措施。2016年3月国务院总理李克强签署第667号国务院令，公布施行《全国社会保障基金条例》（2016年5月1日起施行），这进一步规范了全国社会保障基金的管理投资运营，为社会保障基金的多元投资、高效运营、保值增值提供了政策依据和制度保障。虽然养老保险基金不属于全国社会保障基金的组成部分，但《全国社会保障基金条例》仍为养老基金未来的多元投资发展指明了方向。

2. 完善养老基金多元投资的路径。

对养老保险基金加强科学管理，实现安全运营和保值增值，是未来养老保险制度改革的重要内容。完善养老保险管理体制和

---

① 林毓铭：《体制改革：从养老保险省级统筹到基础养老金全国统筹》，载于《经济学家》2013年第12期。

机制，一方面要引入市场机制，大力发展专业化的基金投资机构，实现适度有序竞争，降低管理成本，提高投资效益；另一方面要出台具体的规范标准，规范基金投资机构的准入"门槛"，考虑建立养老保险基金投资最低收益担保制度。加强养老保险基金对基础设施建设的投资，可以有效缓解长期投资的资金不足，明显提高投资回报率；建立养老保险基金投资的信息披露机制，健全养老保险基金投资风险防控机制，防范保险基金的投资风险，及时解决基金投资过程中存在的问题。①

（六）延退休，尽快落实渐进退休方案

人均预期寿命的提高，老龄化进程的加快，使得"何时退休"问题成为社会各界关注的热点，并且已经提上了议事日程。退休年龄的规定是我国养老保障制度改革的一个重要参数。

1. 延长退休年龄是国际共识。

由于世界各国在社会经济发展程度、人口结构和文化传统等方面的差异，各国实行的退休年龄规定有所不同，一般为60～65岁，最高不超过70岁，同时各国关于退休年龄的改革也各不相同，如表12-2所示。

表12-2　英美等五国最近一次延长退休年龄一览

国家	延长年龄的方式	时间（年）		当时退休年龄（岁）		拟延长年龄（岁）	
		出台时间	实施时间段	男	女	男	女
英国	强制性	2006	2006～2044	65	60	68	68
美国	强制性	2000	2000～2007	65	65	67	67

---

① 王延中：《中国"十三五"时期社会保障制度建设展望》，载于《辽宁大学学报（哲学社会科学版）》2015年第6期。

续表

国家	延长年龄的方式	时间（年）		当时退休年龄（岁）		拟延长年龄（岁）	
		出台时间	实施时间段	男	女	男	女
日本	弹性	2006	2006	60	60	65	65
德国	强制性	2006	2006~2011	65	65	67	67
荷兰	强制性	2000	2000	60	60	65	65

资料来源：根据各国改革的政策主张汇编而得。

除了退休年龄以外，工作年限也是劳动者领取养老金的必要条件。只有工作达到一定年限才能享受退休养老金，如表12-3所示。

表12-3　部分OECD国家的养老金最少缴费年限规定　　单位：年

国家	最少缴费年限	国家	最少缴费年限
加拿大	*	美国	10
法国	40	瑞士	43/44
德国	15	日本	25
瑞典	*	意大利	**
英国	39/44	—	—

注：两个数字分别代表女性和男性，为"女性/男性"。*表示有居住时间长度限制；**表示不同职业有不同规定。
资料来源：世界银行网站。

2. 现行退休年龄不具适应性。

1978年5月《国务院关于安置老弱病残干部的暂行办法》和《国务院关于工人退休、退职的暂行办法》两个文件规定了具体的退休年龄：男年龄满60周岁，女工人年满50周岁，女干部年满55周岁；对于从事井下、高温、高空、特别繁重体力劳动或者其他有害身体健康工作的，退休年龄男满55周岁，女满45周岁；因病或非因工致残，由医院证明并经劳动鉴定委员会确认完全丧失劳动能力的，退休年龄为男满50周岁，女满45周岁。政策的制定应该是与时俱进的，退休年龄的规定也应如此。如今人口预期寿命延长了，教育年限延长了，人们健康状况也得到了很大的改善，现行的退休年龄规定已经无法适应新的人口老龄化形势，给养老保险基金的支付带来了巨大的压力和负担。

3. 渐近式延迟退休年龄政策。

十八届三中全会通过的《中共中央关于全面深化改革若干重大问题的决定》明确提出，要"研究制定渐进式延迟退休年龄政策"，来应对不断增长的社会养老压力。"渐进式延迟退休"具有多重含义：

一是"早告知"。即要给予公众充足的时间准备和心理准备，建立政策的宣传和引导机制，尽早提前告知，满足公众的知情权和参与权，实现退休年龄改革的稳步过渡。

二是"分步走"。退休年龄的延长不可能立马就普及所有老年群体，而是要逐渐扩面。比如目前大家比较认可的"先女后男"的推进模式，逐步消除男女性别退休年龄差异，是可取可行的，即将男女同等对待，统一设定退休年龄为60岁，然后两性共同渐进延迟退休年龄。

三是"迈小步"。可以考虑采取"先慢后快"或"匀速推进"的办法，用较长的时间来完成平稳过渡，最终将退休年龄延迟到位。

四是"细方案"。针对不同行业，不同劳动者群体，建立弹性退休和补偿激励制度，重点区别对待高危人群、重体力劳动人群、潜在职业病人群、专业技术人群的推迟退休方案。

五是"重配套"。注重调整产业结构，开发适合老年人的就业岗位。注重对老年人进行技能培训，提升他们再就业的能力。

第十二章 中国养老保障制度的未来发展和改革趋势

三、强服务：养老保障制度改革的触手终端

2015年10月，党的十八届五中全会审议通过的《中共中央关于制定国民经济和社会发展第十三个五年规划的建议》非常重视养老服务体系建设，要求"积极开展应对人口老龄化行动，弘扬敬老、养老、助老社会风尚，建设以居家为基础、社区为依托、机构为补充的多层次养老服务体系，推动医疗卫生和养老服务相结合，探索建立长期护理保险制度。全面放开养老服务市场，通过购买服务、股权合作等方式支持各类市场主体增加养老服务和产品供给。"权威的官方政策文件为我国的养老服务体系提供了精准的发展方向。如果说注重老年收入的基本养老保障是养老保障制度改革发展的根本主体、基石坐标，那么注重老年服务的养老服务保障则是养老保障制度改革发展的繁茂枝叶、触手终端，两者是协同驱动的养老双保障。

（一）经济保障和养老服务双驱动

一个健全的养老保障体系包含了养老保障的资金提供和养老保障的服务供给两个子系统，两者不可分割，相互协调，最终促进老年人生活质量的提升。① 正如前文分析，我国养老保障制度建设一直重保险，却轻服务。而在经济高速发展、人口老龄化加剧以及传统家庭保障功能弱化的背景下，养老服务显得愈发重要。如果没有发达的养老服务保障，即便养老金充足，老年人的养老质量也无法确保。因此，在重视基本养老保障制度建设的同时，也要大力推进养老服务保障的稳步发展。

---

① 孙曼娇：《探索构建社会养老保险与社会养老服务协同机制》，载于《江淮论坛》2014年第2期。

1. 功能定位的有益结合。

提到养老服务，我们首先要厘定几个相关的概念。前文已提到，养老服务是指为老年人提供生活照料、医疗保健、精神慰藉等主要日常服务，即具体的服务性养老内容的供给。而养老服务保障，从学理上讲，即是为老年人提供各种具体养老服务的保障制度和支持体系。养老服务业，则是为老人提供各种服务的市场主体的集合，包括老有所养、老有所医等诸多方面。显而易见，养老服务保障的功能定位，强调的是提供具体的养老服务内容。

提到养老保障，我们也要厘清几个重要的概念。一般意义上讲，当我们听到"养老保障"一词时，更多的是将其错误地理解为养老保险，而且可能是更具体更狭义的基本养老保险，反映在现实生活中即是我们缴纳的养老保险费或领取的养老金。事实上，上述提到的养老保险，要涵盖社会养老保险、企业补充养老保险、商业养老保险等多个层次，其中，社会养老保险即是覆盖不同群体的基本养老保险，企业补充养老保险则包括职业年金或企业年金。但这些都不是学理意义上的"养老保障"，不是一个范畴。显然，我们经常错以为养老保障就是养老收入保障、养老保险、经济保障、物质保障，过分地强调了经济福利性和补偿性。

从理论上讲，养老保障的范畴要广泛得多，即使从最基本的内容上来讲，也要包括经济保障和服务保障两大部分，即提供老年收入的基本养老保障[①]和提供老年服务的养老服务保障。两者功能定位相互结合、相互补充，构成养老保障制度的双驱动、双动力。

[①] 当然，在上文提到的多层次养老保障体系中，除了基本养老保障以外，家庭个人保障、职业性养老保障、商业性养老保障等也能够提供老年收入。为了便于行文深入论述，同时考虑到基本养老保障是国家强制性执行的正式制度安排，是老年收入的最主要渠道，此处姑且将基本养老保障和养老服务保障作为养老保障的两大主要内容。

2. 制度建设的相互促进。

结合基本养老保障和养老服务保障的功能与内容来看，两者要相互促进，共同发展。

一方面，基本养老保障制度养老功能的有效发挥离不开养老服务。没有完善的养老服务，基本养老保障制度面临的财政压力更大，也无法满足日趋多元的养老需求。反之，一个充分发展、竞争有序的养老服务体系可以减轻基本养老保障基金的支出压力。另一方面，一个体系健全的基本养老保障制度，可以通过需求供给，进一步促进养老服务业的发展。

世界各国的养老实践表明，不少国家的"老龄化阶段"和其经济发展水平几乎是同时进行的，即"富老相伴"，在这样的阶段，基本养老保障制度相对来说比较成熟，养老服务业也发展得比较充分。但是，中国却是"未富先老"的状态，在这样的状态下，不仅经济发展水平还不够，基本养老保障水平也较低，而且养老服务业更谈不上发达。这样的现实困境给社会养老带来了巨大的压力。因此，破解中国养老的"难"与"贵"问题，实现老有所养，必须要从养老服务业全面发展和多层次养老保障体系改革完善两方面着力，并举同行，不可偏颇。[①]

此外，还有一个很现实的问题是：我国多层次养老保障体系的建立健全和完善不是一蹴而就的，经济保障水平的提升仍需长时间的制度改革攻坚，但是老龄化加剧背景下的中国养老服务供需矛盾，不允许我们坐等基本养老保障制度改革完善后再重视发展养老服务保障。简而言之，在目前人均收入水平还比较低的发展阶段与日益严峻的老龄化形势下，相对于基本养老保障制度改革完善而言，建立与完善适合我国国情的、可持续发展的养老服务体系，保障与扩大全社会的养老服务有效供给，加快养老服务

---

① 高传胜：《"老有所养"，中国该如何养？——基于养老服务与保障关系及发展的思考》，载于《兰州学刊》2016年第11期。

业全面发展则更为重要与紧迫。

（二）完善社区居家机构养老服务

中共十八大报告明确提出，要"积极应对人口老龄化，大力发展老龄服务事业和产业。"2013年10月，党的十八届三中全会审议通过的《中共中央关于全面深化改革若干重大问题的决定》指出要"积极应对人口老龄化，加快建立社会养老服务体系和发展老年服务产业。""十二五"期间，国家对养老服务的政策支持可谓力度空前，养老政策密集出台、涉及范围广泛、部门配合密切。[①]"十三五"规划中，国家要"建设以居家为基础、社区为依托、机构为补充的多层次养老服务体系"的导向更是精准明确。事实上，在价值理念层面，政府、企业、社会组织和学界乃至全社会早已经就"居家为基础、社区为依托、机构为补充"的养老服务体系框架和结构层次达成共识并深入人心，既与国际经验相接轨，又与中国国情相适应，有学者认为这是"十二五"期间养老服务领域取得的最大成就，[②] 未来的养老服务发展更要坚持完善这一点。

1. 重点和基础：构建社区居家养老服务网络。

"居家为基础、社区为依托、机构为补充"的养老服务体系，官方描绘了居家养老、社区养老和机构养老三种养老存在方式，得到了广泛的大力支持，多数学者也纷纷表示赞同。但由于

[①] 截至2017年6月底，在民政部官方网站搜索，"十二五"以来，国务院及所属各职能部门一共密集出台了26项与老年服务相关的政策法规。发布政策法规的国家机关，除了国务院和主管部门民政部以及全国老龄办，还涉及国家发展和改革委员会、财政部、人力资源和社会保障部、国家卫生和计划生育委员会、教育部、工业和信息化部、国土资源部、住房和城乡建设部、商务部、税务总局、体育总局、人民银行、银监会、保监会、国家标准委、国家质监总局、国家开发银行等，涉及面非常广泛。而且上述26项政策法规中，有15项是两个及以上的国务院职能部门联合发布，最多的涉及10个部门。

[②] 唐钧：《中国老年服务的现状、问题和发展前景》，载于《国家行政学院学报》2015年第2期。

第十二章　中国养老保障制度的未来发展和改革趋势

居家养老和社区养老两种方式在实践中存在功能定位上不明确、服务对象上有交叉、地理空间上有重叠，出现了理论与实践的悖论，所以诸多研究者和实践者在不影响养老功能的前提下，将两者进行合并称之为"社区居家养老服务"。

家庭养老是多层次养老保障体系的零层次，老人在与家庭成员的互动中获得情感的满足，这是其他养老方式无法替代的。但随着人口结构的变化，家庭养老也面临诸多困境。因此立足家庭，依托社区，采取社区居家养老服务的方式是比较可行的选择。这样的养老模式下，社会养老服务直接进入家庭，老人实现了养老不离家的愿望，既可以获得亲情的滋养，又能够获得比较专业的照顾。换句话说，社区居家养老服务就是社区、企业、养老服务机构以及其他社会力量联合起来，把社会养老服务的触角延伸到家庭，为居家老人提供全方位的生活照料、医疗护理和精神慰藉等服务的一种新型的养老服务模式。[1]

社区居家养老符合大多数老年人的养老意愿，是目前世界各国比较认可的一种养老模式选择，具体的内容包括：一是上门服务，让那些不愿意或者行动不太方便的老年人在家就可以得到专业服务；二是日托服务，老人白天入托，社区养老服务中心负责日间照料，老人晚上回家享受家庭温暖；三是临时服务，子女临时有事时把老人短暂入托；四是长期服务，老人住在社区养老服务中心，子女随时可以来看望。[2]

要发展社区居家养老服务网络，可以考虑以下途径：一是提升养老服务机构的社会化程度，统一设施配备，统一服务标准，开展定期职能培训，形成专业化的服务机制。二是建立健全居家养老服务网点。通过合理规划，在辖区内建立养老服务网点，通

---

[1] 青连斌：《健全养老服务体系》，载于《中国党政干部论坛》2016年第2期。
[2] 罗军飞、廖小利：《社会治理视角下我国养老服务体系建设研究》，载于《广西社会科学》2016年第2期。

过制定扶持政策，引导家政、物业以及社会组织等积极参与服务，打造满足老人多元养老需求的居家养老服务网络。

2. 补充和拓展：强化机构养老服务分层功能。

一般来说，90%以上的老人会选择社区居家养老，他们大多处于健康或者亚健康状态。另外10%中，大部分可能是失能失智、需要特别护理的老人，他们会选择机构养老。机构养老多以社会福利机构为养老地，其服务对象是"三无"（无生活来源、无劳动能力、无法定抚养义务人）人员为主。但因部分民办养老机构能够提供更高质量的个性化养老服务，所以部分有更高养老品质需求的身体状况良好的老人也会选择高端机构养老而成为机构老人。① 公办养老机构在我国养老服务机构中占绝对优势，但同时也存在服务内容单一、封闭运行、服务态度不佳、服务效率低下等问题，必须进行进一步的改革。

首先，按分类指导原则进行改革。一是通过民营化或者公建民营的方式进行改革。在一些有条件的地方，可以考虑对专门面向社会提供经营性服务的公办养老机构进行民营化改革，将其转制为企业；或者把政府投资兴办的一些养老床位通过公建民营等方式进行管理运营，适度减少公办养老服务机构，来提高使用效率。二是对公办养老服务机构进行新的职能定位。可以不改变公办养老服务机构的性质，继续由政府兜底，但必须建设成医养结合型的、功能互补型、面向失能、半失能老人的"专科"型养老机构，提供免费非营利性或低费经营性服务，而非形式单一的千篇一律复制。②

其次，按"医养结合"模式推进改革。2015年11月，国务院办公厅出台《关于推进医疗卫生与养老服务相结合的指导意

---

① 姜耀辉：《城乡统筹养老服务中的非营利组织参与研究》，中南大学硕士学位论文，2012年5月。
② 青连斌：《健全养老服务体系》，载于《中国党政干部论坛》2016年第2期。

第十二章 中国养老保障制度的未来发展和改革趋势

见》，其中首次将社会养老服务体系扩充为"居家为基础、社区为依托、机构为补充、医养相结合的养老服务体系"，这确立了医养结合的发展思路，明确了未来我国养老服务体系的发展方向，并为推进养老服务机构的转型、建立专业化的养老服务体系提供政策依据。面对人口老龄化的严峻挑战，"养老"和"医疗"问题凸显，"医养结合"是必然选择。具体来说，一是发展具备医疗功能的养老机构，养老机构配备专业医护人员和医疗设备；二是发展具备养老功能的医疗机构，医疗机构依托自身医疗资源开设养老床位；三是鼓励养老机构与就近的医疗机构进行合作，建立双向转诊机制，生病时入医院接受治疗，康复期和稳定期转入养老机构接受其他养老服务；四是鼓励医疗机构开展面向养老机构的远程医疗服务，推动医疗机构与养老机构建立医疗契约服务关系，通过网络平台实现老年人卫生健康服务在养老机构与医疗机构之间便捷对接。①

最后，建立多层次的养老机构。基于老年人的养老需求日益多元化和多层次趋势，养老机构的建立也应该与之相适应。根据我国目前的养老现实，应该重点鼓励面向绝大多数老年人的中低端养老机构发展，②适当限制高端水平的养老机构的发展。事实上，我国目前也是遵循这样的原则，大多数社会养老机构是属于中低端水平的。但是，现阶段，也出现了一些与之相悖的现象，一些企业，尤其是一些房地产企业，本着所谓和"国际接轨"的原则，一味追求"高大上"，建设大规模的、奢华的养老机构，这并不符合我国养老服务的实际要求，也是对有限土地资源的一种极大浪费。

---

① 罗军飞、廖小利：《社会治理视角下我国养老服务体系建设研究》，载于《广西社会科学》2016年第2期。
② 青连斌：《健全养老服务体系》，载于《中国党政干部论坛》2016年第2期。

（三）构建老年长期照护保障体系

随着人口老龄化、高龄化和家庭小型化趋势的加剧，失能老人长期照护问题逐渐成为社会普遍关注的话题。面对专业护理机构照护费用较高，多数养老机构又不愿接收失能老人，商业保险条件苛刻等现状，人们对长期照护保障制度[①]的建立充满了期待。上海、青岛等部分地区已开始探索试验，中央政府已经有原则性意见，如人力资源社会保障部出台《关于开展长期护理保险制度试点的指导意见》[②]，更为重要的是，习近平总书记在中共中央政治局 2016 年 5 月就我国人口老龄化的形势和对策举行第三十二次集体学习讲话时提出要建立"长期照护保障制度"，这是中共中央的明确要求。长期照护保障制度的目标是使失能者能够获得长期照护服务，就是需要资金保障和服务供给双方面的制度建设和支持。

1. 资金保障：建立长期护理保险制度。

人力资源社会保障部出台的《关于开展长期护理保险制度试点的指导意见》中规定，长期护理保险制度先在河北、吉林、黑龙江、上海、江苏、浙江、安徽、江西、山东、湖北、广东、重庆、四川和新疆生产建设兵团 13 个省市先行先试，试点目标是"参与探索建立以社会互助共济方式筹集资金，为长期失能人员的基本生活照料和与基本生活密切相关的医疗护理提供资金或服

[①] 目前，大家对长期照护还是长期护理一词还没有形成共识。一般而言，长期照护包括对失能、半失能人口提供的日常生活照料和专业护理两方面服务内容，与英文中的 care 相对应；长期护理主要是对失去生活自理能力的病人提供医疗卫生方面的照顾和帮助，与英文中的 nursing 相对应，属于医学范畴。因此，长期照护比长期护理包含的内容更加宽泛，更受学界青睐，在用语上与国际学术口径也更为一致。为便于论述和遵照学术习惯，除国家政策使用的"长期护理保险制度"以外，本书使用"长期照护"一词。

[②] 《关于开展长期护理保险制度试点的指导意见》中指出，"长期护理保险制度以长期处于失能状态的参保人群为保障对象"。尽管这里所说的失能者既包括失能老年人，也包失能年轻人（残疾人），但从制度产生和受重视的背景看，长期照护保险着重保障失能老年人的权益。

务保障的社会保险制度",重点探索建立互助共济、责任共担的长期护理保险多渠道筹资机制;参保范围是"主要覆盖职工基本医疗保险参保人群",以长期处于失能状态的参保人群为保障对象。试点以来,长期护理保险制度取得了积极成效,但也存在一些问题,需在正式制度出台前加以完善。

建议从以下几个方面完善试点中的长期护理保险制度:一是资金筹集方面。如果保障对象要从参加医疗保险的工薪劳动者上开始,一定要考虑缴费比例的问题,因为现行的社会保险制度的缴费率过高已引起社会的高度关注,再强制参保者缴纳长期护理险会加大劳动成本和劳动者经济压力,因此要慎重考虑是否在工薪劳动者中率先实施。有学者建议先实施由政府兜底的老年照护服务补助制度。[①] 另外,若建制必须单独建制,专款专用,防止资金被挪用。二是配套保障方面。长期照护保险制度需要提供有效的照护服务和相应的资金,需要有相应的专业成熟的照护服务市场,如同医疗保障制度需要有一个相对成熟和规范的医药服务市场一样,不然就会出现只发现金,而买不到服务的尴尬现象。三是多层次方面。依据不同层面的护理需求,发挥公益慈善、商业保险等补充护理。鼓励商业保险公司开发适销对路的保险产品和服务,发展与长期护理社会保险相衔接的商业护理保险,满足多样化、多层次的长期护理保障需求。[②]

2. 服务供给:建立长期照护服务体系。

发展长期照护,包括服务供给与保险建设两大方面。其中,"保险建设"即是强调资金保障,要求建立长期护理保险制度;"服务供给"即是强调服务保障,要求建立长期照护服务体系。结合我国目前国情,发展长期照护服务实际上比建立长期护理保

[①] 何文炯:《老年照护服务补助制度与成本分析》,载于《行政管理改革》2014年第10期。

[②] 参见《关于开展长期护理保险制度试点的指导意见》。

险更为重要，因为社会保险的保障功能必须通过充分有效的服务供给才能最终实现。从本质上讲，老年人长期照护其实就是医疗卫生与养老相结合的养老服务，即医养结合。在人力资源和社会保障部出台的《关于开展长期护理保险制度试点的指导意见》中，要求"积极推进长期护理服务体系建设"与本书论及的"建立长期照护服务体系"，都是强调提供医养结合的养老服务。

建议从以下几个方面建立健全长期照护服务体系：一是鼓励社会性参与，引导社会力量、社会组织参与长期照护服务。2016年12月国务院印发《关于全面放开养老服务市场提升养老服务质量的若干意见》中明确提出，到2020年养老服务市场全面放开，积极设立养老服务类社会组织，充分依托社会组织，提升养老服务和产品有效供给能力；2017年2月国务院印发《"十三五"国家老龄事业发展和养老体系建设规划》中明确提出"鼓励金融、地产、互联网等企业进入养老服务产业""大力发展养老服务企业，鼓励连锁化经营、集团化发展，实施品牌战略"，这些无疑激发社会力量和市场资本参与长期照护服务的无限活力。

二是坚持包容性发展。坚持多种方式"齐头并进、协同发展"的原则，充分发挥市场化营利性服务产业、社会化非营利性服务事业和兜底保障性政府公共服务业的保障功能。市场化营利性服务产业，重点为经济收入较好并且看重服务品质的失能失智老人家庭服务。社会化非营利性服务事业，主要包括非营利性社会组织或社会企业，重点为中低收入家庭服务。兜底保障性公共服务，重点为经济困难的失能失智老人家庭，主要由政府来组织提供。①

三是加强专业性建设。合理利用国家关于促进就业和创业补

---

① 高传胜：《供给侧改革背景下老年长期照护发展路径再审视》，载于《云南社会科学》2016年第3期。

贴等政策，鼓励各类人员积极到长期照护服务领域就业和创业，发展专业化的长期护理机构，并相应地加强对护理服务从业人员的职业培训，提升他们的专业技能，探索建立长期照护专业人才培养机制。

四是培育志愿性组织。积极发动志愿性组织参与养老服务，培育市、区、街道、社区等各级志愿者组织，形成志愿者服务网络，让老人随时随地都能得到有效服务。打造信息化平台，建立志愿者信息库，健全志愿者工作管理体系。设立老年人互助银行，鼓励身体健康的低龄老年人帮助照护生活难以自理的高龄老年人，记录其服务时间，以备日后换取相应的照护。鼓励和引导享受护理保障的老人的亲属、邻居等参与志愿者队伍，着力形成一个多主体、多元化的养老服务供给格局。

（四）推进"互联网+"养老服务创新

随着老龄化程度的加深，养老服务工作愈发成为社会热点，目前"互联网+"概念席卷全国，"互联网+"养老已经成为养老服务行业不可忽视的亮点。2016年12月国务院印发《关于全面放开养老服务市场提升养老服务质量的若干意见》中明确提出，"推进'互联网+'养老服务创新"和"推动移动互联网、云计算、物联网、大数据等与养老服务业结合，创新居家养老服务模式"。2017年2月，国务院印发了《"十三五"国家老龄事业发展和养老体系建设规划》，该规划明确提出"鼓励金融、地产、互联网等企业进入养老服务产业"和"实施'互联网+'养老工程，支持社区、养老服务机构、社会组织和企业利用物联网、移动互联网和云计算、大数据等信息技术，开发应用智能终端和居家社区养老服务智慧平台、信息系统、APP应用、微信公众号等"。加快发展养老服务业，在落实养老服务供给侧改革时要充分发挥互联网技术优势与市场的力量，打造"互联网+"养老新业态，推动"互联网+"养老服务高品质发展。

1. 推动"互联网+"社区居家养老创新。

着力解决社区居家养老信息化不足和专业性不强等痛点，提升服务水平和能力。一是加快省级社区居家养老服务信息平台建设。厘清养老服务群体对象及需求，形成前置式服务能力，实现养老服务需求与养老服务资源供给无缝对接，精准服务。可以考虑在全省构建以省养老服务云平台客户服务端为主干、以"智慧养老社区"为分支的社区居家养老信息化服务体系。提高社区养老服务的智能化、信息化水平，从而为对区域内不同情况的老年人形成类别化需求服务提供平台支撑。二是普及居家养老"互联网+线下"模式，与网格化管理有机结合起来，进行信息共享，把社区养老服务的信息与社会保障、户籍等信息资源进行对接，实现线上信息化服务与线下养老服务提供商的合作。线上服务包括紧急呼叫、健康管理、主动关爱、服务预约、法律维权、物品代购等；线下服务为落地居家便民服务的派工派单管理，包括助餐便利、助洁安康、助急关爱等。三是将互联网思维、人工智能与居家养老相融合，借力互联网、云计算、物联网、大数据、VR技术、可穿戴等新一代信息技术手段，创新居家养老服务模式，把分散式的社区养老服务整合为规模性产业。全面提升生活照料、精神慰藉、文化娱乐、健康保健、安全保障服务能力，开发更加多元、精准的私人订制服务。

2. 推动"互联网+"机构养老创新。

准确定位社区居家养老和机构养老的养老服务功能，实施医养结合，逐步形成自理老人以社区居家养老为主，失能失智老人以机构养老为主的市场运行机制，释放市场活力，力求增量增效。在此基础上，一是通过构建全省养老服务云平台，了解市场养老需求动态，并以此为导向，鼓励扶持社会资本投入养老机构的建设，引导这些机构在社区成立养老服务部，直接为辖区内老人提供专业服务。二是及时发布省内各类养老机构的供给动态，有效利用全省养老资源，引领全省养老机构盘活存量，更好地实现"供需对接"，建立较为完善的机构养老市场供给体系。三是制定全省养老机构信息化服务标准，并以此标准来对各类养老机构的服务进行动态评估和提升养老服务质量。四是提高养老机构的设施智能化服务水平。利用互联网、云计算、大数据等信息技术，通过智能腕带、智能药盒、智能血糖仪等智能化软硬件产品，及时提供老人出行定位、突发事故报警、健康实时监控和日常用药提醒等老人智能看护服务。

3. 推动"互联网+"适老产品创新。

充分发挥网络惠民红利，壮大养老服务业。一是积极引进国内外资金和企业，大力发展适老型食品、保健品企业，提升研发能力，打造规模化适老年产品聚集区，并通过养老云平台的垂直营销，构建销售新渠道。二是抓紧建设养老企业孵化园，通过完善的政策配套，有组织的提供资金、技术协同、第三方保障服务，形成省级养老服务业企业集聚区、产业链生成区。三是实现养老外延产业的盈利，通过市场化的运作，基于超大规模的用户量，对接养老产品商家，以此补贴养老服务从业者，切实提高其收入，从而可持续的为全体长者提供质优价廉的养老服务。四是发展在线健康养老服务产业。咨询鼓励和引导医院和体检中心等健康服务机构联合搭建个人健康管理公共服务平台，推动第三方网络平台开展在线健康测评，为老年人了解自己的健康动态和进行健康咨询提供方便。五是创新智能健康养老产品。智能健康产品可以给老人带来便利，推动互联网技术与传统穿戴产品进行融合创新，开发出简易方便适合老年人使用的智能产品。同时，还必须出台智能产品的标准规范，确保产品的安全性。

4. 推动"互联网+"发展理念创新。

转变发展理念，明确市场趋势，加强政策引领，是推动互联网时代养老服务建设很重要的一点。中国老龄科学研究中心副主任党俊武提出，目前我国养老服务业面临的最大问题，本质上是市场需求侧和市场供给侧的对接错位造成的。一方面，老年人的养老需求结构日益复杂化，比如低端需求刚性却低效，中端需求典型有效，高端需求有效却弹性较大；另一方面，现实中养老服务业的投资大多集中在高端需求层面，因此，市场需求侧和市场供给侧两者无法实现有效对接。这就需要政府、企业和社会深刻把握"互联网+"时代的市场化本质，各社会参与主体要在同一目标下共生共享，在资金、技术、人才、服务配套、模式生成等方面加强合作，形成趋势和氛围，形成合力和动力。一是政府要发挥好主体作用，用"开放的、共享的、创新的、市场的、产业的"思维发展"互联网+"养老服务业，切实落实发展养老产业的政策措施；对各种类型的养老模式进行测评，每一种模式推出一个或几个典型，在此基础上推广典型经验，树立品牌，起到引导和示范作用。二是企业要有战略眼光，要看到"互联网+"养老服务业市场的巨大发展空间，站在需求侧谋划供给侧发展，做好新的定位，转变营销策略，注重中低端刚性需求的相应供给。三是社会组织要抓住"互联网+"养老的东风，把握机遇，迎接挑战，发挥优势，通过力量整合丰富养老服务业的供给主体，共同研究解决"互联网+养老"实现过程中的矛盾和问题。

四、优管理：养老保障制度建设的配套保障

中国养老保障制度建设所面临的诸多问题、困难和挑战，客观上与法律保障、基础建设、管理体制等相关配套滞后和不完善有着直接的关系。因此，若要实现养老保障制度建设的"多层次""重基本""强服务"战略目标任务，一定要优先考虑完成相关的配套改革，做到"优管理"。国家必须高度重视并及时推进养老保障制度的相关配套改革。

第十二章　中国养老保障制度的未来发展和改革趋势

（一）加快《社会保障法》的立法步伐

健全完备的法律法规是养老保障制度定型、稳定和可持续发展的重要法律保障，立法先行则是世界大多数国家社会保障制度建制的共同选择。我国的社会保障立法相对滞后，这对于推进养老保障事业来说明显是先天不足的。我国也一直在积极推进社会保障的法制化建设，其中 2010 年 10 月通过的《中华人民共和国社会保险法》（2011 年 7 月 1 日正式施行）是我国在社会保障的法制化建设进程中迈出的重要一步，具有里程碑式的意义，极大地推动了我国养老保障事业的发展。但是《社会保险法》主要对属于社会保险范畴的养老保险进行了法律规定，突出强调了养老保障领域中的资金经济保障，未全面考量老年人对养老服务的强烈需求，未对多层次养老保障体系提供有效的法律支撑。

我们知道，养老保险是社会保险的核心内容，社会保险又是社会保障制度的核心内容。有学者[①]认为，在完成社会保险法制建设的基础上，下一步的任务就是制定社会保障法。考虑到已经颁布实施的第一部社会保障专门综合法律——《社会保险法》以及养老保障是社会保障制度的最重要组成部分，出于对社会保障"碎片化"制度建设弊端的深刻认识，本书认为，不应单独对养老保障进行建制立法，建议一步到位制定出台一部综合性法律——《社会保障法》。《社会保障法》是全力推进养老保障事业稳定、健康、成熟、可持续发展的必然客观要求和必备法制建设，也是对包括养老保障在内的社会保障事业的"顶层制度设计"，将极大地促进养老保障事业的全面化和多层次发展。

下一步，要在修订完善《社会保险法》的基础上，制定符合我国国情的《社会保障法》，合理确定多层次保障体系的定位。将养老服务保障，企业年金、职业年金等职业性养老保障，

---

① 王东进：《中国社会保障制度的改革与发展》，法律出版社 2001 年版。

商业性养老保障以及其他补充养老保障形式均纳入法律框架并予以规范管理，为构建多层次养老保障体系提供提纲挈领性的法律总依据。改变目前政策中的模糊表述，明晰基本养老保障与各类补充性养老保障边界，厘清不同养老保障层次下各类保障形式的功能目标定位。确定多层次养老保障体系不是对基本养老保障的简单补充，而是通过多种保障形式的有机协调和有序联合，充分整合和发挥政府的正式制度安排、社会和市场中的非正式制度力量以及个人自我保障积极性，进一步提高养老保障的总体水平，减轻养老金的支付压力，达到满足养老保障的多元需求和实现老有所养的最终目的。①

同时，社会化养老服务体系的良性发展也需要完善政策法规体系的制度保障。通过对养老服务快速发展趋势的研判，需要尽快制定或完善目前几种主要养老方式的管理办法，厘清已有的关于养老服务的政策法规，使之能与修订后的《中华人民共和国老年人权益保障法》以及《国务院关于加快发展养老服务业的若干意见》等法律法规相协调。除此之外，养老服务的准入、退出、审核及监管等制度必须进一步健全和完善。养老服务是一个很广泛的概念，它所涉及的部门相当多，在相关政策法规制定的过程中，既要考虑其与宪法、国务院法规等上位法不能相违背，还要考虑各地具体实际，因地制宜，尽可能制定比较系统和全面的养老服务法规体系。

（二）推进养老保障的信息平台建设

没有现代先进的信息技术系统支撑，现代养老保障制度不可能保持良性的可持续运行状态。境外成功经验和中国养老实践的困难和问题表明，现代先进的信息技术系统客观上是养老保障制

---

① 关博：《大力发展补充保险构建多层次养老保障体系》，载于《宏观经济管理》2017年第3期。

第十二章 中国养老保障制度的未来发展和改革趋势

度良性运行与健康发展不可或缺的基础性条件。因此，我们必须要以现代先进信息技术系统为支撑，加快推进养老保障的信息平台建设，坚持标准化、实用性、安全可靠性、可扩充性、灵活性、可维护性、易操作性原则构建，这有利于加强养老信息的收集、整理、交换、传递和共享，有利于提高养老日常业务的办理速度和办事效率，有利于更宏观地掌握全国养老的动态变化和发展趋势并做出科学决策，是深化养老改革、完善养老保障制度、实现养老保障业务现代化的需要。

一是加大养老保障信息化的财政投入。随着养老保障改革的深入发展，特别是城乡居民基本养老保险制度合并实施之后，养老保险事务全面铺开，社会保险具体业务量急速增加，比如最基本的参保信息记录、存档、查询、转移接续等。但一些基层机构，特别是在农村基层地区，信息化设备缺乏（办公电脑、便携式笔记本、指纹采集机、人脸摄像机等）、人力不足、管理落后，统计报表还需手工填写、纸质档案堆积如山，数据资料一旦发生意外丢失，将直接影响到参保人的权益记录。这种状态将严重制约新形势下我国养老保障制度的发展。解决养老保障管理服务能力不足的问题，客观上需要加大信息化的财政投入，加快信息网络硬件和软件建设，实现包括养老保障在内的公共服务信息的全覆盖。

二是构建全国联网的养老保险信息平台。为适应基础养老金全国统筹业务的开展，需要建立标准统一和全国联网的养老保障信息管理系统，并与其他公共管理系统实现数据共享。要在地方现有信息系统平台的基础上，凭借大力实行"五险合一"和"社会保障卡"的发展契机，统一系统后台数据库，逐步建立全国性的养老信息系统，实现全国范围内的养老保障信息的共享，为劳动者自由流动提供信息资源保证。其中，"社会保障卡"是劳动者在社会保障领域的全国统一标准的电子凭证，以居民身份证号码为唯一识别号，全面记录每个公民社会保障领域的方方面,实现对公民"跟踪一生、记录一生、服务一生、保障一生"的承诺,可以适应全国统一劳动力市场和社会保障系统联网的需要,适应人员流动的需求。

三是加快养老服务的智能信息化建设。养老服务的智能信息化建设,关键是要加强养老服务智能信息化平台的建设。具体内容包括:老年人口数据库、养老服务机构信息库、养老服务机构管理软件、养老服务远程培训平台以及政府的养老服务业指标检测系统等。在此基础上,利用互联网把各级养老服务管理部门联结起来,并对信息平台上的数据进行采集、分析、上报、评估和管理。通过智能化信息平台,可以随时从信息数据库里了解到辖区内老人的基本情况和需求动态,使养老服务直接与老年人发生互动,能够根据老人需求迅速做出回应和开展服务,进一步提升养老服务的规范化水平,不断提高服务质量和服务效率。[①]

(三) 加强养老保障的经办能力建设

俗话说:三分政策、七分管理。政策制定出来后,能否落实到位,取决于组织管理以及经办机构的执行力度。新形势下养老保障制度不断改革和发展,尤其是"全民养老保险"制度的实施,服务对象、工作范围、工作形式正在发生重大变化,当前养老保险业务经办机构面临着前所未有的挑战。与此同时,伴随着服务型政府职能的转型,如何构建高效、便捷的养老保险业务经办体系,提高业务经办能力和效率,成为各级政府和养老保险经办机构面临的难题。养老保险经办机构是实现养老保险制度目标的组织保障。目前,我国养老保险经办机构建设与快速发展的养老保险事业的需求存在较大的差距,提高养老保险经办机构的能力建设迫在眉睫,亟须加强。

---

① 田钰燕、奉海春、马晓黎:《完善城乡社会养老保障监管的若干建议》,载于《国家行政学院》2016年第2期。

一是推进社会保险经办机构实现垂直化管理。所谓垂直管理，即是权力呈现垂直的治理结构，实质上就是上下一体，直接由垂直管理职能部门统筹管理"人、财、物、事"。在省级统筹阶段，垂直化管理体系中市、县养老保险经办机构应相当于是省直机构驻地方的派出机构；在全国统筹时，地方经办机构应当仅作为中央的派出机构。① 目前，从黑龙江、天津、陕西等省份试行的养老保险经办机构省级垂直管理的实效来看，省级政府是权力中心，有效地避免了全省之内养老保险政策各自为政、各守一摊、互不通约的混乱局面，保证了省级统筹目标的实现，对提高工作效率、统一标准和规范流程等起到了积极的促进作用。② 根据我国现阶段实际，应该推动社会保险经办机构省级垂直管理，有利于推进基础养老金实现全国统筹。

二是明确养老保险经办机构的职责权限分工。理顺养老保险经办中各项行政权力的纵向分配结构，对提高服务效率大有裨益。其中，中央社会保险经办机构的工作重点是关注和审核跨省流动劳动者的参保登记与待遇水平的确定，并且承担建设养老保险信息管理系统的职责；省级社会保险经办机构除了要负责省本级单位职工参保的工作外，其工作重点是信息系统管理与数据核对；基层社会保险经办机构的工作重点是登记参保、征缴稽核、基础数据录入和待遇发放。③ 具体到经办体制建设方面，国家人力资源和社会保障部的养老保险总局内，设立普惠型"基础养老金中心"和市场型"个人账户养老金中心"两个不同的经办机构和服务系统，指导国民基础养老金的测算、筹资和计发；指导个人账户养老金账户的服务、基金运营和监督监管。各省、市、

---

① 张彬斌：《基本养老保险统筹层次提升路径分析》，载于《中国劳动》2014年第7期。
② 张晨寒：《垂直管理：养老保险经办机构能力建设的突破口》，载于《河南师范大学学报（哲学社会科学版）》2012年第5期。
③ 鲁全：《全国统筹背景下基本养老保险管理体制中的央地责任划分机制研究》，载于《苏州大学学报（哲学社会科学版）》2014年第5期。

自治区人力资源和社会保障厅的省级养老保险局内，设立"基础养老金中心"，负责本省居民基础养老金的测算、筹资和计发；设立"个人账户养老金托管机构"，受托管理个人养老金的账户和基金。省级养老保险局可与有资质的大型商业银行合作运营个人账户养老金。另外，需要强调的是，提供物质保障的养老金制度曾经是我国养老保障体系建设的重心，现在逐渐转向物质保障和服务保障并重，与之相应的是，责任主体也发生了变化，由中央政府的主导责任逐渐转向由地方政府承担主体责任。

三是加强养老保险机构的基础性建设。首先要加强经办机构人员的配置，参照国际标准，结合中国国情，原则上省级经办机构人员配备为1∶5 000人左右，地（市）级配备为1∶4 000人左右，县（区）级为1∶3 000人左右，基层劳动就业社会保障服务平台执行"定岗定责"，每6 000名服务对象配置一名工作人员。[①] 其次要明确经办机构公益受托人的地位，统一经办业务规程和管理、服务及技术标准，实现规范化管理，全面提升服务质量。如建立统一的服务设施标准、服务设备配置标准、人员配备标准和服务质量标准。最后要完善服务网络，为适应全覆盖的新形势，形成横向到边、纵向到底、无缝隙、全覆盖的服务网络，改进服务手段，提高社会保障公共服务的可及性和便利性。

（四）提高养老保障的监督管理水平

任何一个成功的养老保障体系都离不开政府强有力的支持和监管，包括政府养老保障体系的构建能力与执行能力、财政支出的效率及养老金的监管能力。养老保障监管体制是确保养老保障制度顺利运行并充分发挥功能的制度保障。尤其是随着养老服务的社会化趋势明显，由于服务对象、服务主体、服务规模发生了

---

① 国家应对人口老龄化战略研究、养老保险制度改革与发展研究课题组：《养老保险制度改革与发展研究》，华龄出版社2014年版。

第十二章　中国养老保障制度的未来发展和改革趋势

巨大变化，监管体系的变化相对滞后，直接影响了养老服务业的可持续发展，需要尽快完善养老保障的监管体系，提高监督水平。

一是健全行政、司法、社会监督体系。一个完备的养老保障监督体制必须有健全的行政监督系统、权威的司法监督系统与有效的社会监督，共同构成了行政、司法、社会监督三位一体的监管体系。首先，政府集中监管是提高养老保障监管水平的核心，一定要明确社会保障主管部门对养老保障事务进行监管的权力和责任，同时，让财政、审计、监察等部门在法定职责范围内对有关养老保障事务及当事人进行监督。其次，司法监督是养老保障制度运行中的最后也是最为严厉的监督机制。各级人民法院应当配备熟悉包括养老保障在内的社会保障事务的法官，并积极探索设置专门的社会保障法庭，让各级司法机关切实承担起养老保障的监管责任，这是打击现阶段养老保障领域中的违法犯罪现象和维护养老保障制度健康、可持续运行的必备举措。最后，社会监督是提高养老保障监督水平的重要保证，应当尽快落实不同社会阶层与社会群体参与养老保障监督的权利，如工会、雇主组织、媒体、社会组织、个人等。养老保障管理机构必须实行养老保障政务分开，让社会各方在知情的情形下监督养老保障制度运行。①

二是加强对养老服务的多元监督管理。目前，我国在养老服务业方面的监管工作存在不少问题，比如，立法层次低、行业标准不统一、管理体制未理顺以及监管手段落后等。要破解这些难题，需要转变理念，改革创新，把政府监管、行业自律和社会监督有效结合起来，逐步实现政府从"经办人"到"管理员"的角色转变，建立起政府依法管理、行业规范自律、实体自主运营、第三方有效评估的监督管理体制。首先，强化政府的监督管

---

① 郑功成：《中国社会保障改革的新思路》，载于《社会保障研究》2007年第6期。

理职能，完善政策法规体系，健全养老服务的准入、退出、监管制度；建立和完善养老服务行业管理标准体系；建立健全日常监管和年度检查相结合的长效管理机制；重点完善养老服务队伍资质管理，加强养老设施的分类管理和监管；进一步发挥政府监管的合力等。其次，提高行业的自我监管能力，组建成立养老服务行业协会，推进标准化建设进程；加强内部管理，实现行业自律，积极开展行业交流，增强养老机构质量品牌意识；引导养老机构成立民主管理小组，建立日常管理工作考核机制，逐步形成养老机构内部的自我管理、自我服务、自我监督的良性机制，促进养老机构管理的规范化、制度化和社会化。最后，提升民主参与程度，加强社会监督。引入第三方评估机制，建立养老服务质量的评估体系，对养老服务质量进行调查、评估和考核，其考核结果可以考虑和政府提供的养老服务补贴挂钩，并及时公布结果，接受社会各界的监督。

（五）重视社会组织的养老功能发挥

社会组织具有先天的社会保障功能，在养老服务领域中具有独特的显著优势。发达国家的经验表明，许多养老服务必须借助众多的社会组织来提供。在我国，家庭养老功能弱化，社会保障体系建设落后于老龄化趋势，客观上要求多方力量积极参与。社会组织贴近城市、农村社区，与社区共同构成了养老服务的社会力量主体，这已在养老实践的典型案例中得到印证。社会组织凭借其特有的民间性、自治性、志愿性、非营利性和非政治性的组织优势，通过扩大资金来源和降低服务成本，能够为广大老年群体提供更有效率和多元的养老服务。社会组织与政府、市场有效合作，积极在提供养老服务过程发挥自身优势，能够加快推进养老服务体系的建设步伐。①

---

① 姜耀辉：《城乡统筹养老服务中的非营利组织参与研究》，中南大学硕士学位论文，2012年5月。

一是壮大社会组织参与养老服务的规模。加快农村老年协会、计划生育协会、妇女代表大会、调解协会等各种公益慈善组织的培植和建设，引导、鼓励和支持它们通过直接或间接方式从事养老服务。对于参与养老服务的社会组织，通过纵向联动和横向联动的方式，不断整合社会养老资源，促使各组织之间的有效合作，形成一个网络化养老服务组织体系。而且，社会组织参与养老服务要逐步优质化，并向产业化方向发展。

二是提高社会组织参与养老服务的能力。注重完善社会组织的自身治理，借助法规政策等他律的形式，不断加强自律，形成自我约束、自我管理和自我发展的良性运行机制，有助于提升社会组织的公信力。注重养老服务队伍的建设，依托各社区平台，整合专业人员、志愿者和老年群体自我互助养老服务三支队伍的力量，提升养老服务队伍的素质。注重拓展资金筹集的渠道。政府的财政资助是社会组织筹资的主要着力点，同时，要积极发挥个人、企业、基金会的作用，多方筹资，确保社会组织参与养老服务的资金保障。

三是扩大社会组织参与养老服务的内涵。注重服务范围的扩展。在覆盖城乡所有老年人的基础上，同时重点关注独居、高龄、失能失智等特别需要照顾的群体。注重服务需求的针对性。从老年人最需要的服务着手，尽量在考虑养老需求内容全面化和个性化的前提下，重点关注生活照料、医疗保健和精神慰藉等具体需求。注重分类分层的服务。调研并分析老年人的不同需求，根据他们的经济、年龄、性别和健康状况等因素，分门别类，提供合适的养老服务。

四是创新社会组织参与养老服务的方式。推进政府和社会组织合作参与，明确双方的职责定位，发挥各自的专业优势和资源优势，完善运用好社会组织参与养老服务两种最主要最成熟的参与方式，一种是政府向非营利组织购买居家养老服务，即承办政府购买居家养老服务；另一种是政府通过政策优惠等手段鼓励非营利组织投资兴办养老机构,即兴办民办公助机构养老服务。同时,坚持依托社区这个公共平台,整合社区资源优势,调动社区内外的志愿者和互助养老力量,提供社区居家养老服务。

五是规范社会组织参与养老服务的保障机制。注重法规和政策的建设,立足我国现实,尽快出台社会组织参与养老服务的法律规章制度,制定并落实相应的政策,为社会组织参与养老服务提供法律支持和政策依据。处理好政府与社会组织的关系,政府在社会组织参与养老服务过程中少用行政手段进行干预,引入市场竞争机制,为社会组织参与养老服务的发展提供一个公平的成长环境。

参 考 文 献

1. ［美］Neil Gilbert、Paul Terrell 著,沈黎译:《社会福利政策引论》,华东理工大学出版社 2013 年版。
2. ［日］坂脇昭吉、中原弘二著,杨河清等译:《现代日本的社会保障》,中国劳动社会保障出版社 2006 年版。
3. 毕小龙:《转型中的社会养老保险制度:改革与发展》,载于《特区经济》2007 年第 7 期。
4. 蔡和平:《比较研究:德国的企业补充养老保障制度》,载于《中国劳动》2006 年第 4 期。
5. 陈红霞:《社会福利思想》,社会科学文献出版社 2002 年版。
6. 陈虹、蒋永辉:《保险业服务经济社会发展之思考》,载于《中国保险》2013 年第 11 期。
7. 陈锦文:《社会资本视阈下地方政府创新养老保障制度的行为优化探析》,载于《特区经济》2011 年第 6 期。
8. 陈静:《对老年社会福利供给中市场作用的探讨》,载于《青海社会科学》2014 年第 6 期。
9. 陈玲:《立足国情发展长期护理保险浅议》,载于《上海保险》2011 年第 10 期。
10. 陈南雁:《德国推进养老保险制度改革的策略研究》,载于《国际论坛》2008 年第 6 期。
11. 陈向芳、邓薇:《价值定位与路径导向:权力清单制度在思考》,载于《中共福建省委党校学报》2015 年第 8 期。

12. 陈小霞：《完善我国社会保障制度的途径探索》，载于《前沿》2011年第12期。

13. 陈晓燕：《我国养老保险制度现状及今后发展方向》，载于《学术探索》2006年第10期。

14. 陈阳：《中国社会保障金融体系构建及可持续发展研究》，辽宁大学博士论文，2010年4月。

15. 陈烨宸：《当前我国养老保险基金投融资模式存在的问题及对策研究》，载于《经济师》2017年第1期。

16. 陈樱花：《韩国国民年金制度改革路径选择》，江苏大学出版社2014年版。

17. 陈莹莹：《养老保险体制改革将多点推进》，载于《中国证券报》2014年1月2日。

18. 陈友华、苗国：《老年贫困与社会救助》，载于《山东社会科学》2015年第4期。

19. 陈之楚：《中国社会养老保障制度研究》，天津财经大学博士论文，2008年5月。

20. 成伟、张灿贤、牛喜霞：《中国传统养老模式面临的挑战及多元化养老方式探索》，载于《理论与现代化》2012年第5期。

21. 程晖：《扩大养老服务有效供给 满足多层次多样化需求》，载于《中国经济导报》2016年12月24日。

22. 褚福灵：《做实基本养老保险个人账户的若干理论问题》，载于《北京劳动保障职业学院学报》2011年第3期。

23. 戴卫东：《长期护理保险制度理论与模式构建》，载于《人民论坛》2011年第29期。

24. 戴卫东：《长期护理保险：中国养老保障的理性选择》，载于《人口学刊》2016年第2期。

25. 戴卫东：《创新杭州社会养老服务体系的构想》，载于《中国国情国力》2015年第4期。

26. 戴卫东：《国外长期护理保险制度：分析、评价及启示》，载于《人口与发展》2011 年第 5 期。

27. 戴卫东：《中国长期护理保险制度构建研究》，人民出版社 2012 年版。

28. 戴卫东：《中国长期护理制度建构的十大议题》，载于《中国软科学》2015 年第 1 期。

29. 邓大松：《中国社会保障若干重大问题研究》，海天出版社 2000 年版。

30. 丁东红：《论福利国家理论的渊源与发展》，载于《中共中央党校学报》2011 年第 2 期。

31. 丁东红：《面临挑战的福利国家理论与实践》，载于《党政干部学刊》2012 年 10 期。

32. 丁建定：《20 世纪英国养老金制度的历史演进》，载于《南都学坛（人文社会科学学刊）》2002 年第 2 期。

33. 丁建定：《西方国家社会保障制度史》，高等教育出版社 2010 年版。

34. 丁开杰：《社会管理体制的基本阐释、变迁动力与阶段划分》，载于《重庆社会科学》2012 年第 2 期。

35. 丁志宏、魏海伟：《中国城市老人购买长期护理保险意愿及其影响因素》，载于《人口研究》2016 年第 6 期。

36. 段赵清：《中国农村社会养老保险制度研究》，载于《经济研究导刊》2012 年第 3 期。

37. 冯兰：《人口老龄化背景下的农村养老保险研究》，载于《当代经济》2013 年第 2 期。

38. 冯佺光：《养老产业开发与运营管理》，人民出版社 2013 年版。

39. 冯万勇：《我国职工医疗保险制度改革的难点及对策》，载于《广西社会科学》2000 年第 6 期。

40. 付诚、王一：《我国养老服务面临的问题与对策》，载于

《经济纵横》2010年第12期。

41. 付诚、王一：《政府与市场的双向增权——社会化养老服务的合作逻辑》，载于《吉林大学社会科学学报》2010年第5期。

42. 高传胜：《供给侧改革背景下老年长期照护发展路径再审视》，载于《云南社会科学》2016年第5期。

43. 高传胜：《"老有所养"，中国该如何养？——基于养老服务与保障关系及发展的思考》，载于《兰州学刊》2016年第11期。

44. 高和荣、张爱敏：《论中国事业单位养老保险制度改革方案的完善》，载于《北京师范大学学报（社会科学版）》2014年第4期。

45. ［丹麦］戈斯塔·埃斯平-安德森著，杨刚译：《转型中的福利国家——全球经济中的国家调整》，商务印书馆2010年版。

46. 贡森、葛延风：《福利体制和社会政策的国际比较》，中国发展出版社2012年版。

47. 苟兴朝：《社会养老保险制度并轨理论基础及对策分析》，载于《西南金融》2014年第8期。

48. 郭剑平、黄健元、缪俊花：《职业年金倒逼企业年金发展效应分析》，载于《河海大学学报（哲学社会科学版）》2016年第5期。

49. 郭磊、潘锦棠：《养老保险"双轨制"的起源与改革》，载于《探索与争鸣》2015年第5期。

50. 郭磊：《我国机关事业单位养老保险制度：破除路径依赖的"魔咒"》，载于《贵州社会科学》2013年第6期。

51. 郭铭华：《"互联网＋养老"增添发展新动能》，载于《黑龙江日报》2015年9月19日。

52. 郭庆旺、贾俊雪、赵志耘：《中国传统文化信念、人力资本积累与家庭养老保障机制》，载于《经济研究》2007 年第 4 期。

53. 国家应对人口老龄化战略研究、养老保险制度改革与发展研究课题组：《养老保险制度改革与发展研究》，华龄出版社 2014 年版。

54. 韩秉志：《养老保险改革"破冰""双轨制"成历史》，载于《经济日报》2015 年 1 月 15 日。

55. 韩会娟、李阳阳：《家庭结构变迁背景下对农村养老的思考》，载于《合作经济与科技》2013 年第 4 期。

56. 韩会娟、李阳阳：《家庭结构变迁背景下对农村养老的思考》，载于《合作经济与科技》2013 年第 7 期。

57. 韩克庆：《养老保险中的市场力量：中国企业年金的发展》，载于《中国人民大学学报》2016 年第 1 期。

58. 韩磊：《事业单位职业年金制度建立的难点分析》，载于《现代经济信息》2015 年第 4 期。

59. 何平、汪泽英、李红岚等：《中国社会保险模型集》，中国劳动社会保障出版社 2013 年版。

60. 何士宏：《中国养老保障商业化运作研究》，武汉大学博士论文，2013 年 11 月。

61. 何小伟、郑伟：《机关事业单位职业年金：可行性分析与制度设计》，载于《江西财经大学学报》2014 年第 5 期。

62. 何芸：《农村家庭结构变迁及其对养老保障的影响分析》，载于《社会保障研究》2011 年第 1 期。

63. 何芸：《农村家庭结构变迁及其对养老保障的影响分析》，载于《社会保障研究》2011 年第 1 期。

64. 和红：《代际正义视域下养老保险制度转型研究》，载于《江苏大学学报（社会科学版）》2014 年第 1 期。

65. 贺红霞：《我国家庭结构的变迁对农村养老模式的影响》，载于《社会工作》2010 年第 3 期。

66. 胡宏伟、李佳怿、栾文敬：《美国长期护理保险体系：发端、架构、问题与启示》，载于《西北大学学报（哲学社会科学版）》2015年第5期。

67. 黄英君、胡海萍：《对我国养老保险制度建设的若干思考》，载于《重庆社会科学》2006年第4期。

68. 黄勤：《社会养老保障制度的构建》，载于《知识经济》2010年第21期。

69. 黄庆杰：《城乡统筹的农村社会养老保障：制度选择与政府责任》，中国社会科学院研究生院博士论文，2009年4月。

70. 季晓东：《企业年金会计制度变迁及发展建议》，载于《南京财经大学学报》2007年第1期。

71. 姜耀辉：《城乡统筹养老服务中的非营利组织参与研究》，中南大学硕士学位论文，2012年5月。

72. 姜正军：《社会保障与经济社会发展的协调关系研究》，天津财经大学博士论文，2013年12月。

73. 焦娜：《社会养老保险会改变我国农村家庭的代际支持吗?》，载于《人口研究》2016年第4期。

74. 金红磊：《如何化解我国养老保险的"隐性债务"》，载于《经济导刊》2010年第7期。

75. 荆涛：《长期护理保险——中国未来极富竞争力的险种》，对外经济贸易大学出版社2006年版。

76. 景天魁：《创建和发展社区综合养老服务体系》，载于《苏州大学学报（哲学社会科学版）》2015年第1期。

77. 景天魁：《底线公平福利模式》，中国社会科学出版社2013年版。

78. 景天魁、彭华民：《西方社会福利理论前沿：论国家、社会、体制与政策》，中国社会出版社2009年版。

79. 蓝霞：《中国城镇养老保险可持续发展及制度构建研究》，青岛大学博士论文，2010年4月。

80. 乐章、陈志：《长期护理制度的启示》，载于《社会保障研究》2014 年第 2 期。

81. 黎建飞、侯海军：《构建我国老年护理保险制度研究》，载于《保险研究》2009 年第 11 期。

82. 李秉勤：《欧美福利制度挑战、改革与约束》，中国社会出版社 2011 年版。

83. 李红岚、武玉宁：《应对人口老龄化的养老保险对策研究》，载于《老龄科学研究》2013 年 12 期。

84. 李立国：《贯彻优先发展方针　构建社会养老服务体系》，载于《社会福利》2010 年第 11 期。

85. 李娜：《养老模式比较——以苏州市为例》，载于《才智》2012 年第 6 期。

86. 李培：《我国基本养老保险扩面的收入分配效应研究》，西南财经大学出版社 2015 年版。

87. 李巧娟：《试论国有企业养老保险在企业管理中的作用》，载于《经济师》2014 年第 4 期。

88. 李伟峰、原翠娇：《老年人长期照护需求及影响因素研究》，载于《山东社会科学》2015 第 6 期。

89. 李文华：《影响养老保障制度发展的因素：西方的经验与中国的实践》，载于《社会保障研究》2009 年第 5 期。

90. 李文琦：《积极老龄化视域下的社会化养老服务体系建设——基于陕西省养老服务现状的考察分析》，载于《西北大学学报（哲学社会科学版）》2013 年第 4 期。

91. 李晓鹤：《长期护理保险制度模式与选择研究》，武汉大学博士论文，2015 年 10 月。

92. 李秀凤：《哈耶克社会保障思想对我国养老保险制度改革的启示》，载于《山东理工大学学报（社会科学版）》2013 年第 3 期。

93. 李雪霜：《中国养老保险制度改革研究》，武汉大学博士论文，2009 年 4 月 1 日。

94. 李珍：《关于智利退休金制度》，载于《经济学动态》1998 年第 7 期。

95. 李珍、黄万丁：《城镇职工基本养老保险个人账户向何处去》，载于《国家行政学院学报》2016 年第 6 期。

96. 李珍：《社会保障理论》，中国劳动社会保障出版社 2001 年版。

97. 李志强：《西方养老保障制度对我国孝道文化传承的立法启示》，载于《华中科技大学学报（社会科学版）》2016 年第 3 期。

98. 梁媛：《老龄化背景下对我国家庭养老的探析——基于中西方不同的养老文化与养老方式起源比较》，载于《时代金融》2012 年第 4 期。

99. 林光彬：《世界养老金制度改革与发展趋势》，载于《内蒙古财经学院学报》2006 年第 6 期。

100. 林闽钢：《论我国社会养老服务的公益性及实现途径》，载于《人口与社会》2014 年第 1 期。

101. 林义：《社会保险制度分析引论》，西南财经大学出版社 1997 年版。

102. 林义：《西方国家养老保险的制度文化根源初探》，载于《财经科学》2000 年第 4 期。

103. 刘承华：《文化与人格》，中国科学技术大学出版社 2002 年版。

104. 刘翠霄：《〈社会保险法〉中的养老保险规定及其实施》，载于《中国工人》2011 年第 3 期。

105. 刘慧娴：《养老金"双轨制"兴废》，载于《中国财政》2015 年第 5 期。

106. 刘俊霞：《试论我国社会养老保险制度的分配效应与改革走向》，载于《当代财经》2003 年第 6 期。

参考文献

107. 刘俊霞：《养老保险个人账户基金的筹措与管理》，载于《财经论丛（浙江财经学院学报）》2003年第10期。

108. 刘俊霞：《养老社会保险基金投资多元化的制约因素与对策》，载于《财政研究》2003年第6期。

109. 刘恺希：《黑龙江省4-2-1家庭商业养老保险需求情况调查》，载于《中国外资》2012年第10期。

110. 刘仁春、陈秋静：《政策变迁中的路径依赖：我国养老公平问题审视》，载于《中州学刊》2016年第11期。

111. 刘涛：《德国养老保险制度的改革：重构福利国家的边界》，载于《公共行政评论》2014年第6期。

112. 刘燕：《制度化养老、家庭功能与代际反哺危机》，华东理工大学博士论文，2014年4月。

113. 刘跃斌、高颖：《德国的养老保险体制改革》，载于《武汉大学学报（哲学社会科学版）》2005年第5期。

114. 龙晓枫：《对我国现行社会医疗保险制度缺陷的分析》，载于《中国卫生事业管理》2004年第2期。

115. 鲁全：《全国统筹背景下基本养老保险管理体制中的央地责任划分机制研究》，载于《苏州大学学报（哲学社会科学版）》2015年第4期。

116. 路锦非：《中国养老金市场的价值链研究》，复旦大学博士论文，2009年4月。

117. 吕国营、韩丽：《中国长期护理保险的制度选择》，载于《财政研究》2014年第8期。

118. 栾瑞：《民间非营利机构参与居家养老服务的保障机制研究》，载于《知识经济》2011年第7期。

119. 罗军飞、廖小利：《社会治理视角下我国养老服务体系建设研究》，载于《广西社会科学》2016年第2期。

120. ［英］马丁·鲍威尔著，钟晓慧译：《理解福利混合经济》，北京大学出版社2011年版。

121. 马英:《进一步推进机关事业单位养老保险制度改革》,载于《发展研究》2006年第3期。

122. 马晓黎、王济萍:《完善城乡社会养老保障监管的若干建议》,载于《国家行政学院学报》2016年第3期。

123. 孟庆平:《养老保险市场化改革:国际经验与中国政策选择》,山东大学博士论文,2008年5月。

124. 穆光宗:《我国机构养老发展的困境与对策》,载于《华中师范大学学报(人文社会科学版)》2012年第2期。

125. 穆怀中:《国民财富与社会保障收入再分配》,中国劳动社会保障出版社2003年版。

126. 穆怀中:《养老金调整指数研究》,中国劳动社会保障出版社2008年版。

127. 丹尼斯·C.缪勒著,韩旭、杨春学译:《公共选择理论》,中国社会科学出版社1999年版。

128. [英]诺曼.巴里著,储建国译:《福利》,吉林人民出版社2005年版。

129. 裴峰、农卫东:《从新公共管理到新公共服务——西方公共行政理论发展的新趋向》,载于《兰州学刊》2004年第6期。

130. 裴晓梅、房莉杰:《老年长期照护导论》,社会科学文献出版社2010年版。

131. 彭希哲、梁鸿:《家庭规模缩小对家庭经济保障能力的影响:苏南实例》,载于《人口与经济》2002年第1期。

132. 彭雪梅:《企业年金的税收政策研究》,西南财经大学博士论文,2004年3月。

133. 秦磊:《人口老龄化背景下养老金筹资模式分析》,载于《国际经济合作》2013年第6期。

134. 青连斌:《健全养老服务体系》,载于《中国党政干部论坛》2016年第2期。

135. 青连斌：《我国养老服务业发展的现状与展望》，载于《中共福建省委党校学报》2016 年第 4 期。

136. 任建通、冯景：《智利养老保险制度改革以及对我国的启示》，载于《经济研究导刊》2009 年第 14 期。

137. 申曙光：《中国养老保险隐性债务问题研究》，中山大学出版社 2009 年版。

138. 石智雷：《多子未必多福——生育决策、家庭养老与农村老年人生活质量》，载于《社会学研究》2015 年第 4 期。

139. 舒琦：《香港强积金与我国内地企业年金的模式选择》，载于《证券市场导报》2003 年 5 月 10 日。

140. 司富春：《中小城市社区居家养老模式和实践路径研究》，载于《中国发展》2016 年第 8 期。

141. ［美］斯图尔特·A. 奎因、罗伯特·W. 哈本斯坦著，卢丹怀等译：《世界婚姻家庭史话》，宝文堂书店 1991 年版。

142. 宋健：《中国农村人口的收入与养老》，中国人民大学出版社 2006 年版。

143. 宋全成：《人口高速老龄化：我国社会养老服务面临严峻挑战》，载于《理论学刊》2016 年第 3 期。

144. 苏春红：《德国社会保障制度述评》，载于《山东社会科学》2005 年第 4 期。

145. 苏春红：《人口老龄化的经济效应与中国养老保险制度选择》，山东大学博士论文，2010 年 3 月。

146. 苏琳：《渐进式延迟退休年龄符合国情》，载于《经济日报》2013 年 12 月 12 日。

147. 睢党臣、董莉、张朔婷：《对城乡居民养老保险并轨问题的思考》，载于《北京社会科学》2014 年第 4 期。

148. 孙克勤：《转型期的我国养老保险制度改革》，载于《社会科学》2004 年第 6 期。

149. 孙曼娇：《探索构建社会养老保险与社会养老服务协同

机制》，载于《江淮论坛》2014 年第 2 期。

150. ［美］汤普逊著，耿淡如译：《中世纪经济社会史（下册）》，商务印书馆 1997 年版。

151. 汤兆云、黄殷殷：《河北省农村社会养老保险制度发展历程及其评价》，载于《江苏大学学报（社会科学版）》2014 年第 1 期。

152. 汤兆云：《新中国成立以来我国养老保险制度的改革探索与发展方向》，载于《科学社会主义》2014 年第 6 期。

153. 唐娅辉：《女性人文贫困与反贫困的路径选择——基于人的发展视角》，载于《中华女子学院学报》2016 年第 6 期。

154. 唐娅辉：《职业性的角色冲突及平衡策略——基于工作、家庭冲突理论模型的分析》，载于《湖湘论坛》2014 年第 6 期。

155. 唐咏：《去碎片化：中国老年长期照护政策的整体化路径》，载于《深圳大学学报（人文社会科学版）》2012 年第 5 期。

156. 田春润：《养老保险制度流变》，载于《中国社会保障》2009 年第 10 期。

157. 田雪原：《"二元经济"结构下的农村养老保障改革思考》，载于《人口学刊》2002 年第 6 期。

158. 汪杨：《社会养老保险名义账户制在我国的适用性研究》，载于《西部财会》2010 年第 5 期。

159. 王爱君：《均等化语境下不同群体社会保障制度的对接问题研究》，载于《当代世界与社会主义》2011 年第 5 期。

160. 王传玲：《马克思的劳动异化论对我国社会保障建设的启示》，载于《科学社会主义》2009 年第 3 期。

161. 王齐彦、李慷：《老年服务业态研究》，人民出版社 2014 年版。

162. 王雯、黄万丁：《基本养老保险全国统筹的再认识》，载于《中州学刊》2016 年第 2 期。

163. 王延中：《打造双层多支柱制度，破解养老保障难题》，载于《中国党政干部论坛》2014年第3期。

164. 王延中、龙玉其：《建立更加公平可持续的养老保障制度》，载于《中国党政干部论坛》2015年第12期。

165. 王延中、王俊霞：《中国养老保险制度建设中的个人账户问题》，载于《社会保障研究》2012年第2期。

166. 王延中：《中国"十三五"时期社会保障制度建设展望》，载于《辽宁大学学报（哲学社会科学版）》2015年第6期。

167. 王艳萍、朱凤哲：《中国社会养老保险制度的公平性分析》，载于《税务与经济》2011年第7期。

168. 王章华：《中国新型农村社会养老保险制度研究》，华东师范大学博士论文，2011年4月。

169. 王作宝：《代际公平与代际补偿：养老保险可持续发展研究的一个视角》，载于《东北大学学报（社会科学版）》2016年第1期。

170. 魏颖：《中国养老保障制度改革的国际借鉴》，载于《劳动保障世界》2017年第1期。

171. 吴翠萍、罗丹：《家庭结构变迁中的养老方式转型升级》，载于《中共杭州市委党校学报》2013年第2期。

172. 吴国玖：《建立老年人长期护理保险制度研究——以江苏省为例》，载于《江苏师范大学学报（哲学社会科学版）》2015年第1期。

173. 吴永求：《中国养老保险扩面问题及对策研究》，重庆大学博士论文，2012年5月。

174. 肖严华：《21世纪中国人口老龄化与养老保险个人账户改革——兼谈"十二五"实现基础养老金全国统筹的政策选择》，载于《上海经济研究》2011年第12期。

175. 肖炎舜：《中国经济体制转轨与财政政策调控》，载于《财政研究》2017年第2期。

176. 徐四季：《老龄化下德国养老保障制度改革研究》，载于《西北人口》2016 年第 5 期。

177. 徐文芳：《完善我国农村养老保障制度体系的目标、原则及路径》，载于《深圳大学学报（人文社会科学版）》2011 年第 1 期。

178. 徐勇、零旻：《后人口红利时代的经济增长》，载于《特区经济》2012 年第 6 期。

179. 闫俊、王建方、葛莹：《年金 EET 型个人所得税政策分析》，载于《社会保障研究》2014 年第 4 期。

180. 阎青春：《四种居家养老服务模式的"利"与"弊"》，载于《社会福利》2009 年第 3 期。

181. 颜鹏飞、刘益成：《当代西方养老保障市场化思想与借鉴》，载于《保险研究》2013 年第 5 期。

182. 杨翠迎、米红：《农村社会养老保险：基于有限财政责任理念的制度安排及政策构想》，载于《西北农林科技大学学报（社会科学版）》2007 年第 3 期。

183. 杨燕绥：《社会保障法国际比较与研究》，中国劳动与社会保障出版社 2001 年版。

184. 杨宜勇、关博：《老龄化背景下推进养老保障供给侧结构性改革的思路》，载于《经济学家》2017 年第 3 期。

185. 叶子成、何平：《企业职工基本养老保险社会统筹与个人账户相结合模式比较分析》，载于《经济研究参考》1997 年第 2 期。

186. 殷俊、李晓鹤：《法国长期护理津贴制度分析与经验借鉴》，载于《保险研究》2015 年第 11 期。

187. 殷俊、李媛媛：《人口老龄化背景下中国养老保险制度改革的宏观经济及福利效应分析》，载于《江西财经大学学报》2013 年第 6 期。

188. 尤雪云：《我国社会保险立法中的养老保险问题》，载于《法学杂志》2003年第9期。

189. 游春：《事业单位推行职业年金制度的几个问题》，载于《保险研究》2012年第10期。

190. 余仲华：《事业单位养老保险改革基本述评》，载于《劳动保障世界（理论版）》2011年第6期。

191. 袁妙彧：《养老保障"三支柱"制度的平衡与衔接——以英国养老金协议退出制度为例》，载于《郑州大学学报（哲学社会科学版）》2010年第6期。

192. 袁志刚、封进、葛劲峰、陈沁：《养老经济学》，中信出版集团股份有限公司2016年版。

193. 袁志刚、葛劲峰：《由现收现付制向基金制转轨的经济学分析》，载于《复旦学报（社会科学版）》2003年第4期。

194. 袁志刚：《中国养老保险体系选择的经济学分析》，载于《经济研究》2001年第3期。

195. 袁中美：《智利"两轮"养老保障制度改革的启示》，载于《保险职业学院学报》2012年第1期。

196. [美] 约翰·罗尔斯著，何怀宏、何包钢、廖申白译：《正义论》，中国社会科学出版社1988年版。

197. 岳经纶：《专栏导语：社会养老保险改革的德国经验》，载于《公共行政评论》2014年第6期。

198. 岳颂东：《瑞典老年社会保障制度的改革与启示》，载于《北方经济》2006年第11期。

199. 曾金华：《减税降费力度大 支出优化保重点》，载于《经济日报》2017年3月29日。

200. 翟振武、陈佳鞠、李龙：《中国人口老龄化的大趋势、新特点及相应养老政策》，载于《山东大学学报（哲学社会科学版）》2016年第3期。

201. 詹皓婧：《德国的养老保险制度》，载于《中国财政》2016年第8期。

202. 张彬斌：《基本养老保险统筹层次提升路径分析》，载于《中国劳动》2014年第13期。

203. 张波：《我国居家养老模式研究综述与展望》，载于《四川理工学院学报（社会科学版）》2013年第4期。

204. 张博：《民生政治 VS 福利政治：中西方的比较及启示》，载于《东北师大学报（哲学社会科学版）》2015年第2期。

205. 张长伟、周义顺：《从传统到现代：西方社会福利观的演变与转型》，中国社会出版社2013年版。

206. 张晨寒：《垂直管理：养老保险经办机构能力建设的突破口》，载于《河南师范大学学报（哲学社会科学版）》2012年第5期。

207. 张飞霞：《浅析国外养老保险制度对我国的启示》，载于《湖北经济学院学报（人文社会科学版）》2014年第5期。

208. 张海波：《中国公共养老金制度的模式选择与完善》，南开大学博士论文，2009年3月。

209. 张海钟：《生命周期理论与人生心理周期及老年心理问题臆说》，载于《社会心理科学》2014年第3期。

210. 张晖：《居家养老服务输送机制研究——基于杭州的经验》，浙江大学出版社2014年版。

211. 张慧智、金香丹：《韩国多支柱养老保障体系改革及启示》，载于《人口学刊》2017年第2期。

212. 张建波：《社会养老保险融资模式研究》，山东大学博士论文，2007年9月。

213. 张晶：《农民社会保障权研究》，武汉大学博士论文，2011年5月。

214. 张孔娟、徐楠：《旅居养老受到老年人追捧》，载于《中国经济时报》2017年3月23日。

215. 张亮：《我国收入分配制度改革的历程回顾及其经验总结》，载于《发展研究》2016年第11期。

216. 张留禄、姜柯戎：《职业年金问题研究》，载于《上海金融》2016 年第 4 期。

217. 张秋霞：《加拿大养老保障制度》，中国社会出版社 2010 年版。

218. 张士斌：《劳动力市场变化与中国的社会养老保障制度改革——基于对养老保障制度的历史考察》，载于《经济社会体制比较》2010 年第 2 期。

219. 张士斌：《社会养老保障制度构建的国际经验与借鉴》，载于《探索》2009 年第 6 期。

220. 张世青：《人口老龄化的养老保障挑战及政策选择》，载于《山东社会科学》2014 年第 5 期。

221. 张水辉：《中东欧洲国家养老保险制度改革的回顾与展望》，上海人民出版社 2016 年版。

222. 张新生：《我国二元经济与健全社会保障研究》，福建师范大学博士论文，2006 年 4 月。

223. 张盈华、闫江：《中国养老服务现状、问题与公共政策选择》，载于《当代经济管理》2014 年第 11 期。

224. 张映芹、校飞：《中国养老保险个人账户空账问题研究》，载于《宁夏社会科学》2011 年第 3 期。

225. 张志林：《政府社会保障支出理论研究》，吉林大学博士论文，2009 年 4 月。

226. 张著名：《做实基本养老保险个人账户问题研究》，福建师范大学博士论文，2006 年 4 月。

227. 赵凌岚、尧金仁：《以公平的价值取向推进我国养老保险改革与制度建设》，载于《湖北社会科学》2010 年第 6 期。

228. 赵曼、韩丽：《长期护理保险制度的选择：一个研究综述》，载于《中国人口科学》2015 年第 1 期。

229. 赵娜、方卫华：《人口老龄化、养老服务需求与机构养老取向》，载于《重庆社会科学》2016 年第 3 期。

230. 郑秉文：《机关事业单位养老金并轨改革：从"碎片化"到"大一统"》，载于《中国人口科学》2015年第2期。

231. 郑秉文：《积极推进公共部门养老制度并轨改革》，载于《中国劳动保障报》2015年3月17日。

232. 郑秉文：《建立社会保障"长效机制"的12点思考——国际比较的角度》，载于《管理世界》2005年第10期。

233. 郑秉文：《论我国企业年金的改革》，载于《开放导报》2007年8月8日。

234. 郑秉文：《欧亚六国社会保障"名义账户"制利弊分析及其对中国的启示》，载于《世界经济与政治》2003年第5期。

235. 郑秉文：《社会保障制度创新："名义账户"制》，载于《中国社会报》2005年4月12日。

236. 郑鹏：《机关事业单位养老保险改革中的大局观》，载于《学理论》2015年第5期。

237. 中国老龄科学研究中心课题组：《全国城乡失能老年人状况研究》，载于《残疾人研究》2011年第2期。

238. 钟仁耀：《上海老年长期照护服务供需矛盾分析》，载于《上海金融学院学报》2011年第5期。

239. 周国良：《上海城镇养老保险制度变迁和数值模拟》，复旦大学博士论文，2003年5月。

240. 周建卿：《老人福利》，商务印书馆1983年版。

241. 朱俊生：《企业年金制度设计建议》，载于《中国保险》2004年第7期。

242. 朱鹏、李朗：《家庭在养老保障中的角色定位分析》，载于《人民论坛》2014年第4期。

243. 朱顺贤：《论我国社会养老保险统账结合融资模式的改革与完善》，载于《甘肃社会科学》2009年第1期。

244. 朱则、谢展风：《灵活就业人员养老保险参保率低的原因和对策思考》，《劳动保障世界（理论版）》2011年第10期。

245. Anna H, Glenngård, Anders Anellc, Anders Beckmand. Choice of Primary Care Provider: Results from a Population Survey in Three Swedish Counties. *Health Policy*, No. 3, 2011, pp. 31 – 37.

246. Anttonen A, Sipila J. European Social Care Services: Is it Possible to Identify Models? *Journal of European Social Policy*, Vol. 6, No. 2, 1996, pp. 87 – 100.

247. Bakx P, Schut F, Doorslaer E V. Can Universal Access and Competition in Long-term Care Insurance be Combined. *International Journal of Health Economics & Management*, No. 15, 2015, pp. 185 – 213.

248. Berner, Frank. *Der hybride Sozialstaat: Die Neuordnung vonöffentlich und Privat in der Sozialen Sicherung.* Frank Furt am Main: Campus, 2008, pp. 237 – 238.

249. Blanche Le Bihan, the Redefinition of the Familialist Home Care Model in France: the Complex Formalization of Care through Cash Payment. *Health and Social Care in the Community*, Vol. 20, No. 3, 2012, pp. 238 – 246.

250. Brown Jeffrey R, Finkelstein Amy. The Private Market for Long Term Care Insurance in the United States: A Review of the Evidence. *Journal of Risk & Insurance*, Vol. 76, No. 1, 2009, pp. 87 – 100.

251. Brown J R, Finkelstein A. Supply or Demand: Why is the Market for Long – Term Care Insurance So Small. *General Information*, Vol. 91, No. 10, 2004, pp. 1967 – 1991.

252. Börsch – Supan, Axel/Bucher – Koenen, Tabea/Coppola, Michela/Lamla, Bettina. Savings in times of demographicchange: Lessons from the German Experience. *MEA Discussion Papers*, Vol. 18, 2014, pp. 34 – 35.

253. Chang Won Won. Elderly Long – Term Care in Korea. *Jour-*

nal of Clinical Gerontology and Geriatrics, Vol. 4, No. 1, 2013, pp. 4 – 6.

254. Clement M, Leung F. Diabetes and the Frail Elderly in Long-term Care. *Canadian Journal of Diabetes*, Vol. 33, No. 2, 2009, pp. 114 – 121.

255. Courbage C, Roudaut N. On Insurance for Long – Term Care in France. *Cesifo Dice Report*, Vol. 8, No. 2, 2010, pp. 24 – 28.

256. Cutler D. and Johnson, R. The Brith and Growth of Social Insurance State. *Public Choice*, 2004, pp. 120.

257. Damiani G, Farelli V, Anselmi A, et al. Patterns of Long Term Care in 29 European Countries: Evidence from an Exploratory Study. *Bmc Health Services Research*, Vol. 11, No. 1, 2011, pp. 138 – 139.

258. Doran M. Intergenerational Equity in Fiscal Policy Reform. *Tax Law Review*, Vol. 61, 2008, pp. 29.

259. Federal Statistical Office Germany. *Report of Labour Market in Germany*. May 2004.

260. Feldstein, M. S. Social Security Induced Retirement and Aggregate Capital Formation. *Journal of Political Economy*, Vol82, 1974, PP. 905 – 926.

261. Fenge R. Werding M. *Ageing and Fiscal Imbalances across Generations: Concepts of Measurement*. Muenchen: CESsifo, 2003, pp. 824.

262. Marta Szebehely, Gun – Britt Trydegard. Home Care for Older People in Sweden: a Universal Model in Transition. *Health and Social Care in the Community*, Vol. 20, No. 3, 2012, pp. 300 – 309.

263. Robert Berhorst. *Report of Project Social Insurance in Germany*. University of Giessen Press, 2003.

264. Rosen H S. *Pubic Finance*. New York: McGraw – Hill, 2002, pp. 201.

265. Schmähl, Winfried. Warum ein Abschied von Derneuendeutschen Alterssicherung Spolitik "Notwendigist". *ZeS – Ar – beitspapier*, Vol. 1, 2011, pp. 16.

266. Schokkaert E. Debate on Social Justice and Pension Reform. *Journal of European Social Policy*, Vol. 13, 2003, pp. 245 – 264.

267. Stevenson D G, Tau J. Private Long-term Care Insurance and State Tax Incentives. *Inquiry the Journal of Health Care Organization Provision & Financing*, Vol. 46, No. 3, 2009, pp. 305 – 321.

268. Sundström, G. B. Malmberg. Balancing Family and State Care: Neither, Either or Both? *The Case of Sweden Ageing and Society*, Vol. 26, No. 5, 2006, pp. 767 – 782.

269. Whitaker, A. Family Involvement in the Institutional Eldercare Context: Towards a New Understanding. *Journal of Aging Studies*, Vol. 23, No. 3, 2009, pp. 158 – 167.